智慧物业管理与服务系列

时代华商物业管理策划中心
组织编写

物业服务
合规管理指导手册

- 法律解读
- 风险防范
- 合规文书
- 问题答疑

化学工业出版社
·北京·

内容简介

《物业服务合规管理指导手册：法律解读·风险防范·合规文书·问题答疑》一书依据新的《物业管理条例》编制而成，由《物业管理条例》解读、《中华人民共和国民法典》中与物业管理有关的法条解读、物业管理中的法律风险及防范、物业服务合规管理文书、常见物业服务法律问题答疑五章组成。

本书采用图文解读的方式，让读者在轻松阅读中了解物业管理与服务的要领并学以致用。本书注重实操性，以精确、简洁的方式描述重要知识点，满足读者希望快速掌握物业管理相关知识的需求。

本书可作为物业公司基层培训的教材，物业公司也可运用本书内容，结合所管辖物业的实际情况，制定具有本公司特色的物业服务工作标准。

图书在版编目（CIP）数据

物业服务合规管理指导手册：法律解读·风险防范·合规文书·问题答疑/时代华商物业管理策划中心组织编写. —北京：化学工业出版社，2024.1
（智慧物业管理与服务系列）
ISBN 978-7-122-44243-7

Ⅰ. ①物… Ⅱ. ①时… Ⅲ. ①物业管理-商业服务-手册 Ⅳ. ①F293.33-62

中国国家版本馆CIP数据核字（2023）第184083号

责任编辑：陈 蕾　　　　　　　　　　装帧设计：溢思视觉设计／程超
责任校对：杜杏然

出版发行：化学工业出版社（北京市东城区青年湖南街13号　邮政编码100011）
印　　装：三河市双峰印刷装订有限公司
787mm×1092mm　1/16　印张22½　字数450千字
2024年2月北京第1版第1次印刷

购书咨询：010-64518888　　　　　　　　　售后服务：010-64518899
网　　址：http://www.cip.com.cn
凡购买本书，如有缺损质量问题，本社销售中心负责调换。

定　　价：128.00元　　　　　　　　　　　　　　　　版权所有　违者必究

前言
Preface

随着城市化进程的不断加快与深入，居民社区、写字楼、大型商场、公共基础服务设施、工业园区、学校、医院、景区等都对物业管理有着极大的需求。但是，针对不同等级的物业标准又对物业管理提出了相应的规范。现代高水平的物业管理有向智能化发展的趋势，打造一个便捷、舒适、高效、智能的物业管理氛围是现代物业管理不断探索的目标。

目前，物业管理行业不仅需要强化各项信息化手段在现代物业管理中的应用力度，还应促进现代物业管理向着智能化方向发展。具体来说，要突出现代物业管理的智能化内涵，满足现代化社区对物业管理的要求，为居民提供更加智能化、人性化的服务，推动物业服务的高质量发展。

《关于推动物业服务企业加快发展线上线下生活服务的意见》明确指出，要推进物业管理智能化，推动设施设备管理智能化。在物业管理行业逐渐进入泛智慧化的新阶段，设施设备作为物业管理领域中的重点和难点，同时也是融合新技术进行价值赋能最好的试验田，成为各物业服务企业的"必争之地"，其中，以智能化为抓手进行数字化转型已成为发展智慧物业的主要落脚点之一。

智慧物业借助智慧城市、智慧社区起步发展，正逐步实现数字化、智慧化。智慧停车、智慧安防、智慧抄表、智能门禁、智能会议等智能化应用，在一定程度上提高了物业管理企业的态势感知、科学决策、风险防范等能力，在激烈的市场竞争中为降本增效提供了充分的技术保障，进而增强了企业的数字化治理能力。数字化治理是新时代下智慧物业管理的鲜明特征，将引领物业管理行业管理方式的深刻变革，推动智能化的智慧物业迈向新高度。

现代物业管理既面临新机遇，也面临新挑战，因此，物业服务企业要重视各类专业的智能化管理技术，从劳动密集型向技术密集型转变，不断学习、更新管理服务技术，紧跟科技潮流，向着更广阔的发展前景迈进。

基于此，我们组织相关职业院校物业服务专业的老师和房地产物业咨询机构的老师，根据相关法律法规及物业管理实践与理论研究的新趋势和新经验编写了本书。

《物业服务合规管理指导手册：法律解读·风险防范·合规文书·问题答疑》一书依据新的《物业管理条例》编制而成，由《物业管理条例》解读、《中华人民共和国民法典》中与物业管理有关的法条解读、物业管理中的法律风险及防范、物业服务合规管理文书、常见物业服务法律问题答疑五章组成。

本书在编写过程中引用的范本和案例，大都来自知名物业企业，但范本和案例是解读物业服务企业标准化实操的参考和示范性说明，概不构成任何广告。

由于编者水平有限，书中难免出现疏漏，敬请读者批评指正。

编　者

目录 Contents

第一章 《物业管理条例》解读

第一节 总则   2
一、制定《条例》的目的   2
二、物业管理的基本内涵   3
三、选择物业服务企业的方式——市场竞争机制   4
四、国家鼓励依靠科技进步提高物业管理和服务水平   6
五、物业管理活动的监督管理机关   6

第二节 业主及业主大会   8
一、业主的权利   8
    相关链接 物业使用人   10
二、业主的义务   12
三、业主大会的组成及业主大会的法律地位和基本职责   13
四、物业管理区域的划分   14
五、业主大会及业主委员会的设立   15
六、业主大会的职责   16
七、业主大会的会议形式和表决方式、业主大会决定的法律约束力   18
八、业主大会的会议类型及启动方式   20
九、业主大会召开的通知和会议记录   21
十、业主委员会的地位和职责   22
十一、业主委员会的登记备案制度   25
十二、管理规约的内容和效力   26

十三、业主大会议事规则的内容　　28
　　十四、业主大会、业主委员会的职责界限　　30
　　十五、业主大会、业主委员会与居民委员会之间的职责协调问题　　31

第三节　前期物业管理　　33
　　一、前期物业管理问题　　33
　　二、临时管理规约的制定与内容　　34
　　三、临时管理规约的说明及遵守义务　　35
　　四、前期物业服务企业的选聘方式　　36
　　五、前期物业服务合同内容列入物业买卖合同的要求　　38
　　六、前期物业服务合同的期限　　38
　　七、建设单位不得擅自处分业主共有或者共用的物业部分　　39
　　八、物业服务企业在承接物业时的查验义务　　40
　　　　相关链接　物业承接验收与竣工验收的区别　　41
　　九、物业承接验收时的文件资料移交　　41
　　十、建设单位配置物业管理用房的义务　　43
　　十一、建设单位的物业保修责任　　43

第四节　物业管理服务　　46
　　一、物业服务企业的法律性质与诚信管理　　46
　　二、单个物业管理区域中物业服务企业的唯一性　　46
　　三、物业服务合同的订立、形式与内容　　47
　　四、物业服务合同对物业服务企业违约责任的原则性规定　　50
　　五、物业服务企业的接管与验收义务　　52
　　六、物业管理用房权属的规定　　54
　　七、物业服务合同终止时物业服务企业的返还及交接义务　　55
　　八、物业服务企业转委托的规定　　56
　　九、物业服务收费的原则　　57
　　十、物业服务费交纳义务人的规定　　58
　　十一、物业服务费行政监督的规定　　59
　　十二、物业服务企业特约服务及费用的规定　　59
　　十三、公众性费用的收取办法　　60
　　十四、物业服务企业对违法行为的制止及报告义务　　61
　　十五、物业服务企业的安全防范义务　　62
　　十六、物业使用人在物业管理中的权利、义务　　64
　　十七、房地产行政主管部门处理物业管理纠纷的职责　　64

第五节　物业的使用与维护　　66
　　一、改变公共建筑及共用设施用途的程序　　66

  二、业主、物业服务企业对公共道路、场地占用、挖掘的规则 67
  三、公共设施的维护责任 68
  四、房屋装修时业主及物业服务企业的告知义务 69
  五、专项维修资金的交纳以及归属、使用 69
  六、业主对共用部位、共用设备设施商业利用的收益权 71
  七、责任人对存在安全隐患的物业进行维修养护的义务 72

第六节 法律责任 73
  一、建设单位违反招投标规定的行政责任 73
  二、建设单位擅自处分的行政责任和民事责任 75
  三、拒不移交资料的行政责任 76
  四、物业服务企业违反委托管理限制的法律责任 78
  五、挪用专项维修资金的法律责任 79
  六、建设单位未配置物业管理用房的法律责任 82
  七、物业服务企业擅自改变物业管理用房用途的法律责任 84
  八、业主、物业服务企业擅自作为的法律责任 84
  九、业主逾期不交纳物业服务费用的民事法律责任 86
  十、业主以业主大会或者业主委员会的名义从事违法活动的刑事责任和行政责任 88
  十一、物业管理主管部门收受他人财物或其他好处的刑事和行政法律责任 90

第二章 《中华人民共和国民法典》中与物业管理有关的法条解读

第一节 业主的建筑物区分所有权 94
  一、建筑物区分所有权是什么 95
  二、建筑物区分所有权的构成 95
  三、业主对建筑物专有部分享有的权利 96
  四、业主对共有部分的权利和义务 96
  五、建筑区划内道路、绿地等的权属 97
  六、车位、车库 98
  七、业主自治管理组织 100
    相关链接 业主委员会成立的条件及程序 100
    相关链接 业主人数及专有部分面积的计算方法 103
  八、业主改变住宅用途的限制条件 104
  九、业主大会、业主委员会决定的效力 104
  十、建筑物及其附属设施维修资金的归属和处分 105
    相关链接 如何提取和使用专项维修资金 105

十一、共有部分的收入分配　　106
　　十二、建筑物及其附属设施的费用分担和收益分配　　107
　　十三、建筑物及其附属设施的管理主体　　107
　　十四、业主和物业服务企业或其他管理人的关系　　110
　　十五、业主的相关义务及责任　　112
　　十六、业主合法权益的保护　　114

第二节　物业服务合同　　116
　　一、物业服务合同定义　　116
　　二、物业服务合同内容和形式　　117
　　三、物业服务合同的效力　　120
　　四、前期物业服务合同法定终止条件　　122
　　五、物业服务转委托的条件和限制性条款　　122
　　六、物业服务人的一般义务　　123
　　七、物业服务人信息公开义务　　124
　　八、业主支付物业费义务　　125
　　九、业主告知、协助义务　　126
　　十、业主合同任意解除权　　126
　　十一、物业服务合同的续订　　127
　　十二、不定期物业服务合同　　128
　　十三、物业服务人的移交义务及法律责任　　129
　　十四、物业服务人的后合同义务　　130

第三章　物业管理中的法律风险及防范

第一节　前期物业服务中的风险及防范　　133
　　一、前期物业管理的特点　　133
　　二、前期物业管理的风险　　134
　　三、前期物业管理过程中的风险化解　　135

第二节　日常物业服务中的风险及防范　　137
　　一、治安风险防范　　137
　　二、消防事故和隐患风险防范　　141
　　三、装修管理风险防范　　151
　　四、高空坠物风险防范　　157
　　五、物业服务收费风险及防范　　161
　　六、公共设施设备风险防范　　165

七、公共环境风险防范　　170

　　八、车辆管理风险防范　　173

第四章　物业服务合规管理文书

第一节　物业管理中的合同　　176

　　一、物业服务合同　　176

　　【实战范本01】物业服务合同　　176

　　二、前期物业服务合同　　190

　　【实战范本02】前期物业服务合同　　190

　　三、专项服务委托合同　　208

　　【实战范本03】绿化养护承包合同　　210

　　【实战范本04】物业清洁服务承包协议　　214

　　【实战范本05】保安服务外包合同　　223

　　【实战范本06】公共机电设备维修保养合同　　229

　　【实战范本07】楼宇对讲管理系统维护合同　　232

　　【实战范本08】电梯保养外包合同　　233

第二节　物业管理中的文书　　237

　　一、管理规约　　237

　　【实战范本09】小区业主管理规约　　237

　　二、业主大会议事规则　　256

　　【实战范本10】业主大会议事规则　　256

　　三、临时管理规约　　265

　　【实战范本11】临时管理规约　　265

　　四、临时管理规约确认书　　273

　　【实战范本12】临时管理规约确认书　　273

　　五、装饰装修管理告知书　　274

　　【实战范本13】业主装饰装修管理告知书（1）　　274

　　【实战范本14】业主装饰装修管理告知书（2）　　275

　　六、物业费催收通知　　279

　　【实战范本15】关于收取物业管理费的通知　　279

　　【实战范本16】关于明确物业管理费收取标准的通知　　280

　　【实战范本17】催收物业管理费的通知［针对多数业主（住户）］　　280

　　【实战范本18】催收物业管理费的通知［针对个别业主（住户）］　　281

　　【实战范本19】车位使用费催收通知单　　281

七、物业服务承诺公示　282
　【实战范本20】 小区物业服务承诺书　282
　【实战范本21】 ××别墅物业服务承诺书　283

八、物业服务信息公示　285
　【实战范本22】 物业管理服务收费公示　285
　【实战范本23】 关于调整物业服务费的公告　287
　【实战范本24】 物业有偿服务信息公示　287
　【实战范本25】 ××物业服务项目收支情况公示　291

九、维修资金筹集和使用合规文书　294
　【实战范本26】 使用维修基金征求意见函　295
　【实战范本27】 住宅专项维修资金使用申请表　295
　【实战范本28】 ××小区使用维修资金公示　296
　【实战范本29】 维修和更新、改造方案　297
　【实战范本30】 ××住宅专项维修资金使用联系单　298
　【实战范本31】 维修资金使用征求意见证明　299
　【实战范本32】 维修和更新、改造方案公示证明　300
　【实战范本33】 工程招投标证明　300
　【实战范本34】 住宅专项维修资金使用审批表　301
　【实战范本35】 物业区域维修和更新、改造工程竣工验收报告　302
　【实战范本36】 维修和更新、改造工程保修期满验收报告　303
　【实战范本37】 动用住宅专项维修资金承诺书　304

十、不同意续聘通知书　304
　【实战范本38】 关于物业服务合同到期后不再续聘的函　305
　【实战范本39】 关于通知物业服务合同到期不再续聘的函　305
　【实战范本40】 终止前期物业服务合同的函　306

第五章　常见物业服务法律问题答疑

第一节　物业服务合同签订与履行　308

　一、小区必须委托物业服务企业进行管理吗　308
　二、前期物业服务合同对业主有效吗　308
　三、开发商前期选定的物业服务企业，个人业主能够拒绝吗　309
　四、单个业主可以解聘物业服务企业吗　309
　五、小区分期开发，人数未达到成立业主委员会的情况，能否解除前期物业服务合同　309
　六、前期物业服务合同作为附条件的合同，条件未成就时，能否解除　310
　七、小区业主如何选聘和解聘物业服务企业　310
　八、没有业主委员会的情况下如何解除物业服务合同　311

九、业主可以找理由拒绝履行物业服务合同的义务吗　　311
　　十、业主对开发商委托的前期物业服务企业不满意，是否有权更换　　312
　　十一、物业服务可以整体"转包"或分解后"分包"吗　　312
　　十二、物业服务企业将专项服务委托出去是否就不用负责了　　313
　　十三、物业服务企业的责任边界在哪里　　313
　　十四、业主与物业服务企业需要互通小区基本信息吗　　314
　　十五、业主需提前告知物业服务企业哪些事项　　314
　　十六、物业服务企业的单方服务承诺是否有效　　314
　　十七、原物业服务企业是否有交接的义务　　315
　　十八、原物业服务企业拒不撤离、移交怎么办　　316
　　十九、物业服务企业应保证业主的人身、财产安全吗　　317
　　二十、物业服务企业有信息公开和报告的义务吗　　317
　　二十一、如何应对业主的解聘、续聘、合同终止后的权利与义务　　318
　　二十二、物业服务企业对高空抛物行为负有安全保障责任吗　　319
　　二十三、绿地被侵占，物业服务企业该不该管　　319
　　二十四、私搭乱建该由谁管　　320
　　二十五、出现消防问题该由谁管　　320
　　二十六、噪声污染归谁管　　320

第二节　业主大会和业主委员会　　321
　　一、业主委员会如何产生　　321
　　二、业主大会和业主委员会设立的程序是什么　　321
　　三、业主委员会是如何成立的　　324
　　四、谁有权解散业主委员会　　325
　　五、业主委员会应当向业主公布哪些情况和资料　　325
　　六、业主大会、业主委员会决定的效力有哪些　　325
　　七、业主委员会具备诉讼主体的条件吗　　326
　　八、业主委员会有工资吗　　327
　　九、业主委员会提起诉讼是否需要业主大会决议　　327
　　十、业主、业主大会、业主委员会、开发商以及物业服务企业有什么样的关系　　327

第三节　专项维修资金　　328
　　一、专项维修资金何时交　　328
　　二、专项维修资金有何特点　　329
　　三、物业管理费与专项维修资金有何不同　　329
　　四、专项维修资金怎么管理　　330
　　五、专项维修资金的催收能否适用诉讼时效　　330
　　六、房屋专项维修资金纠纷适用诉讼时效吗　　331
　　七、哪些设施可以使用专项维修资金　　331

八、如何提取和使用专项维修资金　　332

第四节　物业管理费　　334

　　一、物业管理费标准由谁确定　　334
　　二、物业管理费由哪些项目构成　　334
　　三、物业管理费应该从什么时候开始交纳　　335
　　四、房屋未入住能不交物业费吗　　335
　　五、物业管理费与违约金究竟能否相抵　　335
　　六、小区业主有权审查物业服务费用支出吗　　336
　　七、租赁合同没有约定，物业费应由谁来交　　337
　　八、业主有权要求物业服务企业提供小区公共收益明细及使用情况吗　　337
　　九、业主不交物业费怎么办　　338
　　十、未直接与物业服务企业签合同需要交物业费吗　　338
　　十一、哪些情形下业主可以不交物业费　　339
　　十二、小区停车要交费吗　　339
　　十三、物业服务企业可以用停水停电来催收物业费吗　　340
　　十四、小区发生了偷盗事件，业主是否可以不交纳物业费　　340
　　十五、未享受服务是否可以不交物业费　　341
　　十六、物业服务企业下发物业费催收通知单合法吗　　341

第五节　业主的建筑物区分所有权　　341

　　一、业主如何行使建筑物区分所有权　　341
　　二、哪些建筑是配套公建　　342
　　三、小区配套设施包括哪些　　342
　　四、小区配套公建是否属于业主共有　　343
　　五、小区哪些部分是业主共有部分　　344
　　六、小区的地面停车费、广告费、场地使用费等收益归谁所有　　345
　　七、业主的共同部分经营收入归属谁　　345
　　八、可否擅自利用业主共有部分开展经营活动　　346
　　九、业主可否将楼顶据为己有　　347

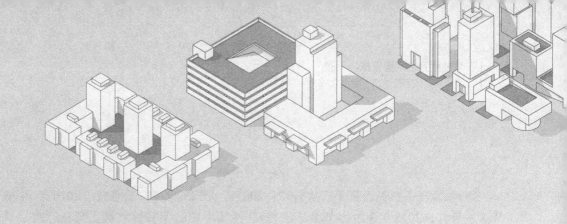

第一章 《物业管理条例》解读
Chapter one

* * * * *

《物业管理条例》经历了三次修订：2007年8月26日第一次修订，2016年2月6日第二次修订，2018年3月19日第三次修订。《国务院关于修改和废止部分行政法规的决定》（国务院令第698号）于2018年3月19日通过，并于2018年4月4日公布实施。该决定的附件1第九条对《物业管理条例》（以下简称《条例》）进行了修改，取消了物业服务企业资质管理的相关规定，并增加了建立守信联合激励和失信联合惩戒机制的有关内容。本次修改涉及《条例》第二十四条、第三十二条、第五十九条、第六十条和第六十一条。

* * * * *

第一节 总则

一、制定《条例》的目的

> **第一条** 为了规范物业管理活动，维护业主和物业服务企业的合法权益，改善人民群众的生活和工作环境，制定本条例。

本条明确了制定《条例》的目的，主要有图1-1所示的两个方面。

目的一 规范物业管理活动

> 物业管理是房地产综合开发过程的最后一个环节，直接关系到业主和使用人的切身利益。如果没有良好的物业管理，开发商建造的房屋品质再好也可能出现销售问题，业主的崭新房屋不久可能会破旧不堪，人们的生活和工作环境也会日趋恶化。因此，物业管理的有无和好坏，是直接关系到住宅与房地产业能否实现社会再生产良性循环的大问题

目的二 维护业主和物业服务企业的合法权益，改善人民群众的生活和工作环境

> 物业所有权人、使用权人、物业服务企业的合法权益依法得到保障，有利于人民法治观念和法律意识的提高，有利于城市投资环境和人民生活环境的显著改善

图1-1 制定《物业管理条例》的目的

二、物业管理的基本内涵

> **第二条** 本条例所称物业管理，是指业主通过选聘物业服务企业，由业主和物业服务企业按照物业服务合同约定，对房屋及配套的设施设备和相关场地进行维修、养护、管理，维护物业管理区域内的环境卫生和相关秩序的活动。

本条明确了物业管理的基本内涵。

物业管理，通常是指物业服务企业受业主的委托，依据物业管理委托合同，对物业的房屋建筑及其设备、市政公用设施、绿化、卫生、交通、治安和环境容貌等项目进行维护、修缮和整治，并向物业所有人和使用人提供综合性的有偿服务。实行物业管理是为了发挥物业的最大使用功能，使其保值增值，并为物业所有人和使用人创造整洁、文明、安全、舒适的生活和工作环境，最终实现社会、经济、环境三方面效益的统一和同步增长。关于物业管理的基本内涵，可从以下几个方面进行分析。

（一）物业管理关系的主体：业主和物业服务企业

物业管理关系的主体如图1-2所示。

业主

业主既是业主个体自治法律关系的基本主体，又是业主团体自治法律关系的构成主体。业主是指物业的所有权人

物业服务企业

物业管理的经营人主要是企业。物业服务企业是指依法成立，接受委托从事物业管理活动的企业。物业服务企业的主要职能是遵照国家有关政策法规，运用现代管理科学和先进维修养护技术管理物业，妥善处理业主投诉，有效地维护业主合法权益，为业主和使用人创造一个优美的居住和工作环境

图1-2 物业管理关系的主体

（二）物业管理关系产生的依据：物业服务合同

物业服务合同是广大业主选举出来的业主委员会（简称业委会）与其选聘的物业服务企业之间签订的委托物业服务企业对物业进行综合管理的法律文件。物业服务合同由业主委员会代表全体业主起草并与物业服务企业共同签署，所以该文件的制定要尽量完善、全面，充分表达全体业主的要求。物业服务合同主要包括以下几个方面的内容。

（1）确定所管理的物业，阐明所管理的物业坐落何处，产权归谁所有。

（2）委托管理决议，阐明业主委员会经过讨论研究，最后作出决议。

（3）委托管理的工作范围，如保安、绿化、卫生、清洁、维修保养、财务管理、

管理费及维修基金的安排使用,有关健身、娱乐及商业设施等。

(4)业主委员会和物业服务企业的联合会议制度,由物业服务企业定期向业主委员会报告并讨论重大管理事项。

(5)报告制度,业主委员会要求物业服务企业定期报告工作,定期公布账目,接受全体业主监督。

(6)其他,如保密条款、违约责任、续约条件与方法、争议的解决等。

(三)物业管理的基本内容

物业管理的基本内容按服务的性质和提供的方式可分为常规性的公共服务、针对性的专项服务和委托性的特约服务三大类,如图1-3所示。

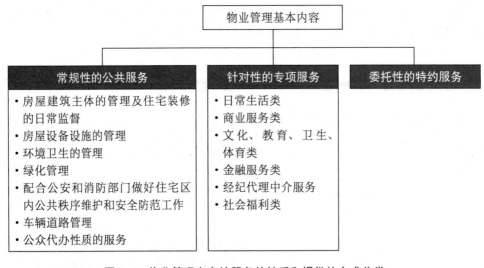

图1-3 物业管理内容按服务的性质和提供的方式分类

物业服务企业在实施物业管理时,常规性的公共服务是最基本的工作,是必须做好的。同时,根据自身的能力和业主的要求,确定针对性专项服务和委托性特约服务的具体服务项目与内容,采取灵活多样的经营机制和服务方式,以人为核心,做好物业项目的各项管理与服务工作,并不断拓展其广度和深度。

三、选择物业服务企业的方式——市场竞争机制

> **第三条** 国家提倡业主通过公开、公平、公正的市场竞争机制选择物业服务企业。

本条明确了国家提倡的选择物业服务企业的方式,即市场竞争机制。

(一)提倡市场竞争机制的必要性

物业管理是市场经济的产物,而市场经济的主要特征就是通过公开、公平、公正的竞争,达到买卖双方等价交换的目的。因此,竞争是物业管理得以生存和发展的活力所在。

从目前的物业管理实践来看,能够提供物业服务的企业组建形式大致有图1-4所示的几种。

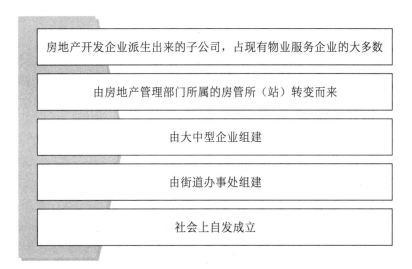

图1-4 物业服务企业的组建形式

这些物业服务企业,或附属政府管理部门,或附属开发商,有的缺乏市场服务意识,这不仅使物业管理难以达到专业化、社会化、规范化的要求,长期下去,还会因行业本身缺乏活力而衰竭不振。因此,打破这种由主管部门或开发单位指定"终身制"物业管理者的模式,是物业管理市场发展到一定阶段的必然趋势。

从物业管理的发展历程来看,物业管理逐步走向市场化、专业化、规范化是必然的发展趋势,那种隶属于开发商或由房管所派生出来的物业服务企业会因先天不足而越来越不适应社会的发展和业主的需要。

(二)提倡市场竞争机制的益处

(1)促使物业服务企业正视竞争,通过招投标方式,接受业主委员会的委托。双方在完全平等的原则下,通过双向选择签订合同,明确各自的权利与义务。

(2)确立价格机制的权威,规范物业管理行为。价格是市场的灵魂,没有权威的价格机制,就不可能有公平竞争行为,也就不可能有规范的管理行为。当然,确立价格机制的权威,并不是由政府部门制定一个强制执行的价格水平,而是由市场定价。政府主管部门只需根据市场定价的原则进行监督和指导。

四、国家鼓励依靠科技进步提高物业管理和服务水平

> **第四条** 国家鼓励采用新技术、新方法,依靠科技进步提高物业管理和服务水平。

本条是关于国家鼓励依靠科技进步提高物业管理和服务水平的规定。

物业管理作为我国新兴的转型性行业,正在迅速发展与崛起,它是改革开放以及建立社会主义市场经济的客观需要,是我国城乡住宅房屋管理体制由粗放型管理向集约型与现代化管理转变的客观需要。因而,物业管理与服务职能的发挥,必须最大限度地使用科技创新手段、计算机管理手段等,去实施硬件(如房屋、设备与设施等)和软件(如产权、产籍、组织制度、管理方法等)的科学管理,通过内部不同层次的管理活动,达到科学化、制度化与规范化管理以及管理层与作业层人员素质不断提高的目的,即实现管理现代化,从而不断提高物业服务水平。

五、物业管理活动的监督管理机关

> **第五条** 国务院建设行政主管部门负责全国物业管理活动的监督管理工作。县级以上地方人民政府房地产行政主管部门负责本行政区域内物业管理活动的监督管理工作。

本条明确了物业管理活动的监督管理机关。

(一)物业管理活动的监督管理机关

物业管理活动的监督管理机关如图1-5所示。

机关一 国务院建设行政主管部门

全国物业管理活动的监督管理工作由国务院建设行政主管部门负责
根据国务院批准的有关文件规定,住房和城乡建设部(以下简称"建设部")是国务院综合管理全国建设事业的职能部门,具体包括工程建设、城市建设、村镇建设、建筑业、房地产业、市政公用事业等,因此,从全国范围来讲,建设部是物业管理的行政管理部门

机关二 县级以上地方人民政府房地产行政主管部门

县级以上地方人民政府房地产行政主管部门负责本行政区域内物业管理活动的监督管理工作
县级以上地方人民政府房地产行政主管部门主要包括省、市、县等房地产行政主管部门。根据实践情况,各省、市、县对物业管理实施政府管理的具体行政管理部门应指房管局

图1-5 物业管理活动的监督管理机关

(二)政府对物业管理市场的管理

政府对物业管理市场的管理主要指宏观管理,通过法规来实现管理目标,把物业管理市场置于法规监督之下。政府对物业管理市场的管理,主要体现在四个方面。

(1)制定物业管理的政策法规。

(2)对物业服务企业进行管理,包括领导和实施物业管理质量评优工作,制定物业管理的标准,对物业服务企业进行资质管理,指导、帮助和监督物业服务企业的工作。

(3)指导和帮助业主委员会的工作。

(4)协调、解决物业管理市场运作中出现的情况和问题。

(三)政府管理的具体职能

政府管理的具体职能,可以分为前期物业管理中的政府管理(主要着眼于对房地产开发公司的监督和帮助以及对业主利益的维护)、房地产行政主管部门对物业服务企业的管理、物业管理具体工作中的政府管理,如表1-1所示。

表1-1 政府管理的具体职能

序号	职能	说明
1	前期物业管理中的政府管理	前期物业管理是指住宅出售后至业主委员会成立前的物业管理。《城市新建住宅小区管理办法》明文规定:"住宅小区在物业服务企业负责管理前,由房地产开发企业负责管理。"从这点来看,前期物业管理的责任人是物业的开发商。然而,前期物业管理中的某些工作却必须在政府有关部门的指导下进行,如: (1)竣工验收 (2)根据法律、法规的规定,组织或监督第一次业主大会召开,对选举产生的业主委员会进行登记,并依法对其工作进行监督 (3)向业主委员会提供委托管理合同范本
2	房地产行政主管部门对物业服务企业的管理	物业服务企业由房地产行政主管部门归口管理,物业管理工作应在房地产行政主管部门的监督指导下进行。房地产行政主管部门对物业服务企业进行行政管理的主要工作有: (1)组织物业服务企业参加评比 (2)对物业管理人员进行岗位资格培训
3	物业管理具体工作中的政府管理	物业管理中的政府管理不仅体现在上述两个方面,在物业管理的具体工作中,也占据重要的地位。物业管理包括基本业务、专项业务、特色业务和经营业务,具体包括房屋建筑的维护、修缮与改造,物业附属设备设施的维护、保养与更新,相关场地的维护与管理,消防设备的维护、保养与更新,治安保卫、防火、防盗、防水以及突发事件的处理,清扫保洁,庭院绿化,车辆管理等。在这些具体的物业管理活动中,政府依法进行管理是不可或缺的

第二节　业主及业主大会

一、业主的权利

> **第六条**　房屋的所有权人为业主。
> 业主在物业管理活动中,享有下列权利。
> (一)按照物业服务合同的约定,接受物业服务企业提供的服务。
> (二)提议召开业主大会会议,并就物业管理的有关事项提出建议。
> (三)提出制定和修改管理规约、业主大会议事规则的建议。
> (四)参加业主大会会议,行使投票权。
> (五)选举业主委员会成员,并享有被选举权。
> (六)监督业主委员会的工作。
> (七)监督物业服务企业履行物业服务合同。
> (八)对物业共用部位、共用设施设备❶和相关场地使用情况享有知情权和监督权。
> (九)监督物业共用部位、共用设施设备专项维修资金(以下简称专项维修资金或专项维修基金)的管理和使用。
> (十)法律、法规规定的其他权利。

本条主要明确了业主的权利,可分两个层次进行分析。

(一)房屋的所有权人为业主

业主,一般意义上是指物业的所有权人。业主既是业主个体自治法律关系的基本主体,又是业主团体自治法律关系的构成主体,业主的分类如下。

1. 按物业所有权主体是自然人还是法人划分

根据物业所有权主体是自然人还是法人,可将业主分为自然人业主和非自然人业主,如图1-6所示。

2. 按物业所有权主体是单独拥有物业还是与他人共同拥有物业划分

根据物业所有权主体是单独拥有物业还是与他人共同拥有物业,可将业主分为独立产权的业主和共有产权的业主。这种分类根据不同的标准又有不同的分法。

---

❶ 共用部位、共用设施设备,也被称为公用部位、公用设施设备。

自然人业主	非自然人业主
就是指拥有物业所有权的是自然人。如果买房人只支付房款并未登记，不能称为房屋的业主，只有登记过户之后，才能称为房屋的业主	就是指拥有物业所有权的是自然人以外的主体，包括法人和非法人组织。如某公司支付房款并到房产部门登记后，就成为房产部门所登记房屋的业主

图1-6　按物业所有权主体是自然人还是法人划分

（1）可以从形式上进行区分，也就是根据房屋的产权证进行区分。凡是房屋产权证上写明只有一个所有人享有房屋产权的，那么这个所有人就是独立产权的业主。凡是房屋产权证上写明房屋产权是共有的，那么房屋产权证标明的这些所有人就是共有产权的业主。

（2）可以从实质上进行区分，也就是房屋产权属于一个业主所有还是几个主体共有。现实生活中，绝大部分住宅都是由家庭拥有，而房屋产权证上常常只有一个自然人为所有权人。从形式上来说，这项物业的业主是独立产权的业主，但实质上这项物业的业主是共有产权的业主。

3. 按物业所有权主体的性质划分

根据物业所有权主体的性质，可以将业主分为公房业主和私房业主两类，如图1-7所示。

根据法律规定，公房业主是指国家和集体，但狭义上，公房业主仅指国家及其授权经营管理公房的部门或单位

按《中华人民共和国民法典》《中华人民共和国城市房地产管理法》规定，私房业主仅指个人所有、数人共有的自用或出租的住宅和非住宅用房业主。但广义上，私房业主是指享有物业所有权的"私人"，包括自然人、非国家机关性质的法人和其他组织

图1-7　按物业所有权主体的性质划分

4. 按物业基本用途划分

根据物业的基本用途，可把业主分为居住物业的业主和非居住物业的业主。

5. 按享有物业所有权份额划分

根据享有物业所有权份额，可把业主分为大业主和小业主。

6. 按业主资格取得次序和依据划分

根据业主资格取得的先后次序和依据，可以把业主分成原始业主（主要指新建物业的业主）、继受业主（主要指购买物业的人）和准业主（主要指依法视为业主的业委会和物业使用权合法持有人）三类。

相关链接

物业使用人

物业使用人是与业主相关的概念。一般而言，物业管理只涉及业主与物业服务企业之间的权利与义务，而不涉及使用人。但现在越来越多的业主购买商品房不是为了自己居住，而是为了投资。这部分业主购买房屋之后即将所购房屋出租给他人。这样，物业管理关系就不仅仅涉及业主和物业服务企业，还涉及承租人。除此之外，物业的实际使用人还可能是尚未出售的公有住房的使用人。

应该分清物业所有权人与物业使用人的概念，明确物业的使用人不一定是业主。物业的使用人是指物业的承租人和实际使用物业的其他人。业主是物业的所有权人，对物业享有占有、使用、收益和处分的全部权利；而使用人对物业只享有占有、使用或者一定条件的收益权，没有处分的权利。由于我国过去在物业管理方面的立法不够完善，并未明确区分物业所有权人与使用人对物业所享有的权利和承担的义务，有的规范性文件还笼统地使用了"物业的权利人"这样的称谓，使得业主和物业使用人在概念上界限不清，二者的权利与义务也未能很好地明确。

（二）业主的权利

物业管理是为了全体业主的利益而产生的。根据该条规定，业主在物业管理中享有的权利主要包括图1-8所示的几项。

权利一	按照物业服务合同的约定，接受物业服务企业提供的服务
权利二	提议召开业主大会会议，并就物业管理的有关事项提出建议
权利三	提出制定和修改管理规约、业主大会议事规则的建议
权利四	参加业主大会会议，行使投票权
权利五	选举业主委员会委员，并享有被选举权
权利六	监督权
权利七	法律、法规规定的其他权利

图1-8 业主的权利

1. 按照物业服务合同的约定，接受物业服务企业提供的服务

物业服务合同是广大业主选举出来的业主委员会与业主大会选聘的物业服务企业之间签订的委托物业服务企业对物业进行综合管理的法律文件。物业服务合同是确定业主和物业服务企业之间权利与义务的基本法律依据。而业主之所以要与物业服务企业签订合同，最主要的目的是接受物业服务企业提供的服务。因此，按照物业服务合同的约定，接受物业服务企业提供的服务，就是业主享有的最基本的权利。

2. 提议召开业主大会会议，并就物业管理的有关事项提出建议

业主大会是由物业管理区域内全体业主组成的，维护物业区域内全体业主的公共利益，行使业主对物业管理自治权的业主自治机构。提议召开业主大会会议的权利应当由业主享有，以便能够及时解决有关业主公共利益的问题。同时，业主都是物业管理的享用者，物业管理的好坏直接决定了业主的利益能否得到充分的保护，因此，业主有权就物业管理的事项提出建议。

3. 提出制定和修改管理规约、业主大会议事规则的建议

管理规约是指业主共同订立或者承诺的，对全体业主具有约束力的有关物业使用、维护及管理等方面权利与义务的行为守则。而业主大会议事规则是业主大会召开时应当遵循的会议程序、决议通过的要求等有关规则。这些规约直接决定和影响业主的自治权能否得到充分有效的保护。所以，应当赋予业主制定和修改管理规约、业主大会议事规则的建议权。

4. 参加业主大会会议，行使投票权

参加会议权包括获得会议通知权，这就要求会议通知必须充分、明确、按时。参加业主大会，是保证业主民主表决权的前提。而投票权则是业主民主权利的实现。

5. 选举业主委员会委员，并享有被选举权

业主委员会是经业主大会选举产生并经房地产行政主管部门登记，在物业管理活动中代表和维护全体业主合法权益的组织。业主委员会是一个物业管理区域中长期存在的、代表业主行使自治管理权的机构。业主享有选举业主委员会委员的权利，决定着业主自己的意愿能在业主委员会中得以传达，从而决定了业主的利益能得到充分保护。同时，业主享有被选举权。被选举权是指业主作为物业自治管理组织的成员，有被选举为业主委员会委员的权利。

6. 监督权

监督权的内容主要包括：

（1）监督业主委员会的工作。

（2）监督物业服务企业履行物业服务合同。

（3）对物业共用部位、共用设施设备和相关场地使用情况享有知情权和监督权。

（4）监督物业共用部位、共用设施设备专项维修资金的管理和使用。

7. 法律、法规规定的其他权利

业主的权利可能还会在其他法律、法规中体现。例如，业主对已经履行的房屋买卖合同和房屋产权证所确定的面积享有所有权。除此之外，业主对走道、门厅等共有部分及按同一系列合同出售的小区内草坪、道路等，根据建筑物区分所有权理论和法律规定，与其他业主共同享有所有权和使用权。业主有权对享有所有权的房屋进行出售、赠与、出租、出借、抵押等处分，不受其他业主、业主自治机构和物业服务企业的非法干涉。

二、业主的义务

> **第七条** 业主在物业管理活动中，履行下列义务。
> （一）遵守管理规约、业主大会议事规则。
> （二）遵守物业管理区域内物业共用部位和共用设施设备的使用、公共秩序和环境卫生的维护等方面的规章制度。
> （三）执行业主大会的决定和业主大会授权业主委员会作出的决定。
> （四）按照国家有关规定交纳专项维修资金。
> （五）按时交纳物业服务费用。
> （六）法律、法规规定的其他义务。

本条主要规定了业主的义务，具体如表1-2所示。

表1-2 业主应当履行的义务

序号	义务	具体细节
1	遵守规约、执行决定的义务	业主作为物业区域内的成员，共同缔结或签署了管理规约、业主大会议事规则，物业管理区域内物业共用部位和共用设施设备的使用、公共秩序和环境卫生的维护等方面的规章制度，以及业主大会的决定和业主大会授权业主委员会作出的决定。物业管理的各项规约中，采取的是多数通过原则，即只要集体中多数成员达成了一致意见，规约就合法生效了，并对所有成员都产生一致的约束力，少数表示反对的成员也必须放弃自己的异议，共同遵守这些规约。因此，物业管理规约对所有业主都有相同的约束力，即使是当初表示了反对的业主，只要规约是合法的，就有遵守的义务。如果业主违反管理规约等自治性规范，则应按照自治性规范中的条款承担责任；造成其他业主损失的，应承担民事赔偿责任
2	交纳资金费用的义务	业主交纳物业管理服务费用和维修资金是保证物业区域获得正常管理和维护的条件，各业主都负有此项义务。基于公共利益，业主享有共益权利，也应承担相应义务。对于经业主大会或业主委员会确定的物业管理费、维修资金等各项合理费用，各业主即使有异议，也有交纳的义务。如因迟交或欠交而引起其他业主损失的，应负赔偿责任

续表

序号	义务	具体细节
3	法律、法规规定的其他义务	例如，不得侵害其他业主的权利。管理规约和物业服务企业制定的物业管理规章中，有大量的不得侵犯其他业主权利的规定，但是，仍有未尽之处。对于法律、法规未明确规定的，可能侵犯业主权利的行为，业主亦不得为之。又如，维护公共利益的义务，对于物业管理区域的业主而言，必然存在着公共的利益，每一位业主对此公共利益都有加以维护、不得侵害的义务。各业主处置其所有的单元时，应在规定的时间内将处置的有关情况书面告知业主委员会和物业服务企业，并督促有关承受人签署规约附件的承诺书，以确保承受人遵守管理规约的条款，受管理规约约束。各业主不得随意改变物业的使用性质，在装修时不得损坏房屋承重结构、破坏房屋外貌，并事先取得物业服务企业和有关部门的同意。各业主在使用共用部位及设施时，不得损害、阻塞或堵塞共用部位及设施，不得在共用部位及设施内作出任何损害其他业主利益的行为

三、业主大会的组成及业主大会的法律地位和基本职责

> **第八条** 物业管理区域内全体业主组成业主大会。
> 业主大会应当代表和维护物业管理区域内全体业主在物业管理活动中的合法权益。

本条明确了业主大会的组成及业主大会的法律地位和基本职责。

（一）业主大会的成员

业主大会的成员为物业管理区域内的全体业主。业主一般意义上是指物业的所有权人。业主既是业主个体自治法律关系的基本主体，又是业主团体自治法律关系的构成主体，即物业管理区域内全体业主是业主大会的组成成员。

（二）业主大会的作用

业主大会应当代表和维护物业管理区域内全体业主在物业管理活动中的合法权益。

业主大会是由合法划定的业主集体自治管理辖区（即特定物业管理区域）内全体业主组成的，以会议制形式依法行使物业管理民主自治权利和自治规约订立权的群众性社会自治机构，也是各业主团体自治管理体系中表达集体共管意思的权力机关。业主大会在充分民主的基础上集中了全体业主的共同意志和利益要求，行使本机构直管辖区内的物业管理自治规约订立权，决定自治范围内业主生活公共事务及物业管理公益事业中的其他重大问题。因此，业主大会在业主集体自治管理组织分工体系中居于首要地位。

业主大会是由业主自行组成的维护物业整体利益的组织，具有民主性、自治性、代表性等特征，如图1-9所示。

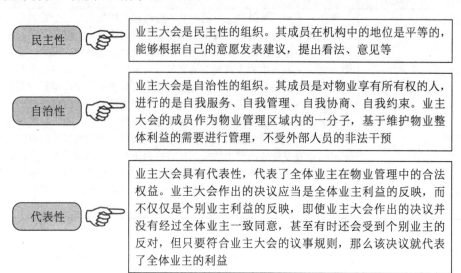

图1-9　业主大会的特征

（三）业主大会的独立性和不可替代性

业主大会对物业的管理与公共利益的维护是一种自治、自助行为，其构成成员是业主，即物业的所有权人。所以，它不同于物业服务企业，物业服务企业是对物业提供管理服务的具有专营性质的公司，以管理、经营一定区域的物业为经营目的。

业主大会也不同于地方政府所设立的专门负责辖区内物业管理工作的行政部门，后者是行政性的管理，起指导作用，不具有业主大会的自我管理、平等协商性质。

因此，业主大会基于其性质、宗旨、组成人员、运作机制而区别于其他对物业进行管理、指导、监督的组织，具有独立性和不可替代性。

四、物业管理区域的划分

> **第九条**　一个物业管理区域成立一个业主大会。
> 物业管理区域的划分应当考虑物业的共用设施设备、建筑物规模、社区建设等因素。具体办法由省、自治区、直辖市制定。

本条明确了物业管理区域的划分。

（一）业主大会的唯一性

一个物业管理区域只能成立一个业主大会。

（二）物业管理区域的概念及划分情况

物业管理区域是业主委员会管理的物业范围，一般而言，它应该是一个由原设计构成的自然街坊或封闭小区。自然街坊是城市建设中自然形成的相对独立的居住区。近年来，房地产开发中形成的居住小区，一般由4～5个住宅群组成，用地一般为15～20公顷，建筑面积为15万～20万平方米。按照政府有关建设小区规划的规定，小区应配置居委会、学校、幼儿园、托儿所、文化活动中心、综合服务商店、自行车棚等公共设施项目。小区的水、电、气等公共设施在开发时一起建成，交付后再让居民入住。这种小区大都实行封闭式管理，被称为封闭小区。将一个封闭小区划分为一个物业管理区域，有利于对房屋及相关设施进行管理。

根据本条规定，物业管理区域的划定办法由省、自治区、直辖市制定。物业管理区域的划分应当考虑物业的共用设施设备、建筑物规模、社区建设等因素。《条例》并没有统一规定物业管理区域划分的标准，而是交由省、自治区、直辖市制定。之所以这样，是因为各地情况有很大不同。物业管理区域的范围，可以是对一栋或几栋大楼，也可以是对一个楼宇群体进行适当的调整划定。区域一经划定，如无特殊情况，不应做任意改动。这样，物业管理区域的范围相对稳定，有利于业主自治机构和物业服务企业在管理上的稳定性和延续性。

五、业主大会及业主委员会的设立

> **第十条** 同一个物业管理区域内的业主，应当在物业所在地的区、县人民政府房地产行政主管部门或者街道办事处、乡镇人民政府的指导下成立业主大会，并选举产生业主委员会。但是，只有一个业主的，或者业主人数较少且经全体业主一致同意，决定不成立业主大会的，由业主共同履行业主大会、业主委员会职责。

本条是关于业主大会及业主委员会设立的规定。

（1）物业管理区域内全体业主组成业主大会。

（2）同一个物业管理区域内的业主，应当成立业主大会，并选举产生业主委员会。

（3）业主大会应当在物业所在地的区、县人民政府房地产行政主管部门的指导下成立。

（4）业主大会应该采取二重机构设置的方式，即由全体业主组成业主大会，作为业主自治机构中的权力机关，行使重大事务的决策权；在业主大会下设立由业主民主选举产生的业主委员会,作为业主大会的常设机构和执行机关,行使日常事务的管理权。《条例》也规定了,成立业主大会的同时应当选举产生业主委员会。

(5)在一定条件下可以不必设立业主大会和业委员会。这主要是因为有些物业管理区域内的业主较少,甚至只有一个业主,此时,如果法律强制设立业主大会则显得没有必要。全体业主可以随时决定物业管理的有关问题,这样既节约了时间和精力,也减少了不必要的开支。因此,《条例》规定,只有一个业主,或者业主人数较少且经全体业主一致同意,决定不成立业主大会的,由业主共同履行业主大会、业主委员会职责。

六、业主大会的职责

> **第十一条** 下列事项由业主共同决定。
> (一)制定和修改业主大会议事规则。
> (二)制定和修改管理规约。
> (三)选举业主委员会或者更换业主委员会成员。
> (四)选聘和解聘物业服务企业。
> (五)筹集和使用专项维修资金。
> (六)改建、重建建筑物及其附属设施。
> (七)有关共有和共同管理权利的其他重大事项。

本条规定了业主大会的职责。

业主大会的职责是物业管理法确认的业主会议对其职责范围内自治事务的支配权限。从理论上讲,业主会议对业主自治管理事务的支配具有全权性,但为提升处理自治事务的工作效率和形成行使职权的制衡机制,在业主团体自治组织内部有必要进行分工,因此,业主会议职权的行使也有一定的范围。根据《条例》的规定,其行使的职责包括四个方面:

(一)制定、修改业主大会议事规则和管理规约

自治管理规约主要表现为管理规约和业主大会议事规则。管理规约是各个业主集体自治管理组织的"小宪法",是在业主集体自治管理辖区内从事与物业管理有关活动的业主、单位和其他人员共同遵守的物业管理社会自治"总章程"。

订立自治管理规约,是由特定业主集体组成的业主会议依据一定程序、运用一定技术,为体现本业主集体在物业管理方面的共同自治意志所进行的制定、修改、补充、废止具有特定适用范围和效力的物业管理自治行为规范的活动。

（二）选举、更换业主委员

业主委员会是一个业主维护自身合法权益、行使业主自治权的常设机构。选举出业主委员会的组成人员是业主大会的一项重要职责，认真推选出真正能维护业主利益的业主委员会成员，业主权利的行使才有保障。

（1）业主大会有权选举、决定和罢免本自治管理组织实体（即业委会）的组成人员。

（2）对于以上人员，业主会议有权依照规定程序予以罢免。

（3）选举业主委员会组成人员并非每次业主大会的例行职责，一般在首次业主大会和换届时行使。

（4）撤换业主委员会的组成人员，只要有必要（如个别组成人员不称职），任何时候的业主大会（包括临时业主大会）都可行使这一职责。

（三）决定本自治管理辖区内涉及业主共同利益的重大事项

涉及业主共同利益的重大事项包括：

（1）选聘、解聘物业服务企业。

（2）确定专项维修资金使用、统筹方案，并监督实施。

（3）制定、修改物业管理区域内物业共用部位和共用设施设备的使用、公共秩序和环境卫生的维护等方面的规章制度。

（四）法律、法规或者业主大会议事规则规定的其他有关物业管理的职责

由于业主的生活复杂多变和持续发展，因而很难完全预料可能出现的业主自治管理的新问题，也很难将业主会议的职责列举周全。为便于业主会议处理新出现的重大问题，有必要对业主会议的职责采用列举加概括兜底的方法进行规定，以便对新问题的解决提供法规和管理规约依据。例如：

（1）物业的大修及公用设备或设施的更新大修。

（2）建造新的公用设施，如喷泉、娱乐室等。

（3）电力增容。

（4）铺设新的线路。

（5）其他需要业主分摊费用的事项。

（6）业主委员会的经费筹集方式、来源和标准。

（7）业主委员会成员是否获取报酬、酬金标准、来源。

（8）大型活动的开展等。

总之，物业管理区域内重大管理事项都必须由业主大会讨论决定或审批通过。业主大会认为业主委员会的决定不当时，可予以撤销。

七、业主大会的会议形式和表决方式、业主大会决定的法律约束力

> **第十二条** 业主大会会议可以采用集体讨论的形式，也可以采用书面征求意见的形式；但是，应当有物业管理区域内专有部分占建筑物总面积过半数的业主且占总人数过半数的业主参加。
>
> 业主可以委托代理人参加业主大会会议。
>
> 业主大会决定本条例第十一条第（五）项和第（六）项规定的事项，应当经专有部分占建筑物总面积2/3以上的业主且占总人数2/3以上的业主同意；决定本条例第十一条规定的其他事项，应当经专有部分占建筑物总面积过半数的业主且占总人数过半数的业主同意。
>
> 业主大会或者业主委员会的决定，对业主具有约束力。
>
> 业主大会或者业主委员会作出的决定侵害业主合法权益的，受侵害的业主可以请求人民法院予以撤销。

本条明确了业主大会的会议形式和表决方式、业主大会决定的法律约束力。

（一）业主大会会议召开的方式

业主大会会议召开的方式包括两种，即集体讨论的方式和书面征求意见的方式。通常情况下，业主大会的召开采取集体讨论的方式，这种方式能够充分展示各方的意见。但是，对于一些业主之间并没有争议的问题，采取征求意见的方式，能够节约时间和成本。

（二）业主大会召开的最低投票权限定

业主大会的召开，应当满足最低人数或投票权的限定，从而尽量体现大多数人的利益，以保障所作出决议的科学性、合理性。本条规定了最低投票权的限制，即由物业管理区域内专用部分占建筑物总面积过半数的业主且占总人数过半数的业主参加。

（三）业主参加大会的方式

业主可以亲自参加业主团体会议，亲自行使表决权，参与待决事项的议决。但是，如果业主无法亲自参与业主团体会议，也可以委托他人（包括同住人或之外的人）参加，并且还可以将自己的表决权书面委托其行使。本条规定业主可以委托代理人参加业主大会会议。因此，业主参加大会的方式既包括亲自参加，也包括委托代理人参加。

(四)业主大会的表决规则

1. 绝对多数同意规则

绝对多数同意规则是指经专有部分占建筑物总面积2/3以上的业主且占总人数2/3以上的业主同意（俗称"两个过2/3"），具体包括以下两项。

（1）筹集和使用专项维修资金。

（2）改建、重建建筑物及其附属设施。

常见的如调整小区绿化布局、改建车位、小区大门改建、小区整体外墙维修、小区围墙及技防设备的维修等，均需全体业主"两个过2/3"同意。而涉及单栋楼的楼道、电梯、消防设施、水泵等更新、改造，则只需本栋楼的业主"两个过2/3"同意，即部分业主"两个过2/3"同意。

《上海市住宅物业管理规定》第六十六条规定，电梯、水泵故障影响正常使用，消防设施损坏由消防部门出具整改通知书，外墙墙面有脱落危险，屋顶或外墙发生渗漏等情况，严重影响房屋使用和安全，经有资质的鉴定机构出具证明的，物业服务企业应当持有关材料，向业主委员会提出列支住宅专项维修资金，由业主委员会审核同意，报区、县房屋行政管理部门备案，并经具有相应资质的中介机构审价后，在专项维修资金中列支。

换言之，遇到此类强制紧急维修事项时，本市地方性法规已授权业主委员会审核决定，无须再召开业主大会会议表决。业主委员会不得以需要业主大会会议表决为由拖延处理紧急事项。

2. 简单多数规则

简单多数规则是指经专有部分占建筑物总面积过半数的业主且占总人数过半数的业主同意（俗称"两个过半"），适用于简单多数规则的事项具体如图1-10所示。

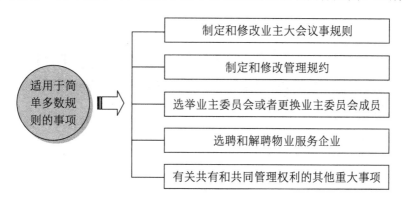

图1-10 适用于简单多数规则的事项

常见的如制定小区机动车停放管理制度、调整物业管理收费标准、制定公共收益的使用方案等，均需按"两个过半"的简单多数规则表决通过。

> **提醒您**
>
> 为了提高工作效率,除了法规的授权条款以外,有些事项可以通过业主大会事先表决并授权给业主委员会处理,比如需"两个过2/3"同意的事项——小额维修资金的使用,又比如"两个过半"同意的事项——公共收益使用方案的制定等。业主委员会根据此类授权行使管理职责的,应当审慎处理,并充分公开授权条款和具体事项,以免引起质疑而造成麻烦。

(五)业主大会决定的效力

业主大会的决定对物业管理区域内的全体业主均具有约束力。

业主大会的决定虽然并非经全体业主的一致同意,甚至还会遭到个别业主的反对,但是只要业主大会的决定符合法律、法规的规定,并遵循了管理规约的议事规则,就对全体业主具有约束力。

八、业主大会的会议类型及启动方式

> **第十三条** 业主大会会议分为定期会议和临时会议。
>
> 业主大会定期会议应当按照业主大会议事规则的规定召开。经20%以上的业主提议,业主委员会应当组织召开业主大会临时会议。

本条明确了业主大会的会议类型及启动方式。业主大会会议分为定期会议和临时会议。

(一)定期会议

定期会议也称为例会,应当按照业主大会议事规则的规定定期召开。业主大会选举产生业主委员会后,由业主委员会负责召集业主大会。根据管理规约的规定,应每年召开一次或几次业主大会。

(二)临时会议

除了定期会议之外,在一定条件下也可以召开临时会议。《条例》规定,经20%以上的业主提议,业主委员会应当组织召开业主大会临时会议。因此,业主可以提议召开临时会议。业主委员会是业主大会的常设机构,有义务组织召开临时大会。

> **提醒您**
>
> 这一规定,并不意味着临时会议的召开只有法律规定的这一种情形,法律没有限定召开临时大会的情形。根据法律的一般规定,以下两种情形可以召开临时会议。
> (1)发生重大事故且有及时处理的必要,经业主委员会请求时。
> (2)其他管理规约规定的情况。

九、业主大会召开的通知和会议记录

> **第十四条** 召开业主大会会议,应当于会议召开15日以前通知全体业主。
> 住宅小区的业主大会会议,应当同时告知相关的居民委员会。
> 业主委员会应当做好业主大会会议记录。

本条明确了业主大会召开的通知和会议记录。

(一)业主大会召开的通知

1. 通知时间

根据本条规定,业主大会的召开,应当于会议召开15日以前通知全体业主。之所以规定事先通知的义务,是因为这样有助于业主做好准备工作。

2. 通知对象

除了全体业主外,住宅小区的业主大会会议,还应当同时告知相关的居民委员会。

居民委员会是居民自我管理、自我教育、自我服务的基层群众性自治组织,同时具有准政府机构的性质。依据我国《城市居民委员会组织法》的规定,居民委员会的主要任务如图1-11所示。

任务一	宣传《宪法》、法律、法规和国家政策,维护居民的合法权益,教育居民依法履行应尽的义务,爱护公共财产,开展多种方式的社会主义精神文明建设活动
任务二	办理本居民地区居民的公共事务和公益事业。公共事务和公益事业主要是指涉及本居民地区居民共同的行政事务和有益于全体居民的公共福利事业,如对军烈属、残疾人和孤老、孤儿的帮助、照顾,居住环境的绿化、美化和整修,居住区文化活动设施的兴建等
任务三	调解居民纠纷

图1-11

任务四	协助维护社会治安
任务五	协助人民政府或其派出机关做好与居民利益有关的公共卫生、计划生育、优抚救济以及青少年教育工作

图1-11 居民委员会的主要任务

从图1-11可以看出，居民委员会的职责包含对社区的管理。因此，业主大会的召开应当通知相关的居委会。但是，作为自治组织的业主大会主要是财产权利的组织集合，其职责正如《条例》第八条规定，"业主大会应当代表和维护物业管理区域内全体业主在物业管理活动中的合法权益。"这种职责是代表业主团体实施私权性质的物业管理行为，而不应承担公权性质的社区管理义务。

（二）做好业主大会会议记录

业主大会会议记录是业主大会会议情况的书面记载。
（1）在记录中，应当标明会议的时间、场所、议事的内容和结果等。
（2）会议记录应当有业主委员会委员的签名。
（3）会议记录应当加以妥善保存。

十、业主委员会的地位和职责

> **第十五条** 业主委员会执行业主大会的决定事项，履行下列职责。
> （一）召集业主大会会议，报告物业管理的实施情况。
> （二）代表业主与业主大会选聘的物业服务企业签订物业服务合同。
> （三）及时了解业主、物业使用人的意见和建议，监督和协助物业服务企业履行物业服务合同。
> （四）监督管理规约的实施。
> （五）业主大会赋予的其他职责。

本条明确了业主委员会的地位和职责。

（一）业主委员会的地位

业主委员会是业主大会的执行机构。

业主委员会是经业主大会选举产生并经房地产行政主管部门登记，在物业管理活动中代表和维护全体业主合法权益的组织。业主委员会是一个在物业管理区域中长期存在的、代表业主行使业主自治管理权的机构；是业主自我管理、自我教育、自我服务，实行业主集体事务民主制度，办理本辖区涉及物业管理公共事务和公益事业的社会性自治组织。业主委员会由业主会议选举产生，统一领导自治权限范围内的各项物业管理工作，但必须对业主大会会议负责并报告工作，不享有自治管理规范订立权，因此，业主委员会必须服从业主大会会议，处于从属于业主大会会议的法律地位。

业主委员会有图1-12所示的特点。

特点一 业主委员会应由业主大会选举产生

业主委员会是业主大会的常设机构和执行机构，其行为应向业主大会负责。因此，业主委员会也应由业主大会选举产生，反映绝大多数业主的意愿

特点二 业主委员会的活动范围应该是物业的业主自治管理

业主委员会成立的目的是使业主对物业的自治管理权由一个常设机构来行使，使各业主意见能够得到统一，并体现于具体的物业管理事项中。业主委员会不能进行除签订物业服务合同以外的经营活动，它不是一个以经营为目的的实体。同时，业主委员会也不应从事与物业管理无关的非经营性活动

特点三 业主委员会应代表和维护全体业主的合法权益

业主委员会作为业主大会的常设机构、执行机构，应该向业主大会负责，即应向全体业主负责。业主委员会应代表和维护全体业主的权益，不能只顾及大业主的利益，被大业主所把持和控制。同样，业主委员会也不应被为数众多的小业主所操纵，联合抵制、排挤大业主。而且，业主委员会维护的应是业主的合法权益，其所有的行为、决策都应在法律、法规规定的范围内。对于业主委员会而言，其代表的虽是业主的权益，但法律、法规的强制性、禁止性规定完全高于业主的意志

特点四 业主委员会应经房地产行政主管部门登记

对业主委员会进行登记和专门的行政管理是物业管理区域中业主自治管理制度化的典型表现。业主委员会并不是业主自行组建的闲散组织，它有自己的法律地位和法律意义，是一个固定的、具有具体法定职责的组织

图1-12 业主委员会的特点

（二）业主委员会的性质

业主委员会的法律性质，涉及其行为后果的归属以及法律责任的承担问题。业主委员会不同的法律性质，将直接产生不同的法律关系和法律效果，在实践中有着非常重

要的意义。根据各地不同的理解，对于业主委员会的法律性质，主要有两种不同的观点。

1. 社团法人

此种观点认为，业主委员会是社会团体法人，完全独立于各个业主，享有拟制的人格，能够独立行使民事权利，承担民事责任。也就是说，业主委员会有自己完全独立的意志，可根据自己的独立意志独立行事。同时，业主委员会行为和决策的后果应由自己承担，不能直接归于各个业主。

2. 非法人组织

在此种观点中，并不认同业主委员会是社会团体的一种。虽然各地的物业管理法规都明确了业主委员会有稳定的组织性，但是这种登记一般是由房地产行政主管部门实施，即此登记为行政登记而非民事登记。

实际上，《条例》并没有明确规定业主委员会的法律性质，但是通过法律解释，尤其是对业主委员会职责的分析，可以判断业主委员会应当属于非法人组织。业主委员会虽然应在选举之日起30日内到房地产行政部门备案，但是这种备案并不意味着业主委员会主体资格的确定。涉及纠纷诉讼事务时，应由全体业主授权业主委员会，作为全体业主代表参加民事诉讼活动。也就是说，在民事诉讼中，诉讼权利本身并不归属于业主委员会，业主委员会必须得到业主的明确授权，作为被委托人参与诉讼，行使诉讼的权利，其诉讼活动的结果也直接归于全体业主。业主委员会是经过当地房地产主管部门登记，并接受其指导、监督和管理的组织，是一个常设的进行物业自治管理的业主自治机构。

（三）业主委员会的职责

业主委员会的职责如表1-3所示。

表1-3　业主委员会的职责

序号	项目	职责说明	
1	会议职责	召集业主大会会议，报告物业管理的实施情况	
2	合同职责	代表全体业主订立、变更或者解除物业管理委托服务合同和其他为增进业主共同利益所缔结的合同，组织和督促全体业主或相关业主积极履行合同义务和行使合同权利	
3	监督职责	及时了解业主、物业使用人的意见和建议，监督和协助物业服务企业履行物业服务合同，监督管理规约的实施	
4	其他职责	提议职责	向业主会议提出业主共同事务的有关建议（议案），向物业管理行政主管部门和有关机关、单位（包括受托的物业服务企业）反映业主的意愿、意见和建议
		主管职责	代表本委员会辖区内全体业主负责辖区内居住环境的统一管理，以及组织开展自治公益活动，依法维护自治权益和业主、物业使用人的合法权益

续表

序号	项目		职责说明
4	其他职责	财经职责	负责物业复有合属部分收益、专用基金及其他自治公益活动经费和办公经费的收支、保管和使用
		审议职责	根据业主会议的授权，审议无须提交业主会议表决的事项，受托物业服务企业提出的物业管理服务费收费标准、物业管理服务年度计划，财务预算和决算，以及物业管理的重大措施等
		执行职责	执行业主会议决议和本委员会的决议，负责实施自治管理纪律措施
		公告职责	实行自治事务公开制度，及时向业主公开本委员会工作事务报告、会计报告、结算报告及其他管理事项，并保证公布内容的真实性，接受业主、相关人员的查询
		协助职责	协助有关部门、单位做好本自治辖区的行政管理工作、社会服务工作和文明建设工作，协助解决业主间、业主与物业服务企业间发生的物业利益纠纷
		保管职责	保管辖区物业自治管理规约、会议记录、物业管理委托服务合同等文件，保管本委员会办公物品
		诉讼职责	代表业主向有关行政主管部门检举、揭发、控告本自治辖区内违反物业管理法规的事件，代表业主独立参与诉讼活动，可以独立充当原告或被告

十一、业主委员会的登记备案制度

第十六条 业主委员会应当自选举产生之日起30日内，向物业所在地的区、县人民政府房地产行政主管部门和街道办事处、乡镇人民政府备案。

业主委员会委员应当由热心公益事业、责任心强、具有一定组织能力的业主担任。

业主委员会主任、副主任在业主委员会成员中推选产生。

本条明确了业主委员会的登记备案制度。

（一）业主委员会的产生

（1）业主委员会应当选举产生。

业主的利益既有全体业主的共同利益，也有部分业主的局部利益，尤其是大业主，其在物业中占有的份额较大，所以每一项业主委员会的决议对其都有显著影响。

业主委员会作为业主利益的代表者，其委员应当具有代表性。因此，业主委员会委员应按业主所占物业比例选举产生，而不应以业主个体为单位来确定，只有这样才能保证业主委员会决议的代表性、公正性和权威性。

（2）业主委员会主任、副主任在业主委员会委员中推选产生。

（二）业主委员会的登记时间和效力

1. 登记时间

业主委员会应当自选举产生之日起30日内向物业所在地的区、县人民政府房地产行政主管部门和街道办事处、乡镇人民政府备案。

2. 登记不是业主委员会的成立要件

业主委员会作为业主团体的组织机构，是基于业主团体的意思自行设立的，而登记不会影响业主委员会的成立。登记仅仅是因为行业管理的需要而履行的备案手续。这里的登记应当与企业法人等一般民事主体的设立登记区别开来。一般民事主体必须经过登记才能成立，是因为要保障交易安全。业主委员会仅仅是代表业主团体对外实施与物业管理有关的行为，最终责任由业主承担；如果需要业主承担民事责任，也无须通过登记来保障，因为业主有不动产物业作为责任财产加以担保。因此，登记不是业主委员会的成立要件。业主委员会进行登记，是为了接受房地产行政主管部门的监督、指导和管理。

（三）业主委员会委员的资格

业主委员会委员应当由热心公益事业、责任心强、具有一定组织能力的业主担任。业主委员会作为业主自治管理物业区域的机构，其组成人员应该是业主。

> **提醒您**
>
> 物业管理区域中的承租人、其他实际使用物业的人员、有关行政机构或者组织的人员，都不能成为业主委员会的委员，不能代替业主行使物业自治管理权。

十二、管理规约的内容和效力

> **第十七条** 管理规约应当对有关物业的使用、维护、管理，业主的共同利益，业主应当履行的义务，违反管理规约应当承担的责任等事项依法作出约定。
>
> 管理规约应当尊重社会公德，不得违反法律、法规或者损害社会公共利益。
>
> 管理规约对全体业主具有约束力。

本条明确了管理规约的内容和效力。

(一) 管理规约概述

管理规约是指业主共同订立或者承诺的，对全体业主具有约束力的，有关使用、维护及管理物业等方面权利与义务的行为守则。管理规约是物业管理中一个极为重要的文件，即全体业主都应该遵守的物业管理规章制度。以书面形式设定的管理规约，是依据私法自治原则衍生出来的规约自治原则而制定的，只要不违反法律的强制性规定，不违背公序良俗，不变更或排除所有权的本质，均可产生法律上的效力。

管理规约作为最高自治规则具有图 1-13 所示的特征。

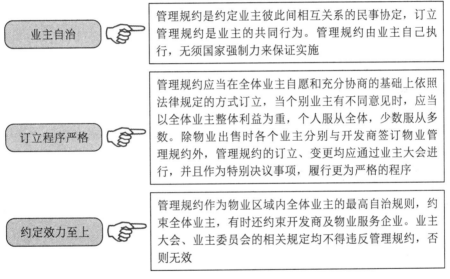

图 1-13 管理规约的特征

管理规约是业主团体的最高自治规范和根本性自治规则，其地位和作用相当于业主团体的"宪法"。管理规约的约束力及于全体业主。

(二) 管理规约的内容

管理规约的具体内容虽然由业主自行协商确定，但应将表 1-4 所列事项纳入其中。

表 1-4 管理规约的内容

序号	项目	内容说明
1	物业基本情况简介	介绍物业的名称、地点、面积、户数；公布公共场所及公用设施状况等
2	业主共同事务管理	规定业主大会召开的条件、方式、程序；规定物业区域内管理费用的承担分配

续表

序号	项目	内容说明
3	业主权利与义务设定	明确业主的物业使用权及作为小区成员的成员权,以及表决权、参与制定规约权、选举和罢免管理机构人员的权利、请求权及监督权等;公布物业区域内的行为守则,对业主的某些不良生活行为进行限制或禁止
4	违反规约的处置	业主违反规约,应承担约定的违约责任。承担违约责任有停止侵害、排除妨碍、赔偿损失等法定方式;管理规约也可以另行设定承担责任的方式

> **提醒您**
>
> 我国法律规定,只有法律明确授权的国家机关才享有处罚权,才能对某些违法行为处以罚款。所以,管理规约不得对业主的违约行为设定罚款,但可以约定交纳保证金、违约金等,当业主有违约行为时,从中予以扣除。对业主违反规约的行为,相关业主、使用人、业主委员会或物业服务企业有权加以劝止,必要时可以向人民法院提起民事诉讼。

十三、业主大会议事规则的内容

> **第十八条** 业主大会议事规则应当就业主大会的议事方式、表决程序、业主委员会的组成和成员任期等事项作出约定。

本条明确了业主大会议事规则的内容。

(一)业主大会的议事方式

业主大会是会议性质的决策机构。因此,业主大会的基本议事形式是召开会议,以讨论议案和表决通过会议决议等方式来行使职权。《条例》第十三条规定,业主大会会议分为定期会议与临时会议,具体见第十三条的解释。

但是具体在何时召开会议,《条例》要求业主大会自行确定,可以至少每年召开一次年会,也可以根据业主需要召开临时会议。

> **提醒您**
>
> 除了规定业主会议的召开时间外,议事规则还可以对会议的形式作出规定。例如,根据需要,会议形式可以是预备会议、全体会议和分组会议;也可以邀请有关部门、单位和物业使用权人的代表列席会议等。

（二）对业主大会表决程序的规定

业主会议如何形成一个有效的决议是业主大会重点关注的问题。一般而言，业主大会形成决议，在工作程序上应当经过图1-14所示的几个阶段。

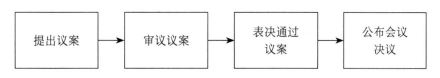

图1-14　业主大会的决议程序

议事规则需要对这些阶段作出具体规定。

（1）对于何人享有提案权，特别是业主委员会、业主各自的提案权，议事规则有必要进行明确。

（2）议事规则对于如何审议议案也应进行规范，例如，与会业主是否分组讨论、提案人是否应当作出必要的说明、是否进行全体讨论，等等。

（3）议案经审议后，会议主持机构如何提交大会表决，会议表决时应当采用无记名投票或举手表决方式还是其他表决方式，这些都应体现在议事规则中。

（4）形成会议决议后应当在什么地点以何种方式予以公布，这些都需要在议事规则中给出具体的规定。

（三）业主委员会的组成

业主委员会的组成在《条例》第十六条有所涉及，但是还不够周全，也有待议事规则进行约定。

（1）议事规则可以规定业主委员会的委员人数，这应当根据物业管理区域的规模及管理工作任务来确定。

（2）议事规则还可以规定业主委员会委员的消极资格。也就是说，排除某些业主担当委员，例如，可以规定担当过破产企业的负责人并对于破产负有个人责任的业主不得出任委员等。

（3）业主委员会中是否需要设有专业的财务与法律事务委员，委员会副主任的人数以及分工等，议事规则也都可以作出约定。

> **提醒您**
>
> 除了上述事项外，议事规则还可以根据需要规定其他事项。例如，规定业主大会撤换和补选业主委员会委员的程序以及条件，1/5以上有选举权的业主联名，可以要求罢免业主委员会委员，并提出罢免理由。业主委员会应当及时召开业主会议，投票表决罢免议案，经有投票权的业主过半数通过，罢免决定生效。

（四）业主委员会成员的任期

业主委员会委员的具体任期应当由议事规则约定，同时，业主委员会委员是否可以连选连任也应在议事规则中加以明确。

十四、业主大会、业主委员会的职责界限

> **第十九条** 业主大会、业主委员会应当依法履行职责，不得作出与物业管理无关的决定，不得从事与物业管理无关的活动。
>
> 业主大会、业主委员会作出的决定违反法律、法规的，物业所在地的区、县人民政府房地产行政主管部门或者街道办事处、乡镇人民政府，应当责令限期改正或者撤销其决定，并通告全体业主。

本条明确了业主大会、业主委员会的职责界限。

（一）限定于物业服务

业主大会是由全体业主组成的维护物业区域内全体业主公共利益、行使业主自治管理权限的组织。需要清楚的是，所谓的物业管理，实际上是物业服务，物业管理权是业主作为物业所有人所拥有的权利，物业服务企业通过业主的授权而取得提供物业服务的资格。从本质上来讲，业主大会是全体业主行使自己的财产权，维护自己的服务权益的一个机构，这一点可以从《条例》第十一条的规定看出来。业主大会的职责包括：

（1）制定、修改管理规约和业主大会议事规则。

（2）选举、更换业主委员，监督业主委员会的工作。

（3）选聘、解聘物业服务企业。

（4）决定专项维修资金使用、统筹方案，并监督实施。

（5）制定、修改物业管理区域内物业共用部位和共用设施设备的使用、公共秩序和环境卫生的维护等方面的规章制度。

（6）法律、法规或者业主大会议事规则规定的其他有关物业管理的职责。

业主委员会是业主大会的执行机构，因此它本身的职责也是围绕着物业管理展开的。从《条例》第十五条的规定可以看出，业主委员会不论是召集业主大会会议，签订物业服务合同，及时了解业主、物业使用人的意见和建议，监督和协助物业服务企业履行物业服务合同，还是监督管理规约的实施，其目的都是让广大业主切实享受物业服务。

因此，业主大会、业主委员会作为维护业主在物业管理活动中合法权益的机构，其职责也被限定于此，不应该超越此边界作出其他决定或者从事其他活动。

（二）违反法律和法规的处理

业主大会、业主委员会作出的违反法律和法规的决定，归于无效。但是需要注意的是，《条例》赋予了物业所在地的区、县人民政府房地产行政主管部门或者街道办事处、乡镇人民政府特殊的权利，其有权责令业主大会、业主委员会限期改正或者撤销其决定，并通告全体业主。

十五、业主大会、业主委员会与居民委员会之间的职责协调问题

> **第二十条** 业主大会、业主委员会应当配合公安机关，与居民委员会相互协作，共同做好维护物业管理区域内的社会治安等相关工作。
>
> 在物业管理区域内，业主大会、业主委员会应当积极配合相关居民委员会依法履行自治管理职责，支持居民委员会开展工作，并接受其指导和监督。
>
> 住宅小区的业主大会、业主委员会作出的决定，应当告知相关的居民委员会，并认真听取居民委员会的建议。

本条明确了业主大会、业主委员会与居民委员会之间的职责协调问题。

如何协调业主大会、业主委员会与物业所在地居民委员会之间的关系，一直是我国《物业管理条例》立法过程中有待解决的问题。从最基本的法理来看，业主大会、业主委员会和居民委员会各自行使的职责有本质的差别。

（一）居民委员会与业主大会、业主委员会的区别

1. 居民委员会——行使政治民主权利的结果

居民委员会是居民自我管理、自我教育、自我服务的基层群众性自治组织。具体而言，依据《城市居民委员会组织法》的规定，居民委员会的主要任务包括：

（1）宣传《宪法》、法律、法规和国家政策，维护居民的合法权益，引导居民依法履行应尽的义务，爱护公共财产，开展多种方式的社会主义精神文明建设活动。

（2）办理本居民地区居民的公共事务和公益事业。

（3）调解居民纠纷。

（4）协助维护社会治安。

（5）协助人民政府或其派出机关做好与居民利益有关的公共卫生、计划生育、优抚救济以及青少年教育工作。

事实上，居民委员会的主要职责在于完成相关的政府工作事项。因而居民委员会主要是居民自行组织起来的对公共事务进行管理的组织。居民委员会的合法性来源于作为政治权利拥有者的居民，所以说，居民委员会是居民行使民主政治权利的产物。

2. 业主大会、业主委员会——强调行使私人财产权的属性

业主大会、业主委员会，是出于物业使用、维护与管理的目的成立的。在公寓化住宅中，一栋建筑物中居住着多个住户，每个住户只占该建筑物中一个有限的空间；但是除了每一个住户所占有的有限空间之外，建筑物整体也需要维护与管理。同理，在同一住宅区域内，不同建筑物的公共设施也需要管理与维护。在法律上，每一个住户除了对自己居住的特定空间享有所有权（这就是通常所说的建筑物区分所有权）外，还应该对建筑物的整体以及公共设施拥有一定的权利。

由于存在事实与法律上的关联关系，各个业主行使自己的所有权时不可能完全不牵扯其他所有权人的利益。为了协调全体所有权人的利益，同时对共有部分进行有效的管理与利用，就必须建立全体所有权人参与的协调机制与组织，这就是业主大会与业主委员会。由此可见，业主大会与业主委员会是财产权人行使自己财产权的组织。换言之，业主大会与业主委员会所负责的事项在于如何行使业主的财产权，业主大会与业主委员会的合法性来源于作为所有权人的业主。

由此可见，业主大会、业主委员会与居民委员会各自所行使的职责有着本质上的区别，权利来源存在重大差别，前者强调行使私人财产权的属性，而后者则是行使政治民主权利的结果，所以不可将二者混为一谈。

正是认识到了业主大会、业主委员会与居民委员会之间的性质差别，《物业管理条例》在二者的协调配合上作出了较为明确的规定。

（二）居民委员会与业主大会、业主委员会的协调规定

1. 公共事务的管理

《条例》首先就公共事务问题上二者的协调作出规定，其中较为突出的是物业管理区域的社会治安工作。《条例》要求业主大会、业主委员会配合公安机关，同时与居民委员会相互协作，共同做好社会治安工作。公安机关作为负责社会治安的政府机关，自然对物业区域内的治安事项责无旁贷，而治安作为重要的公共事务，居民委员会也负有相应的责任。业主大会、业主委员会作为行使业主财产权的组织，自然而然地可以就维护自己的财产权作出合法妥当的安排。不过，在公共事务问题上，正如公民应当配合有关机关一样，业主大会、业主委员会也应当与相关的行政机关和居民委员会配合与协作。

2. 自治管理的职责

《条例》还明确了业主大会、业主委员会应当配合居民委员会依法履行自治管理的职责。正是因为二者存在前述的基本差别，各自行使不同的权利，所以业主大会、业主委员会才应协助居民委员会发挥自我管理的职责。同时，住宅小区的业主往往兼具业主和居民的双重身份，为了促进沟通，加强业主大会、业主委员会与居民委员会彼此间的相互了解与联系，住宅小区的业主大会、业主委员会作出决定后，应当告知居民委员会，并听取其建议。

第三节 前期物业管理

一、前期物业管理问题

> **第二十一条** 在业主、业主大会选聘物业服务企业之前,建设单位选聘物业服务企业的,应当签订书面的前期物业服务合同。

本条规定了前期物业管理问题。

(一)前期物业管理的必要性

前期物业管理是指业主、业主大会选聘物业服务企业之前所实施的物业管理。按照《条例》的规定,选聘物业服务企业是业主大会的权利。但是业主大会,特别是首次业主大会的召开需要一定的条件。在一般情况下,物业管理区域内的物业是分期分批售出的,已经入住的业主人数相对于将来物业全部或者大部分售出时的业主人数来说只是少数,而且入住的业主彼此之间并不熟悉,很难联合起来与物业服务企业订立物业服务合同。在这些问题没有得到解决、条件没有具备之前,往往无法召开业主大会。与此同时,物业的管理是出于物业本身维护与保养的迫切需要,不可能等到业主大会选聘出物业服务企业之后才开始实施。否则会严重影响物业的使用与管理,也大大降低了业主居住与生活的质量。为了解决这一问题,填补业主大会选聘物业服务企业之前一段时间内物业管理的空缺,就需要由相关当事人出面选聘物业服务企业,委托其做好前期的物业服务工作。

(二)前期物业服务企业的选聘

建设单位则是较为适当的实施者,而且,出于维护物业状况的考虑,建设单位也会积极选聘物业服务企业。

(三)前期物业合同的签订

(1)建设单位应与物业服务企业签订书面的前期物业服务合同。

(2)《中华人民共和国民法典》(以下简称《民法典》)中的合同篇对合同的形式作出了规定,一般来说,合同可以采用书面、口头等形式,但是法律、法规要求采用书面形式的,应当采用书面形式。鉴于前期物业服务合同的内容多、法律关系复杂,《条例》要求其采取书面的形式。

二、临时管理规约的制定与内容

> 第二十二条　建设单位应当在销售物业之前，制定临时管理规约，对有关物业的使用、维护、管理，业主的共同利益，业主应当履行的义务，违反临时管理规约应当承担的责任等事项依法作出约定。
>
> 建设单位制定的临时管理规约，不得侵害物业买受人的合法权益。

本条明确了临时管理规约的制定与内容。

（一）制定临时管理规约的必要性

对于管理规约，《条例》第十七条已经作出了规定。管理规约是全体业主共同制定的，对全体业主具有约束效力的关于物业使用、维护以及管理等方面的守则。审批管理规约属于业主大会的职责。也就是说，在业主大会召开之前，是不可能确定管理规约的。这时就面临着与前期物业服务企业选聘一样的难题。一方面，业主大会，特别是首次业主大会的召开需要一定的条件。物业管理区域内的物业分期分批售出时，前期入住的业主人数少，而且随着物业的销售情况，处于不断的变动当中。再加上入住的业主彼此之间并不熟悉，很难联合起来制定反映业主共同意志的管理规约。另一方面，业主共同遵守的关于物业使用、维护与管理的规则是基于物业本身维护与保养的迫切需要，缺失会严重影响物业的使用与管理。为此，就需要在业主大会制定正式的管理规约之前，先行制定临时的管理规约，以备不时之需。

（二）临时管理规约的制定者

制定临时管理规约的主体是建设单位。建设单位在物业销售之前是最大的物业所有人，由其来制定临时管理规约也符合公平原则。《条例》不仅要求建设单位制定临时管理规约，而且要求其在物业销售之前制定临时管理规约。这里主要是考虑了不应该人为地制造规则的空白时间段。

（三）临时管理规约的内容

临时管理规约的临时性只是针对它的时间效力而言的，事实上，就其包含的事项而言，临时管理规约与正式的管理规约并没有本质上的差异。临时管理规约同样需要对有关物业的使用、维护、管理，业主的共同利益，业主应当履行的义务，违反公约应当承担的责任等事项依法作出约定。临时管理规约的内容如图1-15所示。

内容一	制定物业使用与管理的规则，例如物业公共部位以及公共设施的使用规则
内容二	确认业主拥有的正当使用物业共用部分、共用设施的权利，例如使用电梯、公共道路、物业管理区域内公共文化与体育设施等
内容三	确定业主应当履行的义务，包括妥善利用和爱护物业的共用部位与共用设施，不得擅自利用、毁损物业的共同部分。例如，业主不得擅自变更物业共用部分的构造、布局、外观、用途，不得擅自利用或者允许他人利用物业共用部位，不得私自占用、拆除、破坏物业的共有部位与公用设施
内容四	规定业主不得妨害他人利用共用部分，不得妨害他人对于自己专有部分的利用。例如，不得违反规定，擅自饲养家禽家畜；不得违反环境卫生规定，胡乱丢弃垃圾或者收集可能危害公共卫生的物品；不得聚众喧哗吵扰等

图 1-15　临时管理规约的内容

提醒您

临时管理规约并非由物业买受人制定，因此，为了避免物业建设单位可能的越权与擅断，《条例》要求建设单位制定临时管理规约时，不得侵害物业买受人的合法权益。这主要是保障物业买受人合理利用物业的公共部分，同时在不影响他人和公共利益的情况下排他性地占有、使用与处分自己物业的专有部分。

三、临时管理规约的说明及遵守义务

> **第二十三条**　建设单位应当在物业销售前将临时管理规约向物业买受人明示，并予以说明。
> 物业买受人在与建设单位签订物业买卖合同时，应当对遵守临时管理规约予以书面承诺。

本条明确了建设单位对临时管理规约的说明义务以及物业买受人遵守临时管理规约的义务。

（一）向物业买受人明示临时管理规约

物业买受人没有参与临时管理规约的制定，而又需要遵守临时管理规约，为了保护物业买受人的利益，应由建设单位向物业买受人作出说明。建设单位的义务如图1-16所示。

建设单位应当将临时管理规约向物业买受人明示。也就是说,建设单位应当让物业买受人知晓临时管理规约的存在和内容

建设单位应当向物业买受人解释临时管理规约的具体内容。为避免日后纠纷,确保临时管理规约能够得到切实遵守,建设单位应当向物业买受人说明临时管理规约的具体内容

图1-16　建设单位的义务

（二）物业买受人书面承诺遵守临时管理规约

《条例》第二十二条已经规定了由物业的建设单位负责制定临时管理规约,因此,在建设单位与物业买受人签订物业买卖合同时,物业买受人应书面承诺遵守临时管理规约,从而使临时管理规约对业主产生约束力。临时管理规约并不是物业买卖合同的附件,即临时管理规约并不是物业买卖合同的一部分。《条例》只是要求物业买受人承诺遵守临时管理规约。物业买卖合同在本质上是建设单位与物业买受人之间对于彼此权利与义务的约定,而临时管理规约是需要全体业主遵守的约束全体业主的行为准则,二者的具体内容与效力范围还是存在着相当大的差别。

四、前期物业服务企业的选聘方式

> **第二十四条**　国家提倡建设单位按照房地产开发与物业管理相分离的原则,通过招投标的方式选聘物业服务企业。
> 　　住宅物业的建设单位,应当通过招投标的方式选聘物业服务企业;投标人少于3个或者住宅规模较小的,经物业所在地的区、县人民政府房地产行政主管部门批准,可以采用协议方式选聘物业服务企业。

本条规定了前期物业服务企业的选聘方式。

（一）房地产开发与物业管理相分离的原则

房地产开发与物业管理相分离,就是要打破谁开发、谁管理的自建自管局面,使物业管理行业真正走向市场。我国相当一部分房地产开发企业有"肥水不流外人田"的思想,认为本企业开发建设的房地产项目应由自己的物业管理分支机构或者与自己有关联的物业服务企业实施管理。特别是在前期物业管理阶段,由建设单位来选聘物业服务企业,因此,相当一部分房地产企业直接选聘与自己有关联的物业服务企业。这种自建自管的选聘方法,消除了物业服务企业之间的竞争,往往导致物业服务企业

在日后的物业服务中，提供的服务质量差强人意，业主对此颇有意见。为了进一步提升物业管理行业的市场化程度，促进物业服务企业提高服务质量，改进内部管理，使广大业主真正获得满意的服务，《条例》提倡房地产开发与物业管理相分离的原则。

（二）以招投标的形式引入竞争机制

为了贯彻房地产开发与物业管理相分离的原则，物业建设单位应通过招投标的形式，引入竞争机制来选聘物业服务企业，实现优胜劣汰。具体而言，物业开发建设单位可以物业管理权为标的，邀请若干个物业服务企业报价竞争，再从中选择优胜的物业服务企业并与之签订物业服务合同。

物业开发建设单位在招标时应当综合考虑投标者的技术实力、经济实力、管理经验、以往的物业管理业绩、服务质量、管理费用、信誉等因素。在众多的投标者中，开发建设单位应按照上述标准，选择中标者，并与之签订物业服务合同。

物业管理招投标活动必须遵循公开、公平、公正和诚实信用的原则，《中华人民共和国招标投标法》第二条规定："在中华人民共和国境内进行招标投标活动，适用本法。"物业管理招投标活动必须严格遵守《中华人民共和国招标投标法》和相关的物业管理法律、法规和政策的规定。一般而言，招投标应当注意图1-17所列事项。

招标人在招投标前应依法向有关主管机构提交材料，办理相关手续。例如，北京市规定的备案材料有：(1)招标项目简介；(2)招标活动方案，包括招标组织机构时间安排、评标委员会评分标准；(3)招标书，包括物业管理范围、收费、服务要求、对投标单位的要求等

招标人可以公开招标，也可以邀请招标。采取邀请招标方式的，应保证程序合法、公平。例如，北京市规定，邀请招标的，应向3个以上物业服务企业发出投标邀请书

招标前应编制招标文件。招标文件应包括招标人名称、地址、联系方式，项目基本情况，物业管理服务标准，物业管理收费标准以及对投标单位、投标书的要求，评标标准等内容

评标委员会的确定及评标方法和标准。评标委员会的组成以及评标方法、标准应当确保公正，以达到优胜劣汰的目的

签订物业服务合同项目。中标人确定后，招标人应当向中标人发出中标通知书。双方应自中标通知书发出之日起一定时期内按照招标文件规定的内容签订物业服务合同。有的地方还要求自合同签订之日起一定时间内将合同报送有关部门备案

图 1-17　招投标应当注意的事项

> **提醒您**
>
> 《条例》并没有要求所有房地产的物业服务企业都必须通过招投标的方式选聘，只是要求涉及面大、数量多的住宅物业必须采取招投标的方式选聘物业服务企业。而对于投标人少于3个或者规模较小的住宅，经物业所在地的区、县人民政府房地产行政主管部门批准，还可以采用协议方式选聘物业服务企业。

五、前期物业服务合同内容列入物业买卖合同的要求

> **第二十五条** 建设单位与物业买受人签订的买卖合同应当包含前期物业服务合同约定的内容。

本条明确了前期物业服务合同内容列入物业买卖合同的要求。

《条例》第二十一条规定，在业主、业主大会选聘物业服务企业之前，建设单位选聘物业服务企业的，应当签订书面的前期物业服务合同。前期物业服务合同的双方当事人是建设单位与物业服务企业。

在前期物业管理阶段，业主没有办法联合起来选聘物业服务企业，因此不得不由物业建设单位来选聘物业服务企业。这样，业主与物业服务企业之间不存在合同关系，双方无法履行合同义务。业主没有法律上的权利要求物业服务企业依照前期物业服务合同提供物业服务。如果物业服务企业违反前期物业服务合同，提供的物业服务不符合约定，业主不能要求物业服务企业采取措施改正或承担违约责任。同时，物业服务企业也没有法律上的权利要求业主交纳物业管理费。

因而，建设单位与物业买受人签订的买卖合同应当包含前期物业服务合同约定的内容。这样，业主可根据物业买卖合同，享受物业服务企业提供的服务，并根据物业服务合同的有关内容履行相关义务。

六、前期物业服务合同的期限

> **第二十六条** 前期物业服务合同可以约定期限；但是，期限未满、业主委员会与物业服务企业签订的物业服务合同生效的，前期物业服务合同终止。

本条明确了前期物业服务合同的期限。

（一）规定期限的必要性

前期物业服务合同的期限涉及前期物业服务合同与正式物业服务合同的相互衔接

与协调。若在时间上没有做好安排，可能会发生前期物业服务合同期限已经届满，但新物业服务企业尚未选定，此时就会造成物业服务断档，影响业主对物业的使用。同时也可能发生业主大会选聘了新的物业服务企业并与其签订物业服务合同后，但前期物业服务合同还没有到期，这样，两家物业服务企业都认为自己有权提供物业服务，从而产生冲突。

（二）实践中的终止情形

在我国以往的物业管理实践中，前期物业服务合同的终止时间有图1-18所示的三种情形。

1　前期物业服务合同规定的终止时间届满，业主重新选聘物业服务企业并签订物业服务合同，由此，前期物业管理的终止时间为前期物业服务合同规定的终止时间

2　前期物业服务合同规定的终止时间尚未届满，业主委员会另行选聘物业服务企业并签订物业服务合同，则前期物业管理的终止时间为新物业服务合同所规定的起始时间

3　前期物业服务合同规定的终止时间届满，业主委员会尚未成立，或尚未与任何物业服务企业签订物业服务合同，原物业服务企业可以不再提供管理，也可以继续对物业进行管理。在原物业服务企业继续管理的情况下，前期物业管理的终止时间为新物业服务合同的生效时间

图1-18　有关前期物业服务合同终止时间的三种情形

（三）本条规定的要求

（1）前期物业服务合同可以约定期限。

（2）前期物业服务合同与正式物业服务合同的时间衔接：正式的物业服务合同生效，则前期物业服务合同自然终止，这样就避免了两个物业服务企业发生冲突。

七、建设单位不得擅自处分业主共有或者共用的物业部分

第二十七条　业主依法享有的物业共用部位、共用设施设备的所有权或者使用权，建设单位不得擅自处分。

本条明确了建设单位不得擅自处分业主共有或者共用的物业部分。

物业共用部分、共用设施设备的所有权或者使用权依法归属于业主,只有业主可以决定如何使用和处分物业的共用部分和共用设施设备。

(一)何谓处分

处分在广义上来讲,既包括法律上的处分,也包括事实上的处分。法律上的处分包括转让所有权、设定用益物权或担保物权等,事实上的处分包括拆毁等。

(二)业主共有或者共用物业的处分

对于物业的一般专有部分,由于其权利主体比较明晰,即业主是各个专有部分的所有人,建设单位自然不得擅自处分。而物业的共用部位、共用设施设备,在现实生活当中被建设单位任意处分的情况却时有发生,业主的合法权益频遭侵犯。这主要是因为建设单位缺乏业主强有力的监督。

(三)规定的要求

(1)建设单位不仅不得擅自处分,而且对物业共用部分、共用设施设备的使用,也不得擅自做主。

(2)为了加大对业主利益的保护力度,《条例》第五十八条还规定,侵权人不仅应依法承担民事责任,还要依法追究其行政责任。

八、物业服务企业在承接物业时的查验义务

> 第二十八条 物业服务企业承接物业时,应当对物业共用部位、共用设施设备进行查验。

本条规定了物业服务企业在承接物业时的查验义务。

物业服务企业承接建设单位移交的新建物业时应当进行验收,这就是狭义上的物业服务企业承接验收。从广义上说,物业服务企业的承接验收还包括对原有物业的承接验收。物业承接验收是物业服务企业承接物业时不可或缺的工作程序。通过承接验收程序,物业服务企业可以发现此前没有发现的质量问题,并及时进行整改。如果物业服务企业在楼房竣工后、居民进户前,进行物业承接验收,就能够及时将发现的房屋质量、功能等问题向开发商提出,并监督开发商维修。这不仅能够有效防止将来可能发生的物业使用和管理纠纷,而且物业服务企业还可根据掌握的验收资料,有针对性地制定预防性管理措施和维修计划。

 **相关链接**

物业承接验收与竣工验收的区别

物业服务企业的承接验收不同于竣工验收。竣工验收是指建设工程竣工后，开发建设单位会同设计单位、施工单位、设备供应单位以及工程质量监督部门等，对该项目是否符合规划设计要求以及建筑施工质量、设备安装质量进行全面检验，取得竣工合格的资料、数据和凭证。竣工验收包括隐蔽工程验收、分期验收、单项工程验收和全部工程验收。

物业承接验收与竣工验收的主要区别是：

首先，二者的性质不同。我国实行建设工程质量监督制度，未经验收或验收不合格的工程不得交付使用。由此可见，工程竣工验收包含明显的国家行政管理内容。竣工验收一旦通过，标志着物业获批可以投入使用。而物业承接验收则是民事行为，没有行政法上的意义。

其次，二者的参与主体不同。竣工验收的主体是建设行政主管部门和相关企业（包括建设单位、施工单位、设计单位、监理单位等）。而物业承接验收的主体则是物业服务企业和此前的物业实际控制方，在前期物业管理阶段，验收主体是物业服务企业与建设单位。一般情况下，政府行政主管部门并不参与物业承接验收。

最后，二者的内容和侧重点也不同。竣工验收的侧重点主要是建筑工程的质量问题，需要检查建筑工程是否符合国家的各项标准，是否存在危及人身与财产安全的质量缺陷，例如工程勘探取样是否合理、隐蔽工程钢筋材料是否符合设计标准等。物业承接验收则是为了明确物业的现实状况，除了检查物业本身的质量安全问题外，还需要查明整个物业环境、物业设施的使用与保养等。

九、物业承接验收时的文件资料移交

第二十九条 在办理物业承接验收手续时，建设单位应当向物业服务企业移交下列资料。

（一）竣工总平面图，单体建筑、结构、设备竣工图，配套设施、地下管网工程竣工图等竣工验收资料。

（二）设施设备的安装、使用和维护保养等技术资料。

> （三）物业质量保修文件和物业使用说明文件。
> （四）物业管理所必需的其他资料。
> 物业服务企业应当在前期物业服务合同终止时将上述资料移交给业主委员会。

本条明确了物业承接验收时的文件资料移交。

物业涉及的文件资料大体包括物业的权属文件和技术资料。前者是反映物业法律权利与义务关系的资料，后者是物业建设的相关技术文件。这两类资料是物业服务企业开展有效的物业服务所必需的，在办理物业承接验收的时候都需要进行移交。

（一）权属文件

权属文件就是记载物业产权及其他法律权利与义务关系的文件。

权属文件承接验收主要是明确物业本身的财产法律关系，保证物业权属文件合法有效。这些资料是解决日后一些纠纷的主要依据。物业服务企业在承接验收过程中应重点关注各类文件的真实性与合法性。

物业服务企业在物业承接验收时需要接收的权属文件如表1-5所示。

表1-5 权属文件

序号	类别	说明
1	涉及物业财产权的法律文书	主要是表明各类物业财产权的法律文件，例如国有土地使用权证、房屋产权证、房屋他项权证、房屋租赁合同、房地产抵押合同等
2	用以说明物业自身状况的政府文件、证书和其他文件	包括表明物业开发历史背景的有关资料，如拆迁安置资料等；证明物业建设合法性的各种政府审批文件，如预售许可证等；反映物业质量的有关文件和证书，如竣工验收合格证等
3	体现物业其他法律关系的文件资料	开发商与施工单位签订的明确建筑工程保修范围、保修期限和保修责任的保修书；设备设施、主要部件供应商签订的维修保修合同，如电梯保修合同、卫星前端接收系统保修合同等

（二）技术资料

技术资料记载物业建设过程中发生的工程项目及其技术信息，这些资料有助于物业服务企业从技术层面了解物业的现状。接收这些技术资料，能够帮助物业服务企业对有关工程进行维护维修和提供相关服务，为物业管理的顺利开展创造必要的条件。建设单位应当向物业服务企业移交下列资料。

（1）竣工总平面图，单体建筑、结构、设备竣工图，配套设施、地下管网工程竣工图等竣工验收资料。

(2) 设施设备的安装、使用和维护保养等技术资料。

(3) 物业质量保修文件和物业使用说明文件。

(4) 物业管理所必需的其他资料：主体结构工程勘察、设计、施工资料，反映各类设备设施和主要部件型号、主要参数和技术指标的说明书、使用手册等。这些资料是整个物业管理中工程项目维护维修的主要技术依据。

技术文件承接验收时，物业服务企业应当注意对关键技术的把握，如设计图纸的变更记录、隐蔽工程的竣工图纸、设备安装维护合同的技术定义条款等。同时还应注意整套技术文件的相互印证与衔接。

> **提醒您**
>
> 这些资料对物业服务来说非常重要，同时，物业服务企业只是受托保管这些资料，因此，物业服务企业应当在前期物业服务合同终止时将上述资料移交给业主委员会。

十、建设单位配置物业管理用房的义务

第三十条 建设单位应当按照规定在物业管理区域内配置必要的物业管理用房。

本条明确了建设单位配置物业管理用房的义务。

物业管理用房是专门供物业服务企业进行物业管理活动的建筑。物业管理用房是物业服务企业实施物业管理的必要物质条件。物业区域内已建成的项目中如果缺乏物业管理用房，物业服务企业将来就不得不另行建设。物业服务企业再行建设用房，不仅程序繁杂，需要有关部门审批及业主同意，而且物业建设是按照规划与设计进行的，事后另建房屋很可能会破坏原先的规划与设计。因此，最为妥当的办法就是，要求建设单位在物业建设中配备必要的物业管理用房。

十一、建设单位的物业保修责任

第三十一条 建设单位应当按照国家规定的保修期限和保修范围，承担物业的保修责任。

本条规定了建设单位的物业保修责任。

物业在建设中存在的质量问题，在竣工验收时可能未被发现，而在使用过程中逐渐暴露出来，如屋面漏水、墙壁裂缝或墙皮脱落、室内地面空鼓、开裂、起砂，上下水管道、暖气管道漏水、堵塞等。物业在交付使用后的一定期限内发现工程质量缺陷，建设单位应当依法承担修复责任。

（一）建筑工程质量保修制度

《中华人民共和国建筑法》第六十二条和《建设工程质量管理条例》第三十九条均明确规定，建筑工程实行质量保修制度。建设工程承包单位在向建设单位提交工程竣工验收报告时，应当向建设单位出具质量保修书。质量保修书中应当明确建设工程的保修范围、保修期限和保修责任等。《建设工程质量管理条例》第三条规定，建设单位、勘察单位、设计单位、施工单位、工程监理单位依法对建设工程质量负责。鉴于业主是与建设单位订立物业购售合同，因此建设单位应当承担物业质量保修的首要责任。如果是勘察单位、设计单位、施工单位、工程监理单位造成的物业质量问题，可以依法要求勘察单位、设计单位、施工单位、工程监理单位承担责任。

根据建设部颁发的《商品住宅实行住宅质量保证书和住宅使用说明书制度的规定》，房地产开发企业在交付新建商品住宅时，必须提供住宅质量保证书和住宅使用说明书。房地产开发企业应当按住宅质量保证书的记载，承担住宅的保修责任。住宅的保修期从开发企业将住宅交付用户使用之日起计算。但是如果用户违反住宅使用说明书的提示，使用不当或者擅自改动物业的结构以及装修不当，并由此造成质量问题，房地产开发企业不承担保修责任。

（二）建设工程的最低保修期限

《建设工程质量管理条例》第四十条规定，在正常使用条件下，建设工程的最低保修期限为：

（1）基础设施工程、房屋建筑的地基基础工程和主体结构工程，为设计文件规定的该工程的合理使用年限。

（2）屋面防水工程、有防水要求的卫生间、房间和外墙面的防渗漏，为5年。

（3）供热与供冷系统，为2个采暖期、供冷期。

（4）电气管线、给排水管道、设备安装和装修工程，为2年。

（三）建筑工程的保修范围

建筑工程的保修范围包括地基基础工程、主体结构工程、屋面防水工程和其他土建工程，以及电气管线、上下水管线的安装工程，供热、供冷系统工程等。地基基础工程或主体结构工程存在质量问题的，如果能够通过加固等确保建筑物安全的技术措施予以修复，开发企业应当负责修复；不能修复并造成建筑物无法继续使用的，有关责任者应当依法承担赔偿责任。保修的范围还包括屋面防水工程以及地面与楼面工程、门窗工程等。此外，电气管线、上下水管线的安装工程包括电气线路、开关、电表的安装，电气照明器具的安装，给水管道、排水管道的安装。供热、供冷系统工程包括暖气设备、中央空调设备等的安装工程。

（四）不同单位分别承担责任

建设单位、勘察单位、设计单位、施工单位、工程监理单位，应根据造成质量问题的原因分别承担责任，如表1-6所示。

表1-6 质量问题的担责单位

序号	问题		担责方
1	施工单位未按国家有关规范、标准和设计要求施工，造成质量缺陷。质量缺陷是指工程不符合国家或行业现行的有关技术标准、设计文件以及合同中对质量的要求		由施工单位负责维修，并承担经济责任
2	由于设计方面的原因造成的质量缺陷		由设计单位承担经济责任
3	因建筑材料、构配件和设备质量不合格引起的质量缺陷	属于施工单位采购或经其验收同意的	由施工单位承担经济责任
		属于建设单位采购的	由建设单位承担经济责任
4	因使用单位使用不当造成的质量缺陷		由使用单位自行负责
5	因地震、洪水、台风等不可抗力造成的质量问题		施工单位、设计单位不承担经济责任

> **提醒您**
>
> 施工单位接到保修通知书之日起，必须及时到达现场与建设单位共同明确责任方，商议维修内容。属施工单位责任的，如施工单位未能按期到达现场，建设单位应再次通知施工单位；施工单位再次接到通知书后仍然不能按时到达的，建设单位有权自行维修，所发生的费用由施工单位承担。

第四节　物业管理服务

一、物业服务企业的法律性质与诚信管理

> **第三十二条**　从事物业管理活动的企业应当具有独立的法人资格，国务院建设行政主管部门应当会同有关部门建立守信联合激励和失信联合惩戒机制，加强行业诚信管理。

本条明确了物业服务企业的法律性质与诚信管理。

（一）法律性质

物业服务企业是从事物业服务的企业。关于物业服务企业的法律性质，《条例》作出了明确的规定，即物业服务企业是独立的法人。也就是说，非法人企业不能从事物业管理行业。独资企业与合伙企业由于不具备法人资格，因此不能成为物业服务企业。依据《民法典》第五十八条的规定，法人应当具备下列条件。

（1）依法成立。
（2）有必要的财产和经费。
（3）有自己的名称、组织机构和场所。
（4）能够独立承担民事责任。

除上述条件外，设立物业服务企业，还应当遵守《公司法》关于设立有限责任公司或股份有限公司的规定。

（二）诚信管理

对物业服务企业应实行诚信管理。国务院建设行政主管部门应当会同有关部门建立守信联合激励和失信联合惩戒机制，加强行业诚信管理。

二、单个物业管理区域中物业服务企业的唯一性

> **第三十三条**　一个物业管理区域由一个物业服务企业实施物业管理。

本条明确了单个物业管理区域中物业服务企业的唯一性。

单个物业管理区域内只允许一个物业服务企业从事物业管理。如果同一物业管理区域内有两个或两个以上的物业服务企业同时提供物业服务，那么不可避免地会发生一定的冲突。但是，一个物业服务企业可以同时对不同的物业管理区域实施物业管理。

三、物业服务合同的订立、形式与内容

> 第三十四条 业主委员会应当与业主大会选聘的物业服务企业订立书面的物业服务合同。
> 物业服务合同应当对物业管理事项、服务质量、服务费用、双方的权利义务、专项维修资金的管理与使用、物业管理用房、合同期限、违约责任等内容进行约定。

本条明确了物业服务合同的订立、形式与内容。

（一）签订物业服务合同的主体

根据《条例》第十五条的规定，业主委员会作为业主大会的执行机构，有责任代表业主与业主大会选聘的物业服务企业订立物业服务合同。业主人数众多，需要借助业主大会来确定具体的提供物业服务的物业服务企业。同时，业主大会作为会议性质的组织，在监督合同执行方面有一定的困难。业主委员会作为常设机构，是业主大会的执行机构，因此，由其代表业主与物业服务企业签订物业服务合同较为妥当，也便利于以后的监督与检查。

（二）签订物业服务合同的形式

《民法典》第四百六十九条规定："当事人订立合同，可以采用书面形式、口头形式或者其他形式。

书面形式是合同书、信件、电报、电传、传真等可以有形地表现所载内容的形式。

以电子数据交换、电子邮件等方式能够有形地表现所载内容，并可以随时调取查用的数据电文，视为书面形式。"

鉴于物业服务合同内容复杂，牵涉的事项众多，因此要求服务合同必须采用书面形式订立。

（三）物业服务合同的内容

物业服务合同的内容包括图 1-19 所示的几个方面。

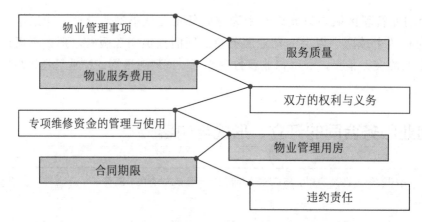

图 1-19 物业服务合同的内容项目

1. 物业管理事项

物业管理事项主要是指物业服务企业应当提供的服务内容，一般而言，物业管理的事项包括：

（1）物业共用部位以及共用设备的使用、管理、维修和更新，例如公共道路的保养，电梯、车位、机电设备的维护与管理等。

（2）物业管理区域内公共设施的使用、管理、维修和更新，例如小区文化、体育设施的保养、维修。

（3）公共环境卫生服务，例如公共场所的绿化。

（4）安全防卫服务，如进出管理、消防管理、交通秩序维持等。

（5）物业档案资料保管。

> **提醒您**
>
> 物业服务合同除了可以约定上述管理服务事项外，还可以根据物业管理区域的具体情况，就业主或者物业使用人自有部分有关设备的维修、保养、管理事宜以及业主或者物业使用人特别委托的物业服务事项作出约定。

2. 服务质量

关于物业服务的质量，物业服务合同也应当作出规定，这样可以明确物业服务企业应达到的目标，方便业主对物业服务企业的服务进行考核，例如电梯每日至少运行多少小时，维修等待时间不应超过多少小时等。

3. 物业服务费用

物业服务费用，即业主应当向物业服务企业交纳的服务费用。一般来说，物业服务费用应根据不同的服务项目由双方协商确定。物业服务合同首先应当规定服务费用的计算标准。标准的制定一方面需要遵循有关的法规，另一方面要结合本物业管理区域的情形予以具体化。例如供暖费用，如果是按照采暖面积计算，就需要明确面积的具体计算方法。其次，物业服务合同应当规定物业服务费用的交纳期限，例如，有的物业服务费用是按月交纳，有的则是按季交纳；有的费用是采取预收的形式，有的则是事后核实计收。

4. 双方的权利与义务

双方的权利与义务与上述物业服务事项紧密联系。一般而言，物业服务企业可以根据有关的法律、法规，结合本物业管理区域的实际情况，制定物业管理的各项详细制度，例如卫生公约、治安公约等。不过需要注意的是，如果属于物业管理的重大措施，应当取得业主大会或者业主委员会的同意。物业服务企业可以依据有关法律、法规、物业服务合同实施有关的服务、管理，并收取有关的费用。对于某些专业性服务，如果合同没有相关的规定，物业服务企业可以委托专业服务企业代为提供。同时，物业服务企业可以制止各种违反物业服务合同的行为。在提供物业服务的过程中，物业服务企业有权获得业主大会与业主委员会的协助与支持。业主委员会有权对物业服务企业的物业服务进行检查、监督，包括审议物业服务企业的服务情况，检查、监督其具体工作，审议物业服务费用的收取标准，讨论有关的财务预决算，依法批准、监督专项资金的管理与使用等。

5. 专项维修资金的管理与使用

专项维修资金是指专项用于物业共用部位、共用设施设备保修期满后大修、更新与改造的资金。专项维修资金属于全体业主共有，由物业服务企业根据维修、更新的实际需要提出使用计划，业主委员会负责对专项资金的使用加以审议与监督。

6. 物业管理用房

物业服务合同还应当就物业管理用房作出约定，如物业管理用房的具体位置、物业服务企业的具体使用权限、管理用房的日常维护与保养，以及设施设备的维修、报修等。

7. 合同期限

物业服务合同应当确定合同的期限以及期限的起算、终止日期。与此同时，还应当对物业服务合同的提前终止作出规定，例如，如果物业服务企业提供的服务未达到要求，业主委员会可以在何种情形下终止合同；如果业主委员会提议终止合同，在此期间如何保证物业服务不中断；合同一旦终止，物业服务费用应如何处理等。

8. 违约责任

物业服务合同在履行过程中不可避免地会发生合同一方未能履行合同约定的情况，这时候就需要明确违约方的违约责任。虽然《民法典》对违约责任作出了一些规定，但是物业服务合同还是应当根据物业服务的具体情形，有针对性地作出相应的规定，以便日后纠纷的解决。

《民法典》第五百七十七条规定:"当事人一方不履行合同义务或者履行合同义务不符合约定的,应当承担继续履行、采取补救措施或者赔偿损失等违约责任。"

由于物业服务合同主要是要求物业服务企业提供符合约定的物业服务,因此继续履行将是其承担违约责任的主要方式之一。《民法典》第五百八十五条规定:"当事人可以约定一方违约时应当根据违约情况向对方支付一定数额的违约金,也可以约定因违约产生的损失赔偿额的计算方法。约定的违约金低于造成的损失的,人民法院或者仲裁机构可以根据当事人的请求予以增加;约定的违约金过分高于造成的损失的,人民法院或者仲裁机构可以根据当事人的请求予以适当减少。当事人就迟延履行约定违约金的,违约方支付违约金后,还应当履行债务。"

由于物业服务的特殊性,双方通常无法事先确定损失赔偿的数额,因此违约金的设定便成为常用的违约责任承担方式,例如,业主没有按时交纳物业服务费用就需要支付一定的滞纳金,这里的滞纳金实际上就是违约金。

> **提醒您**
>
> 物业服务合同是双方当事人自由协商的结果,只要不违反有关的法律,业主委员会可依据本物业管理区域实际情况与物业服务企业特别约定相关事项。

四、物业服务合同对物业服务企业违约责任的原则性规定

> **第三十五条** 物业服务企业应当按照物业服务合同的约定,提供相应的服务。
>
> 物业服务企业未能履行物业服务合同的约定,导致业主人身、财产安全受到损害的,应当依法承担相应的法律责任。

本条主要对物业服务企业的效力以及违约责任作出原则性规定。

(一)物业服务合同履行的原则

合同一经成立生效,当事人就必须遵守合同的约定,按照合同的规定全面履行合同的义务。如果当事人没有履行合同义务或者履行义务不符合合同的约定,就构成违约行为,需要承担违约责任。根据《民法典》第五百零九条及本条的规定,当事人在履行物业服务合同时应当遵循全面履行原则(又叫适当履行原则)与协作履行原则,如图1-20所示。

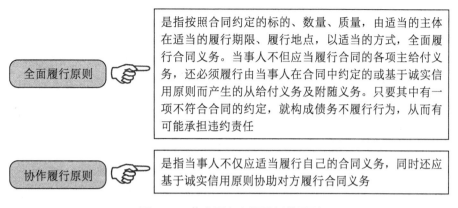

图 1-20　物业服务合同履行的原则

（二）违反合同的行为类型及适用规则

根据《民法典》的规定，违反合同的行为类型有五种，分别为拒绝履行、履行不能、迟延履行、不完全履行以及预期违约，如图 1-21 所示。

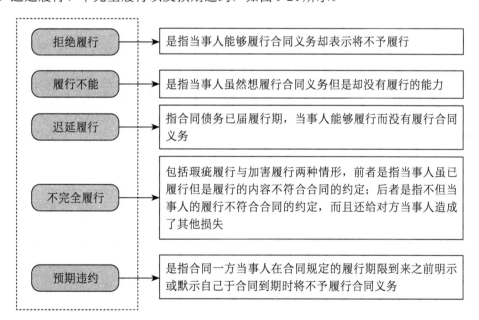

图 1-21　违反合同的行为类型

物业服务企业有上述五种债务不履行行为时是否承担违约责任，还要看《民法典》对违约责任采取何种原则。

若采取过失责任原则，则行为人必须故意或有过失时才承担违约责任；若采取严格责任原则，则无须行为人故意或有过失，只要行为人有上述五种债务不履行行为并且无法证明自己有免责事由即承担违约责任。我国《民法典》将违约责任归责原则定为严格责任，《条例》对物业服务合同又无特别规定，因此物业服务企业违反合同无须有过失即承担违约责任，除非其能够证明有法定免责事由或者当事人之间订有免责条款。所谓免责事由，是指法律规定的免除或限制违约行为人应当承担的民事责任的事由，适用于物业管理服务合同的法定免责事由主要是不可抗力（《民法典》第五百九十条）。所谓免责条款，则是指当事人约定的用以免除或限制其未来合同责任的条款，可以在合同中约定，也可以在合同外另行约定。既然免责条款是由当事人自己约定的，那么在什么条件下免责、何时免责以及免除何种责任均由当事人自己根据意思自治原则加以确定。但是根据《民法典》第五百零六条的规定，合同中关于免除造成对方人身伤害的责任以及免除因故意或者重大过失造成对方财产损失的责任的免责条款是无效的。

（三）违反合同责任的类型

物业服务企业违反物业服务合同后应当承担何种违约责任《条例》并无规定，因此应当适用《民法典》的一般规定。根据《民法典》第五百七十七条、第五百八十五条的规定，违反合同责任的类型主要有图1-22所示的几种。

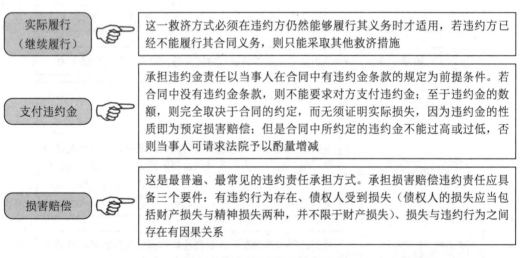

图 1-22 违反合同责任的类型

五、物业服务企业的接管与验收义务

> **第三十六条** 物业服务企业承接物业时，应当与业主委员会办理物业验收手续。
> 业主委员会应当向物业服务企业移交本条例第二十九条第一款规定的资料。

本条明确了物业服务企业的接管与验收义务。

（一）物业服务企业必须办理物业验收手续

物业服务合同签订后就进入了合同的履行阶段，而物业服务企业要履行管理义务就必须对物业进行接管与验收。如果房地产开发企业交付了一个配套设施不齐全且质量不合格的物业小区，将严重影响业主的居住与生活。因此，物业的接管和验收是物业服务企业的一项重要合同义务。物业服务合同有前期物业服务合同与正式物业服务合同之分，同样，物业接管与验收也有前期接管与验收和正式接管与验收之分，前期接管与验收于《条例》第二十九条已有详解，本条只是正式接管与验收的规定。

（二）物业的接管验收内容

根据本条、第二十九条以及建设部于1991年2月4日发布的《房屋接管验收标准》（建标〔91〕69号）的规定，物业的接管验收主要包括以下三项内容。

1. 物业资料的交接

业主委员会应当将下列资料交付物业服务企业。

（1）物业规划图。

（2）竣工图（包括总平面、单体竣工图）。

（3）建筑施工图。

（4）工程验收的各种签证、记录、证明。

（5）房地产权属关系的有关资料。

（6）机电设备使用说明书。

（7）消防系统验收证明。

（8）公共设施检查验收证明。

（9）用水、用电、用气指标批文。

（10）水表、电表、气表校验报告。

（11）有关工程项目的其他重要技术决定和文件。

2. 物业接管验收

一般来说，物业接管验收包括表1-7所示的内容。

表1-7　物业接管验收的内容

序号	项目	内容说明
1	主体结构验收	（1）地基沉降不应超过国标规定的变形值，不得引起上部结构的开裂或毗邻房屋的破坏 （2）主体结构构件的变形及裂缝也不能超过国标规定 （3）外墙不得渗水
2	屋面及楼地面	（1）屋面应按国标规定排水畅通，无积水、不渗漏

续表

序号	项目	内容说明
2	屋面及楼地面	（2）楼地面与基层的粘接应牢固，不空鼓且整体平整，无裂缝、脱皮和起砂现象 （3）卫生间及阳台、厨房的地面相对标高应符合设计要求，不得出现倒水及渗漏现象
3	装修	应保证各装修部位或构件既美观大方又满足使用要求，不得出现因装修不善而造成的门窗开关不灵、油漆色泽不一、墙皮脱落等现象
4	电气	（1）电气线路应安装平直、牢固，过墙有导管 （2）照明器具必须安装牢固，接触良好 （3）电梯等设备应运转正常，且噪声震动不得超过规定
5	水卫、消防、采暖、燃气	（1）上下水管道应安装牢固，控制部件启闭灵活，无滴、漏、跑、冒现象 （2）消防设施应符合国家规定，并有消防部门检验合格证 （3）采暖的锅炉、箱罐等压力容器应安装平整、配件齐全，没有缺陷，并有专门的检验合格证 （4）燃气管道应无泄漏 （5）各种仪表、仪器、辅机应齐全、灵敏、安全、准确
6	附属工程及其他	室外道路、排水系统等的标高、坡度都应符合设计规定，相应的市政、公建配套工程与服务设施应达到质量和使用功能要求

3.核实原始资料

在现场验收检查的同时，应逐项核实原始资料，发现有与实际不符之处，应及时进行记录，并经双方共同签字后存档。

六、物业管理用房权属的规定

> **第三十七条** 物业管理用房的所有权依法属于业主。未经业主大会同意，物业服务企业不得改变物业管理用房的用途。

本条是关于物业管理用房权属的规定。

（一）物业管理用房所有权人为业主

建设单位配置的物业管理用房的所有权属于业主。但是，业主对物业管理用房享有的所有权不是民法上的单一所有权，而是一种特殊的所有权，即建筑物的区分所有权。因此，业主无法单独对这些房屋进行占有、使用、受益与处分，而是必须按照建筑物区分所有权的规则来行使其所有权。建筑物区分所有权的内容请参阅第二章第一节的解释。

（二）物业服务企业不得改变物业管理用房的用途

物业服务企业对物业管理用房享有占有与使用的权利，完全是根据物业管理服务合同的约定由业主授予的，对此《条例》第三十五条有明确规定。因此，物业服务企业对物业管理用房的使用必须符合合同的约定，不得擅自改变管理用房的用途，如果有必要改变其用途，必须经过业主大会的同意。

七、物业服务合同终止时物业服务企业的返还及交接义务

> 第三十八条　物业服务合同终止时，物业服务企业应当将物业管理用房和本条例第二十九条第一款规定的资料交还给业主委员会。
>
> 物业服务合同终止时，业主大会选聘了新的物业服务企业的，物业服务企业之间应当做好交接工作。

本条明确了物业服务合同终止时物业服务企业的返还及交接义务。

（一）是终止而不是解除

所谓物业服务合同终止，是指物业服务合同的效力因一定的原因而消灭，不再具有约束力。物业服务合同作为一种继续性合同只能终止而不能解除。所谓解除，是指使合同的效力溯及至合同成立时无效，当事人如果履行了合同应当恢复原状。由于物业服务合同无法恢复原状，因此不能适用解除。

（二）物业服务合同终止的原因

导致物业服务合同终止的原因主要有图1-23所示的几种。

原因一	物业服务合同规定的期限届满，业主委员会与物业服务企业没有续签合同
原因二	物业服务企业与业主委员会通过达成协议的方式使物业服务合同终止
原因三	合同一方当事人有严重违约行为时，另一方当事人行使终止权使物业服务合同终止

图1-23　物业服务合同终止的原因

(三)物业服务合同终止时的业务

1. 物业管理用房和资料返还

无论物业服务合同的终止原因是什么,物业服务企业都应当将其接管物业时所获得的资料返还给业主委员会,这是物业服务企业的后合同义务。物业服务企业返还的资料应当包括:

(1)物业规划图。

(2)竣工图(包括总平面、单体竣工图)。

(3)建筑施工图。

(4)工程验收的各种签证、记录、证明。

(5)房地产权属关系的有关资料。

(6)机电设备使用说明书。

(7)消防系统验收证明。

(8)公共设施检查验收证明。

(9)用水、用电、用气指标批文。

(10)水表、电表、气表校验报告。

(11)有关工程项目的其他重要技术决定和文件。

(12)物业服务合同约定的其他资料。

2. 与新物业服务企业进行交接与验收

如果业主大会选聘了新的物业服务企业,并且业主委员会与其签订了物业服务合同,那么新物业服务企业将接替原物业服务企业开展物业管理活动,所以应进行交接与验收。本来新物业服务企业应当与业主委员会进行交接与验收,这样业主委员会必须先从原物业服务企业接手再转交新的物业服务企业,徒增了麻烦及社会成本。因此,本条第二款规定,直接由原物业服务企业与新物业服务企业进行交接。原物业服务企业有义务配合新的物业服务企业办理交接手续。

八、物业服务企业转委托的规定

> 第三十九条 物业服务企业可以将物业管理区域内的专项服务业务委托给专业性服务企业,但不得将该区域内的全部物业管理一并委托给他人。

本条是有关物业服务企业转委托的规定。

(一)专项服务可以转委托

物业服务合同在性质上属于委托合同,其中,业主是委托人,物业服务企业是受托人。由于物业服务活动内容广泛，有些领域的专业性很强，物业服务企业可能不能完全胜任，如果将这些专业性的服务活动委托给专业的服务公司，能很好地完成物业管理服务，对业主有利而无害。但是，此项工作若必须取得业主的同意，不但费时，也很费力。为此，《条例》打破了一般民事委托合同的限制，允许物业服务企业将某些专项服务活动委托给专业性服务企业而无须取得业主大会或业主委员会的同意。

（二）不得全部委托他人

物业服务企业不得将该区域内的全部物业管理业务一并委托给他人。

九、物业服务收费的原则

> **第四十条** 物业服务收费应当遵循合理、公开以及费用与服务水平相适应的原则，区别不同物业的性质和特点，由业主和物业服务企业按照国务院价格主管部门会同国务院建设行政主管部门制定的物业服务收费办法，在物业服务合同中约定。

本条明确了当事人在约定物业管理服务费时应当遵循的原则，如图1-24所示。

原则一　合理原则

合理原则是指：
（1）核定收取的费用时应充分考虑物业服务企业的利益，既要有利于物业服务企业的价值补偿，也要考虑业主的经济承受能力
（2）具体收费标准应当因地制宜，以物业管理服务发生的成本为基础，结合物业服务企业的服务质量、服务深度进行合理核定，使业主的承受力与物业管理实际水平、服务深度相平衡
（3）要充分考虑不同档次、不同类别的物业，不同对象、不同消费层次的需要，体现优质优价、公平合理原则，不可相互攀比。对于物业管理服务费用的使用，则坚持"取之于民，用之于民"，逐步实现以房养房、以区养区
（4）房产开发公司、物业服务企业、业主、业主委员会，均应共同遵守专款专用原则，确保物业管理费用的规范化运作、业主的根本利益不受损害

原则二　公开原则

公开原则要求物业服务企业公开服务项目和收费标准，规范对用户提供的特约有偿服务，并实行明码标价，定期向业主公布收支情况，接受业主监督

图1-24

| 原则三 | 费用与服务水平相适应原则 |

> 质价相符原则指物业管理服务的收费标准应与服务质量相适应。也就是说，管理费标准高，服务的项目就多，所提供的管理水平与服务质量也高；管理费标准低，所提供的服务内容就少，服务的质量也低。物业服务企业不可只收费不服务、多收费少服务或高收费低服务质量

图 1-24 约定物业管理服务费的三大原则

十、物业服务费交纳义务人的规定

> **第四十一条** 业主应当根据物业服务合同的约定交纳物业服务费用。业主与物业使用人约定由物业使用人交纳物业服务费用的，从其约定，业主负连带交纳责任。
>   已竣工但尚未出售或者尚未交给物业买受人的物业，物业服务费用由建设单位交纳。

本条是关于物业服务费交纳义务人的规定，具体分三种情况，如图 1-25 所示。

| 规定一 | 物业已经出卖并交付给业主 |

> 这种情况下，业主是交纳服务费的义务人。由于业主是物业的所有人，同时物业服务合同是业主委员会代表业主与物业服务企业签订的，所以业主是合同的当事人，其享有物业服务合同所规定的权利，同时也应承担物业服务合同设定的义务。在物业管理服务合同中，业主一方的主要义务便是交纳物业服务费

| 规定二 | 业主将物业交予他人使用 |

> （1）业主与物业使用人约定由物业使用人交纳物业服务费用的，从其约定，由物业使用人交纳
> （2）若物业使用人不按约定交纳物业服务费用，仍应由物业所有人即业主承担责任。物业服务企业不得要求物业使用人承担责任，但业主有权要求物业使用人承担责任

| 规定三 | 物业尚未出售或虽已出售但是尚未交付给业主 |

> 前期物业服务合同的当事人是物业服务企业与房地产开发单位（即本条例所称的建设单位），所以物业服务费应当由房地产开发单位支付

图 1-25 物业服务费交纳义务人的规定

十一、物业服务费行政监督的规定

> **第四十二条** 县级以上人民政府价格主管部门会同同级房地产行政主管部门，应当加强对物业服务收费的监督。

本条是关于物业服务费行政监督的规定。

物业服务收费实行国家监管制度，其监管机关是县级以上的人民政府价格主管部门及同级房地产行政主管部门。价格主管部门及房地产主管部门对物业服务费的监管内容如表1-8所示。

表1-8 物业服务费监管的具体内容

序号	内容	说明
1	审批制度	物业已交付使用但尚未成立业主委员会时，物业管理综合服务收费标准一般由物业服务企业在政府指导价范围内提出，并报县级以上物价局核定审批。另外，物业服务企业要求全体业主提供的公共性服务费，如装修保证金、有线电视入网费、水电费周转金等，也应报物价局审批
2	备案制度	在业主委员会成立后，物业管理服务收费标准由物业服务企业与业主委员会依据《条例》第四十一条规定约定或由双方协商确定，并报物价局备案
3	处罚制度	有关部门有权对违法违规行为进行监管，如果物业服务企业违反有关法律，政府价格主管部门以及房地产主管部门可依据相关法律、法规对物业服务企业进行处罚。《城市住宅小区物业管理服务收费暂行办法》第十五条规定："凡有下列违反本办法行为之一者，由政府价格监督检查机关依照国家有关规定予以处罚：（1）越权定价、擅自提高收费标准的；（2）擅自设立收费项目，乱收费用的；（3）不按规定实行明码标价的；（4）提供服务质价不符的；（5）只收费不服务或多收费少服务的；（6）其他违反本办法的行为"

十二、物业服务企业特约服务及费用的规定

> **第四十三条** 物业服务企业可以根据业主的委托提供物业服务合同约定以外的服务项目，服务报酬由双方约定。

本条是关于物业服务企业特约服务及费用的规定。

物业服务合同是业主委员会代表全体业主与物业服务企业签订的，所以其主要内容应当是业主对专有部分的权利与义务，超出此范围的服务由于业主大会并没有授权业主委员会行使，所以不得在物业服务合同中约定，否则对业主没有约束力（业主委员会的权利是由业主大会授予的，关于业主委员会的具体职权请参看《条例》第十五条）。

因此，如果业主需要物业服务企业提供物业服务合同约定服务以外的其他服务，必须由业主与物业服务企业单独订立委托合同，就服务的种类、标准、费用及支付方式、时间等作出具体的约定。合同一经成立生效，当事人必须按照约定履行合同，否则就会构成违约行为，从而承担违约责任。

十三、公众性费用的收取办法

> **第四十四条** 物业管理区域内，供水、供电、供气、供热、通信、有线电视等单位应当向最终用户收取有关费用。
> 　　物业服务企业接受委托代收钱款费用的，不得向业主收取手续费等额外费用。

本条是关于公众性费用收取的规定。

（一）公众性费用的交纳义务人

本条第一款规定的是供水、供电、供气、供热、通信、有线电视等单位应向谁收取水费、电费、气费、取暖费、通信费、有线电视费，即明确了水费、电费、气费、取暖费、通信费、有线电视费的交纳义务人是该等公用事业服务的最终用户，而非物业服务企业。

（二）公众性费用双方当事人的主要义务

事实上，供水、供电等企事业单位之所以向用户供水、供电等，完全是基于该等单位与用户签订的供水、供电、供气、提供通信服务、提供有线电视服务的合同，是履行合同义务的行为。

《民法典》第六百四十九条规定，供用电等合同的具体条款应当包括供电的方式、质量、时间，用电容量、地址、性质，计量方式，电价、电费的结算方式，供用电设施的维护责任等条款，双方当事人的主要义务如图1-26所示。

由此可见，与供电、供水等单位签订供电、供水等合同的用户才是合同的当事人，才应根据合同的规定交纳电费、水费等。物业服务企业并非合同当事人，因此并不负有合同义务，供电、供水等单位无权要求物业服务企业支付这些费用。当然，如果物业服务企业为了满足自己的需要而与供电、供水等单位签订合同的，作为合同当事人（即用户），应当交纳电费、水费等。

（三）物业服务企业代收费的规定

本条第二款规定，物业服务企业代收电费、水费等费用时不得收取手续费等额外费用，即不得向业主收取额外的手续费。

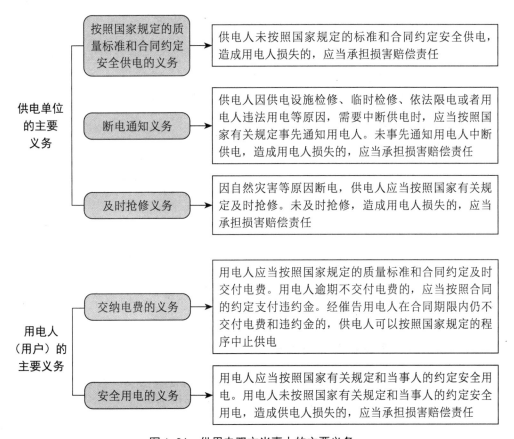

图 1-26　供用电双方当事人的主要义务

物业服务企业不是合同的当事人，因此既不享有权利也不负有义务，其若代理收取该等费用，只是作为供电、供水等单位的代理人，接受供电、供水等单位的委托，因此，若要收取手续费，应当向其委托人（即供电单位等）而不是用户收取。

十四、物业服务企业对违法行为的制止及报告义务

> **第四十五条**　对物业管理区域内违反有关治安、环保、物业装饰装修和使用等方面法律、法规规定的行为，物业服务企业应当制止，并及时向有关行政管理部门报告。
> 有关行政管理部门在接到物业服务企业的报告后，应当依法对违法行为予以制止或者依法处理。

本条明确了物业服务企业对违法行为的制止及报告义务。

（一）对违反法律、法规规定行为的制止和报告义务

依据《条例》及物业服务合同的约定，物业服务企业的主要管理义务包括：
（1）房屋及共用设施设备的维修和管理。
（2）卫生保洁服务。
（3）保安服务。
（4）绿化管理。
（5）消防管理。
（6）车辆管理。
（7）装修管理。
（8）环境管理等。

因此，当物业管理区域内出现违反治安、环保、物业装饰装修和使用等方面法律、法规以及管理规约等行为，对物业管理区域的安全、环境等造成损害或威胁时，物业服务企业应当采取合法的手段予以制止，并将这些情况及时报告有关国家机关。否则，因此给业主造成损失的，应当承担损害赔偿责任。

（二）物业服务企业不得行使执法权

由于物业服务企业并非国家执法机关，因此不得行使执法权，否则应当承担相应的法律责任。有关行政管理部门接到报告后应当依法予以处理。

十五、物业服务企业的安全防范义务

> **第四十六条** 物业服务企业应当协助做好物业管理区域内的安全防范工作。发生安全事故时，物业服务企业在采取应急措施的同时，应当及时向有关行政管理部门报告，协助做好救助工作。
>
> 物业服务企业雇请保安人员的，应当遵守国家有关规定。保安人员在维护物业管理区域内的公共秩序时，应当履行职责，不得侵害公民的合法权益。

本条明确了物业服务企业的安全防范义务。

（一）社区安全管理义务的内容

安全防范是物业服务企业的主要义务之一，也是物业服务合同的主要内容之一。社区安全管理义务包括消防管理与治安管理两个方面。

1. 物业消防管理

物业服务合同双方当事人可以依据《条例》《消防法》和地方性规定，约定物业服

务企业承担的消防管理义务。具体的消防管理义务主要有如下几种。

（1）定期检查、维修消防设施和器材，设置消防安全标志，确保消防设施和器材完好、有效。

（2）定期组织防火检查，及时消除火灾隐患。当物业服务企业发现消防安全隐患后，应当通知有关责任人及时改进。如果责任人拒绝改进，物业服务企业应当及时告知业主团体或直接通报有关行政主管部门。物业服务企业怠于履行约定的消防管理义务造成损失或损失扩大的，应承担民事责任。

（3）开展防火安全知识宣传教育。

（4）保障通道、安全出口畅通，并设置符合国家规定的消防安全疏通标志。

（5）当物业管理区域内发生火灾时，物业服务企业应当积极开展救助工作，并及时通知消防机关，否则应当承担相应的法律责任。

（6）其他约定的事项。

2. 小区治安管理

依据各地的地方法规以及《条例》规定，小区治安管理义务被定义为物业服务企业的强制性义务。小区治安管理义务包括图1-27所示的内容。

- 实行门卫值班制度，以防闲杂人员自由进出物业小区
- 实施安保巡逻制度，以便及时发现并排除治安隐患
- 制止不遵守管理规约等规章制度的各种行为
- 检查进出小区的车辆，并维护小区内车辆的停放秩序
- 防范并制止其他妨害小区公共安全秩序的行为

图1-27 小区治安管理义务的内容

提醒您

物业服务企业是民事主体而非行政执法机关，作为一个民事主体，其只接受业主团体的委托对小区的物业进行管理，这种管理的本质是一种民事活动。因此，物业服务企业应当明确自身行为的法律界限，凡是专属于国家机关才能行使的公共权力，物业服务企业均不得实施，否则就构成违法行为，应当承担相应的法律责任，包括民事责任、行政责任以及刑事责任。

（二）保安人员的管理要求

本条第二款明确规定，保安人员在维护物业管理区域内的公共秩序时不得侵害公民的合法权益。实践中，物业服务企业及其工作人员因欠缺法律知识，有时会实施强制搜身、非法拘禁、暴力伤人等非法行为，这样就要承担相应的法律责任。

十六、物业使用人在物业管理中的权利、义务

> **第四十七条** 物业使用人在物业管理活动中的权利、义务由业主和物业使用人约定，但不得违反法律、法规和管理规约的有关规定。
> 物业使用人违反本条例和管理规约的规定，有关业主应当承担连带责任。

本条是关于物业使用人在物业管理中权利与义务的规定。

（1）业主将物业服务合同中的权利让与物业使用人，应由物业使用人承担合同义务。

（2）当物业使用人违反《条例》和管理规约的规定，业主要承担连带责任。这里的连带责任是指民事责任，不包括行政责任与刑事责任。业主之所以要负连带责任，是因为物业使用人是由业主选择的，因此业主应当确保其所选择的使用人不会违反《条例》及管理规约的规定，进而不会侵害物业服务企业及其他业主的合法权益。

十七、房地产行政主管部门处理物业管理纠纷的职责

> **第四十八条** 县级以上地方人民政府房地产行政主管部门应当及时处理业主、业主委员会、物业使用人和物业服务企业在物业管理活动中的投诉。

本条明确了房地产行政主管部门处理物业管理纠纷的职责。

在物业服务合同的履行过程中，当事人之间经常会发生各种各样的纠纷，如某方当事人违反合同或法律、法规而侵害他人的合法权益等。当出现这些纠纷时，当事人除了可以诉诸司法机关外，还可以向房地产行政主管部门进行投诉，由房地产行政主管部门通过行政手段加以解决。当事人有权选择纠纷的解决途径，确保纠纷得以迅速解决，又能保护各方当事人的合法权益。

（一）投诉人和被投诉人

投诉人可以是业主委员会、业主和使用人，也可以是物业服务企业；被投诉人主要是物业服务企业，也可以是业主委员会、业主和使用人、物业所在地的房地产管理部门、其他行政管理部门等。

（二）接受投诉的机关

接受物业管理纠纷投诉的法定机关是县级以上地方人民政府房地产行政主管部门。

（三）物业管理纠纷投诉受理制度

投诉受理制度是指政府有关行政管理部门接受投诉后的处理程序。物业管理投诉受理制度是指物业管理行政部门接受业主委员会、业主和使用人对违反物业管理法律、法规、委托服务合同等行为投诉的受理及处理程序。《上海市居住物业管理条例》对此作出如下规定。

（1）市房地产管理局和区、县房地产管理部门应当建立投诉受理制度，接受有关违反物业管理法律、法规等行为的投诉。

（2）区、县房地产管理部门受理投诉后，应当进行调查，并自受理投诉之日起30日内答复投诉人。如投诉的情况属实，房地产管理部门应对被投诉人作出行政处罚或行政处分。

（3）投诉人对区、县房地产管理部门的答复有异议，可以向市房地产管理局提出复核要求。市房地产管理局应当在受理之日起30日内，依法进行复查、复审、复核、复验等一系列活动，根据复核的情况，可以作出维持、变更或撤销、部分撤销原行政处罚或行政处理的决定，并答复投诉人。

（4）投诉内容涉及其他行政管理部门联责范围的，市房地产管理局或区、县房地产管理部门应当自受理之日起5日内，移送有关行政管理部门，并书面告知投诉人。

（四）投诉的种类

投诉的种类如表1-9所示。

表1-9 投诉的种类

序号	种类	举例说明
1	业主或使用人对其他业主或使用人的投诉	如有些业主或使用人在天井、庭院、平台、屋顶以及道路搭建建筑物，而影响其他业主的正常工作、生活，或影响物业区域整体美观，有利益关系的业主或使用人对此行为进行投诉
2	业主或使用人对业主委员会的投诉	如业主委员会没能履行职责，致使业主或使用人的权益受到损害
3	业主委员会、业主和使用人对物业服务企业的投诉	如物业服务企业没能履行物业管理服务合同中约定的有关条款，致使居住区的治安保卫服务不到位；物业服务企业乱收物业管理费，维修资金管理混乱，且账目不公开等
4	业主委员会、业主和使用人对有关专业管理部门的投诉	如居住区内经常无故停水、停电，环卫部门没能定期清运垃圾，铺设地下管道而未恢复小区道路路面平整等情况，影响业主和使用人的正常生活和工作

续表

序号	种类	举例说明
5	业主委员会对业主和使用人的投诉	如业主或使用人在装修时,损坏房屋承重结构或破坏房屋外貌,经业主委员会、物业服务企业劝阻无效的行为
6	物业服务企业对有关专业管理部门的投诉	如物业管理模式与各专业管理部门存在分工不明、职责不清的矛盾
7	业主委员会、业主和使用人对房产开发商的投诉	如房产开发商所建造的房屋存在严重的质量问题或配套设施不到位,影响业主和使用人的生活和工作
8	业主委员会、业主和使用人对物业管理主管部门的投诉	如物业所在地房地产管理部门或有关工作人员干扰组建业主委员会或变相指定物业服务企业等

(五)建立物业管理投诉制度的意义

物业管理中投诉受理制度是随着物业服务企业的发展而逐步建立和完善的。建立物业管理违法行为的投诉制度有如下几方面的意义。

(1) 使业主委员会、业主和使用人能运用投诉这一法律武器来维护自己的权益。

(2) 使物业服务企业规范自身的管理行为。

(3) 使行政主管部门加强对物业管理的指导和监督。

(4) 使各专业管理部门各司其责、相互配合,从而使物业管理工作走上健康有序发展的轨道。

第五节　物业的使用与维护

一、改变公共建筑及共用设施用途的程序

> **第四十九条**　物业管理区域内按照规划建设的公共建筑和共用设施,不得改变用途。
> 　　业主依法确需改变公共建筑和共用设施用途的,应当在依法办理有关手续后告知物业服务企业;物业服务企业确需改变公共建筑和共用设施用途的,应当提请业主大会讨论决定同意后,由业主依法办理有关手续。

本条明确了改变公共建筑及共用设施用途的程序。

(1) 由于物业管理区域内的公共建筑及共用设施是为特定目的所建设的,可满足

全体业主对物业的利用。若对公共建筑和共用设施的用途加以改变，将导致大多数业主受损，甚至会降低整个物业区域的交换价值及使用价值，因此原则上不得改变其用途。

（2）对公共建筑及共用设施用途加以改变，属于对该等建筑及设施进行事实上的处分，必须由有处分权的人实施。由于物业管理区域内的公共建筑及共用设施是全体业主所共有的，若必须改变其用途，应当由全体业主共同决定。

（3）业主需要改变这些建筑及设施用途时，仅需经业主大会讨论同意并告知物业服务企业即可。由于物业服务企业并非物业的所有人，若其改变这些建筑及设施用途，必须经业主大会讨论通过。

（4）由于物业区域涉及公共利益，因此对物业管理区域内的公共建筑及共用设施的用途加以改变，还必须履行法定的手续。

二、业主、物业服务企业对公共道路、场地占用、挖掘的规则

> **第五十条** 业主、物业服务企业不得擅自占用、挖掘物业管理区域内的道路、场地，损害业主的共同利益。
>
> 因维修物业或者公共利益，业主确需临时占用、挖掘道路、场地的，应当征得业主委员会和物业服务企业的同意；物业服务企业确需临时占用、挖掘道路、场地的，应当征得业主委员会的同意。
>
> 业主、物业服务企业应当将临时占用、挖掘的道路、场地，在约定期限内恢复原状。

本条明确了业主、物业服务企业对公共道路、场地占用、挖掘的规则。

（一）业主、物业服务企业不得擅自占用、挖掘物业管理区域内的道路、场地

物业管理区域内的道路、场地属于全体业主共有，应该由全体业主按照通常用途加以使用。通常而言，单个业主以及物业服务企业均无权超出物业的使用与服务范围而擅自占用、挖掘道路、场地，否则就侵害了其他业主或者全体业主对物业共有部分所享有的权利。

（二）特殊情况的占用、挖掘

但是在特殊情况下，业主或者物业服务企业可能需要临时占用与挖掘道路与场地，例如，物业服务企业为了维修地下管线需要临时挖掘公共道路。特殊情况下的占用、挖掘必须满足图1-28所示的两个条件。

条件一 需要达到确需的程度

因为物业维修或因公共利益，确需占用、挖掘的，才允许占用与挖掘

条件二 获得业主或者物业服务企业的同意

此外，还需获得业主或者物业服务企业的同意，双方应当就占用与挖掘的具体范围、方式、时间等作出安排。具体而言，业主临时占用、挖掘道路、场地的，应当征得业主委员会和物业服务企业的同意；物业服务企业确需临时占用、挖掘道路、场地的，应当征得业主委员会的同意。前者之所以还要征得物业服务企业的同意，主要是因为物业服务企业负责物业的维护与保养，负有妥善维护物业的义务，征得其同意，事先约定占用与挖掘的具体安排，不仅有助于将道路与场地的损害降到最低，而且还能减少由此给其他业主带来的不便

图1-28 特殊情况占用、挖掘的前提条件

（三）必须及时恢复原状

既然道路与场地属于业主共有或者共用，因此，业主、物业服务企业应当及时将临时占用、挖掘的道路、场地恢复原状。

三、公共设施的维护责任

> **第五十一条** 供水、供电、供气、供热、通信、有线电视等单位，应当依法承担物业管理区域内相关管线和设施设备维修养护的责任。
>
> 前款规定的单位因维修养护等需要，临时占用、挖掘道路、场地的，应当及时恢复原状。

本条是关于公共设施维护责任的规定。

（一）维护责任方为各有关单位

供水、供电、供气、供热、通信、有线电视等单位为了向用户供水、供电、供气、供热或提供通信、有线电视服务而在物业管理区域内安装了管线及其他设施，维护责任属于安装该等管线设施的单位，而不属于物业服务企业，也不属于业主。安装并维护这些管线设施是有关单位根据其与业主（即水、电、气、热、通信、有线电视的用户）所签订的供电、供水、供热、供气、通信、有线电视合同承担的义务，用户通过水费、电费、气费等向其支付相关的服务费用。对此，《民法典》第六百五十三

条规定，因自然灾害等原因断电，供电人应当按照国家有关规定及时抢修。未及时抢修，造成用电人损失的，应当承担损害赔偿责任。《民法典》第六百五十六条又规定：供用水、供用气、供用热力合同参照供用电合同的有关规定。因此，若供电、供水等单位不负责维护，而是由业主或物业服务企业承担维护责任，显然是不公平的。

（二）各单位维护时有权临时占用

供水、供电等单位为了维护管线，有权临时占用、挖掘道路、场地，业主与物业服务企业均不得阻止。

（三）各单位维护后要及时恢复原状

供水、供电等单位完成维修养护等工作后应当及时将占用、挖掘的道路及场地恢复原状，否则由此给业主造成损失的，应当承担损害赔偿责任。

四、房屋装修时业主及物业服务企业的告知义务

> **第五十二条** 业主需要装饰装修房屋的，应当事先告知物业服务企业。
> 物业服务企业应当将房屋装饰装修中的禁止行为和注意事项告知业主。

本条明确了房屋装修时业主及物业服务企业的告知义务。

业主作为物业专有部分的所有人，原则上有权利处分自己专有部分的物业，当然也有装修装饰物业的权利。但是由于业主之间的专有部分及共用部分紧密结合或者相邻，业主进行装修装饰施工时会影响到其他业主的利益。装修装饰施工时会发出噪声、产生大量的装修垃圾，可能造成管道堵塞、渗漏水、停电、物品毁坏等，从而侵害其他业主或居民的合法利益。因此业主在装修装饰时应当遵循一定的准则，禁止实施一系列严重影响其他业主利益的行为。

业主在装修装饰前应告知物业服务企业，以便让物业服务企业及时掌握业主装修装饰的具体情况。同时，物业服务企业也应将房屋装饰装修中的禁止行为和事项告知业主，因为业主一般不知道装修装饰中的注意事项及禁止行为。

五、专项维修资金的交纳以及归属、使用

> **第五十三条** 住宅物业、住宅小区内的非住宅物业或者与单栋住宅楼结构相连的非住宅物业的业主，应当按照国家有关规定交纳专项维修资金。

> 专项维修资金属于业主所有，专项用于物业保修期满后物业共用部位、共用设施设备的维修和更新、改造，不得挪作他用。

本条明确了专项维修资金的交纳以及归属、使用等有关问题。

（一）何谓专项维修资金

专项维修资金是指根据法律规定建立的专门用于住宅共用部位、共用设施设备保修期满后大修、更新、改造的资金。维修资金作为房屋共用部位和共用设施设备的专项费用，专门用于住宅共用部位、共用设施的大修、更新和改造。所谓大修，是对共用部位、共用设备设施进行的大规模维修。所谓更新和改造，是对共用部位、共用设施设备中坏旧部分进行更换，以使其保持正常的使用状态，或者不断提高其使用效能或使其具有新的效能。

（二）业主交纳专项维修资金的义务

专项维修资金是为了对物业共用部位或共用设施设备进行维修养护而建立的，资金的受益人是全体业主，因此，根据谁受益谁负担的原则，全体业主都有交纳专项维修资金的义务。《条例》第七条规定，业主有义务按照国家的规定交纳专项保修费用。

业主包括三种，住宅物业的业主、住宅小区内非住宅物业的业主、住宅小区外的与单栋住宅楼结构相连的非住宅物业的业主。对于第三种业主，我们应加以注意。该业主承担交纳责任的理由，不在于他位于小区之内，享受了物业管理的服务，而是因为专项维修资金不是物业管理服务费用，和物业服务无关。该非住宅物业结构与单栋住宅楼结构紧密相连，也就是说和住宅楼存在共用部分，如果住宅楼的结构出现问题，得不到及时维修，则该非住宅物业的结构也会受到影响；而住宅楼得到维修、更新、改造，该非住宅物业也能同样受益。根据受益与负担相一致、权利和义务相一致的原则，与单栋住宅楼结构相连的非住宅物业的业主，即住宅小区外，和小区住宅楼结构相连而建的一些建筑物的所有权人，也要承担交纳专项维修资金的义务。

（三）业主交纳专项维修资金的时间

尽管专项维修资金用于物业保修期满后的物业维修，但是，并不是过了保修期才开始交纳该项资金。对于新住宅物业小区来说，在售房时即可向购房者按照一定比例筹集。对于旧的住宅小区，由于历史原因，基础设施配套不全，失修严重，小区治理资金短缺，居民承受能力有限，实施物业管理难度较大，加之一定年限后，需要大面积更新、改造、修缮，需要投入大量资金，必须提前筹集。等到需要时才临时筹集，会很被动，可能无法及时有效地对物业进行必要的维修养护。所以，必须在出售商品房时，就建立起专项维修资金，以解决购房人的后顾之忧。

（四）专项维修资金的使用

（1）专项维修资金的目的是维修，《条例》第三十一条规定，建设单位应当按照国家规定的保修期限和保修范围，承担物业的保修责任。在保修期间，由保修企业负担保修费用。保修期满后，发生自然损坏等需要维修的，从维修资金中支付。如果是第三人人为损坏的，当然由第三人承担赔偿责任。

（2）维修养护的对象不是住宅自用部位和自用设备，该部分的维修、更新费用，由业主承担；维修资金主要用于共用部位、共用设施设备的维修和更新、改造。所谓共用部位，是指住宅主体承重结构部位。所谓共用设施设备，是指住宅小区或单栋住宅内，建设费用以分摊方式计入住房销售价格的共用上下水道、落水管、水箱、加压水泵、电梯、天线、供电线路、照明、锅炉、暖气线路、消防设施、绿地、道路、路灯、沟渠、池、井以及公益性文体设施和共用设施设备使用的房屋。

（3）由于维修资金事关整个物业区域内全体业主的利益，为了确保共用部位、共用设备设施能够得到及时维修，维护全体业主的利益，必须确保维修资金专款专用，严禁挪作他用。

六、业主对共用部位、共用设备设施商业利用的收益权

> **第五十四条** 利用物业共用部位、共用设施设备进行经营的，应当在征得相关业主、业主大会、物业服务企业的同意后，按照规定办理有关手续。业主所得收益应当主要用于补充专项维修资金，也可以按照业主大会的决定使用。

本条主要明确了业主对共用部位、共用设备设施商业利用的收益权。利用共用部位、共用设施设备进行商业经营的，其利用决策权和收益权归全体业主享有。

（一）商业经营的开展，要征得相关业主、物业管理部门的同意

所谓商业利用，主要有在楼顶上设立发射塔、移动通信的基站，利用外墙发布广告，将共用部位出租，将楼顶、楼道或平台让与相邻业主使用或搭建等。考虑到商业利用对相关业主的生活可能造成影响，比如妨碍有关住户的采光、通风等；还可能影响物业服务企业的管理服务，因此，商业利用应当获得相关业主、业主大会、物业服务企业的同意，任何一方都不得擅自进行商业经营。法律规定需要签订书面合同或办理登记过户手续的，比如租赁合同的签订、地役权等的设定等，应签订合同和办理相应的登记过户手续。

（二）共用部位、共用设备设施商业利用的收益归全体业主

商业化经营所获得的利益，当然归全体业主享有。尽管商业经营的开展，要征得

相关业主、业主大会、物业服务企业的同意,但是,后两者并不是收益的所有人。

(三)收益的用途

(1)为了保障物业的正常维护,经营所得的收益应当首先用于补充专项维修资金。

(2)如果业主大会作出了其他的决定,也可以按照业主大会的决定使用该收益。

七、责任人对存在安全隐患的物业进行维修养护的义务

> **第五十五条** 物业存在安全隐患,危及公共利益及他人合法权益时,责任人应当及时维修养护,有关业主应当给予配合。
>
> 责任人不履行维修养护义务的,经业主大会同意,可以由物业服务企业维修养护,费用由责任人承担。

本条明确了责任人对存在安全隐患的物业进行维修养护的义务。

(一)责任人应当及时维修养护

该条的责任人不包括承担维修养护义务的物业服务企业。因此,责任人主要包括两种情况。

1. 消除专有部分安全隐患的责任人

这部分责任人是物业专有人,物业专有人有义务确保自己专有部分处于安全状态。这种义务源于所有权本身,所有权人有权利在法律规定的范围内自由使用自己的财产,但是,也有义务尊重他人的人身财产安全,确保物业处于正常安全状态。如果物业存在安全隐患,业主有义务及时地加以维修养护。另外,如果第三人造成了业主专有部分的损害,那么,在对外关系上,物业专有人仍然是责任人。因为,其他业主很难确定具体的侵权人,也就无法行使相应的权利,只能以物业专有人为责任人,要求其承担维修养护的责任。当然,物业专有人在承担责任之后,可以向具体的侵权人追偿。业主将物业转让给第三人时,相关的责任也由受让的第三人来承担。受让人因此遭受到损害可向出让人追偿。

2. 消除共有部分危险的责任人

这也可以分为图1-29所示的两种情况。

(二)有关业主应当给予配合

在维修养护的过程中,如果需要利用相邻关系人的通道、阳台等,根据相邻关系法理,相邻人有提供必要的方便、予以协助配合的义务。

侵权责任人。因自己的侵权行为造成危险的,比如侵权人在对共有部分施工过程中,擅自破坏承重墙、管道线路等,给他人或公共利益带来了危险或妨碍,业主委员会有权要求侵权责任人恢复原状、消除危险、排除妨碍

 如果业主大会或业主委员会将某一项维修养护工作承包给物业服务企业以外的企业或个人,那么,该承包的企业或个人也是维修养护义务的责任人

图 1-29 消除共有部分危险的责任人

(三)经业主大会同意可由物业服务企业维修养护

责任人不履行维修养护义务的,经业主大会同意,可以由物业服务企业维修养护。

在责任人不履行维修养护义务的时候,若损害造成的危险或隐患事关全体业主的人身财产安全,必须及时予以消除,否则后果不堪设想。为了保护物业的财产,杜绝事故的发生,经业主大会同意,可以由物业服务企业维修养护,费用由责任人承担。

> **提醒您**
>
> 由物业服务企业维修养护,主要是考虑物业服务企业熟悉物业情况,有维修养护的经验,但并不会因此对业主大会的意思自治进行限制。所以,条文特别强调,"可以"由物业服务企业维修养护,而不是"应当"或"必须"由物业服务企业维修养护。由此所产生的费用由责任人承担,当然,这里的费用必须是合理的费用,当发生争议时,双方可以请求人民法院予以确认。

第六节 法律责任

一、建设单位违反招投标规定的行政责任

> **第五十六条** 违反本条例的规定,住宅物业的建设单位未通过招投标的方式选聘物业服务企业,或者未经批准擅自采用协议方式选聘物业服务企业的,县级以上地方人民政府房地产行政主管部门责令限期改正,给予警告,可以并处10万元以下的罚款。

本条明确了建设单位违反招投标规定的行政责任。

（一）何谓行政责任

所谓行政责任，是指违反行政法律和法规而依法必须承担的责任。建设单位违反招投标规定的行政责任构成要件如图1-30所示。

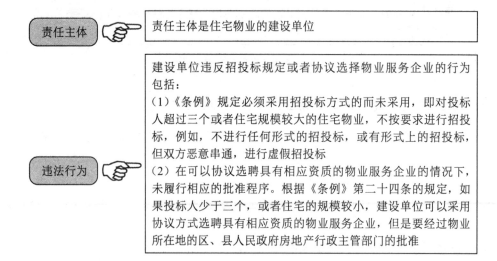

图1-30　建设单位违反招投标规定的行政责任构成要件

（二）作出行政处罚的机关

作出行政处罚的机关是物业所在地的区、县级以上地方人民政府房地产行政部门。

（三）行政处罚的方式

本条规定的行政处罚方式有三种，如图1-31所示。

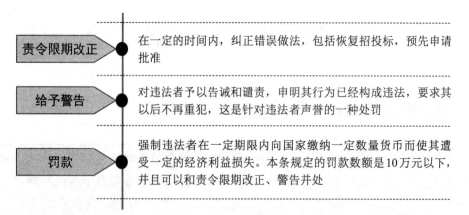

图1-31　建设单位违反招投标规定的行政处罚方式

> **提醒您**
>
> 本条只规定了建设单位的行政责任，并不涉及违法选聘时物业服务合同的效力问题以及由此造成的损失赔偿问题。实际上，根据《条例》第二十六条的规定，即使前期物业服务合同约定了期限，但是，只要业主委员会与新物业服务企业签订的物业服务合同生效，前期物业服务合同即终止。如果业主对前期物业服务企业的管理服务不满，可以通过及时与其他物业服务企业签订合同的方式，自然终止前期物业服务合同。当然，如果前期物业管理人在管理过程中没有尽善管理，造成了业主损失，业主及业主委员会有权要求其赔偿损失。

二、建设单位擅自处分的行政责任和民事责任

> **第五十八条** 违反本条例的规定，建设单位擅自处分属于业主的物业共用部位、共用设施设备的所有权或者使用权的，由县级以上地方人民政府房地产行政主管部门处5万元以上20万元以下的罚款；给业主造成损失的，依法承担赔偿责任。

本条明确了建设单位擅自处分的行政责任和民事责任。

（一）行政责任

1. 行政责任的构成要件

建设单位擅自处分的行政责任构成要件如图1-32所示。

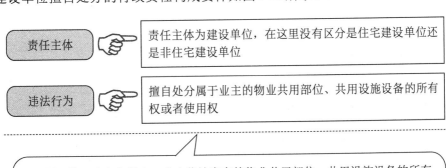

图1-32　建设单位擅自处分的行政责任构成要件

2. 行政处罚的形式

行政处罚的形式是罚款，金额在 5 万元以上 20 万元以下。

3. 行政处罚的决定机关

行政处罚的决定机关是物业所在地的县级以上人民政府房地产行政主管部门。

（二）民事责任

根据本条及《民法典》的有关规定，建设单位损害赔偿的民事责任构成要件如图 1-33 所示。

侵权责任人的行为具有过错和违法性，即建设单位未经同意，擅自处分他人所共有的物业共用部位、共用设施设备的所有权或者使用权

侵权人的侵权行为造成了业主的损失，包括直接损失和间接损失。前者指由于侵权人的处分行为导致物业自身价值减少。后者是指由于侵权行为使物业无法使用而遭受可得利益损失

3　损失和侵权人的侵权行为具有因果关系，正是由于侵权人的无权处分，导致了损失的发生

图 1-33　民事责任的构成要件

> **提醒您**
>
> 民事责任和行政责任并不排斥，行政责任是对国家承担的责任，带有惩罚性质；而赔偿的民事责任是对受侵害业主的责任，不具惩罚性，一般只有补偿性，目的是使业主的利益恢复到侵害未发生之前的状态。所以，行政责任的承担不影响民事责任，反之亦然。

三、拒不移交资料的行政责任

> **第五十八条**　违反本条例的规定，不移交有关资料的，由县级以上地方人民政府房地产行政主管部门责令限期改正；逾期仍不移交有关资料的，对建设单位、物业服务企业予以通报，处 1 万元以上 10 万元以下的罚款。

本条明确了拒不移交资料的行政责任。

建设单位、物业服务企业、业主之间由于物业管理问题发生纠纷，更换物业管理主体时，常常出现掌握资料的一方拒不移交资料的情况。由于这些资料是开展物业管

理、对物业进行维修养护所必需的，如果掌握资料的一方拒不移交，将会给对方工作造成许多障碍，所以，本条特别规定了拒不移交的行政责任。

（一）行政责任的构成要件

拒不移交资料的行政责任构成要件如图1-34所示。

要件一　主体

为负有资料移交义务的建设单位、物业服务企业以及业主委员会

要件二　有关主体违反规定，拒不移交有关资料

《条例》第二十九条、第三十七条、第三十九条规定：
（1）业主委员会在物业服务企业承接物业时，拒不向物业服务企业移交竣工总平面图，单体建筑、结构、设备竣工图，配套设施、地下管网工程竣工图验收资料
（2）物业服务企业在物业服务合同终止时，拒不向业主委员会移交竣工总平面图，单体建筑、结构、设备竣工图，配套设施、地下管网工程竣工图验收资料
（3）建设单位在办理物业承接验收手续时，拒不向物业服务企业移交竣工总平面图，单体建筑、结构、设备竣工图，配套设施、地下管网工程竣工图验收资料；设施设备的安装、使用和维护保养等技术资料；物业质量保修文件和物业使用说明文件；物业管理所必需的其他资料

图1-34　拒不移交资料的行政责任构成要件

（二）行政处罚措施

拒不移交资料的行政处罚措施主要有三种，如图1-35所示。

责令限期改正：在规定的期限内，将资料移交。此措施适用于所有的义务主体，即业主委员会、物业服务企业、建设单位

通报：在规定的时间内，负有资料移交义务的建筑单位、物业服务企业仍然拒不移交的，给予其通报批评。这是对违反义务人声誉的谴责

罚款：对在规定的时间内，仍然拒不移交资料的建筑单位、物业服务企业，给予通报批评的同时，处以1万元以下10万元以上的罚款

图1-35　拒不移交资料的行政处罚措施

> **提醒您**
>
> 通报和罚款不适用于业主委员会。即使《条例》第三十七条规定，业主委员会应当向承接物业的物业服务企业移交第二十九条第一款规定的竣工总平面图，单体建筑、结构、设备竣工图，配套设施、地下管网工程竣工图验收资料。但是，如果业主委员会在签订物业服务合同后反悔，因而拒不移交资料，物业服务企业也只能依照民法的规定追究业主委员会的合同责任。因为，业主委员会代表的是物业消费者的利益，其是法规予以保护的弱者，所以，没有理由追究其行政责任，否则就与《条例》的立法目的背道而驰，这也是对业主权利的粗暴保护。

（三）行政处罚措施的决定机关

上述行政处罚措施仍然由物业所在地的县级以上人民政府房地产行政主管部门作出。

四、物业服务企业违反委托管理限制的法律责任

> **第五十九条** 违反本条例的规定，物业服务企业将一个物业管理区域内的全部物业管理一并委托给他人的，由县级以上地方人民政府房地产行政主管部门责令限期改正，处委托合同价款30%以上50%以下的罚款。委托所得收益，用于物业管理区域内物业共用部位、共用设施设备的维修养护，剩余部分按照业主大会的决定使用；给业主造成损失的，依法承担赔偿责任。

本条明确物业服务企业违反委托管理限制的法律责任。

（一）物业服务企业承担法律责任的行为

物业服务企业在物业管理社会化的情形下起着至关重要的作用。在确定法律责任时，首先需要考虑谁是法律责任的承担主体。在某些条件下，不应由物业服务企业，而是由其他主体承担物业管理中所发生的法律责任。

物业服务企业承担的法律责任包含民事法律责任、行政法律责任与刑事法律责任。物业管理主管部门会同其他有关主管部门依照各自的职责对实施行政违法行为的物业服务企业进行行政处罚。建设部《城市新建住宅小区管理办法》第十五条规定："物业服务企业违反本办法规定，有下列行为之一的，房地产产权人和使用人有权投诉；管委会有权制止，并要求其限期改正；房地产行政主管部门可对其予以警告、责令限期改正、赔偿损失，并可处以罚款：（1）房屋及公用设施设备修缮不及时的；（2）管理制度不健全，管理混乱的；（3）擅自扩大收费范围，提高收费标准的；（4）私搭乱建，改变房地产和公用设施用途的；（5）不履行物业服务合同及管理办法规定义务的。"

物业服务企业承担行政法律责任的主要行为如表1-10所示。

表 1-10　物业服务企业承担行政法律责任的主要行为

序号	项目	说明
1	非法经营行为	指不具备物业管理资质和能力的企业，以物业服务企业的名义违法从事物业经营活动
2	擅自作为行为	指物业服务企业在实施物业管理过程中，违反物业管理法规的禁止规定或者物业委托管理服务合同中的禁止规定，而擅自作出的违禁行为
3	不正当竞争行为	指物业服务企业在市场交易中违反公平竞争的法律规定和公认的商业准则，采用不正当的手段损害其他经营者的合法权益，扰乱社会经济秩序的行为
4	损害消费者合法权益的行为	指物业服务企业在向消费者提供服务时，违反《消费者权益保护法》关于经营者义务的规定，而作出的损害消费者合法权益的行为
5	不履行或不忠实履行管理义务的行为	指物业服务企业不履行物业管理委托合同规定的义务，或者不忠实履行管理义务，导致物业管理制度不健全、管理混乱、修缮养护不善的行为
6	其他	其他违反行政管理法规的行为

（二）处罚措施

物业服务企业将一个物业管理区域内的全部物业管理一并委托给他人，属于擅自作为行为，有如下处罚措施。

（1）县级以上房地产主管部门责令限期改正。

（2）罚款。

（3）委托所得收益用于公共维修与养护。

（4）赔偿业主损失等。

五、挪用专项维修资金的法律责任

> **第六十条** 违反本条例的规定，挪用专项维修资金的，由县级以上地方人民政府房地产行政主管部门追回挪用的专项维修资金，给予警告，没收违法所得，可以并处挪用数额2倍以下的罚款；构成犯罪的，依法追究直接负责的主管人员和其他直接责任人员的刑事责任。

本条明确了挪用专项维修资金的法律责任。

（一）物业管理法律责任的特征

物业管理法律责任，有广义和狭义之分。广义的物业管理法律责任，是指一般法律关系主体因自己的行为违反物业管理法律规范确定的义务及物业管理服务合同规定的义务，或者不当行使自己权利，或者某种法律事实出现，而承担的法律上的不利后果。狭义的物业管理法律责任，是指物业管理法律关系的主体对自己违反物业管理法规的行为所承担的具有国家强制性的法律上的不利后果。本条是指狭义的概念。

物业管理法律责任不同于一般的法律责任，它具有图 1-36 所示的特征。

特征一　法定责任与约定责任结合

> 物业管理活动因业主与物业服务企业的委托合同而发生。约定责任即违约责任，是指合同当事人因违反合同义务所承担的民事责任。合同一旦生效，即在当事人之间产生法律约束力，当事人应依合同约定严格、全面地履行合同义务，任何一方当事人违反合同义务均应承担违约责任，违约责任是违反合同所定责任的后果。因此，物业管理中发生的法律责任，除依相关法律确定外，还要以合同为根据。

特征二　法律责任具有复合性

> 物业管理活动涉及的法律责任种类繁多，普遍存在民事责任、行政责任和刑事责任合并的情形，即存在"法律责任复合"的现象。法律责任的复合性决定了在确定物业管理法律责任时，要周全考虑相关法律、法规对某一行为从不同角度所设定的责任，这使不少违反物业管理法规的行为人要依法承担多种责任。

图 1-36　物业管理法律责任的特征

挪用专项维修资金的法律责任，体现了法定责任与违约责任相结合的特点，因为：

（1）它违反了《条例》第三十五条物业服务合同中关于专项维修资金管理与使用的规定，行为当事人，无论是法人还是自然人，均应承担违约责任。

（2）它违反了《条例》第五十四条第二款关于"专项维修资金属业主所有，专用于物业保修期满后物业共用部位、共用设施设备的维修和更新、改造，不得挪作他用"的规定。

挪用专项维修资金的行为不仅违反了《条例》的规定，也违反了物业服务合同的规定，因此应受到处罚。

（二）行政法律责任

挪用专项维修资金的行为，首先涉及行政法律责任。

1. 行政法律责任的类别

行政法律责任是指行政主体或行政相对人因其行为违反行政法律、法规而依法必须承担的法律后果。行政法律责任分为图 1-37 所示的两类。

图 1-37　行政法律责任的类别

2. 行政责任的构成要件

通常，挪用专项维修资金的行政责任必须具备图1-38所示的要件。

要件一	行政责任发生的前提条件是存在行政违法或不当行为
要件二	行政责任的主体是行政机关或者法律、法规授权的组织及其工作人员
要件三	行政责任是法律规范所确认的责任
要件四	行政违法或不当行为必须发生在实施行政职权的过程中。行政法律责任的承担方式一般包含行政处罚、行政处分等

图 1-38　挪用专项维修资金的行政责任的构成要件

3. 行政处罚方式

依据我国《行政处罚法》第二条的规定，行政处罚的种类包括：

（1）警告。

（2）罚款。

（3）没收违法所得。

（4）没收非法财物。

（5）责令停产停业。

（6）暂扣或吊销许可证，暂扣或者吊销执照。

（7）行政拘留。

（8）法律、行政法规规定的其他行政处罚。

挪用专项维修资金的，由县级以上地方人民政府房地产行政主管部门追回挪用的专项维修资金，给予警告，没收违法所得，可以并处挪用数额2倍以下的罚款。

（三）刑事法律责任

挪用专项维修资金的行为，还涉及刑事法律责任。

1.何谓刑事责任

刑事责任是指行为人（包括自然人和法人）的违法行为已构成触犯刑事法律的犯罪，而依法必须承担的刑法上的不利法律后果。它是制裁最为严厉的法律责任。

2.承担刑事责任的方式

承担刑事责任的方式是刑事处罚，即刑罚。刑罚是国家审判机关根据《中华人民共和国刑法》（以下简称《刑法》），对犯罪分子所采用的限制或者剥夺其某种权益的强制性制裁措施。刑罚通常分为两类：

（1）主刑，包括管制、拘役、有期徒刑、无期徒刑和死刑。

（2）附加刑，包括罚金、没收财产和剥夺政治权利。

> **提醒您**
>
> 另外还存在非刑罚方式，包括赔偿经济损失或赔偿损失、接受训诫、具结悔过、赔礼道歉。存在不可抗力、正当防卫、紧急避险、职务行为等抗辩事由，刑事责任可以免除。

六、建设单位未配置物业管理用房的法律责任

> **第六十一条** 违反本条例的规定，建设单位在物业管理区域内不按照规定配置必要的物业管理用房的，县级以上地方人民政府房地产行政主管部门责令限期改正，应给予警告，没收违法所得，并处10万元以上50万元以下的罚款。

本条主要明确了建设单位未按规定配置物业管理用房的法律责任。

物业管理必须与开发建设联系起来，才能更好地完善物业服务。为此《条例》要求开发商履行一定的义务，否则应承担相应的法律责任。

物业管理法律责任的意义在于约定责任的设定和法定责任的规定，人们应严格履行其应尽的义务，从而达到当事人约定的目的及法律规定的目的。在物业管理法律关系各主体中，建设单位的法律责任相对简单，同样有民事法律责任、行政法律责任、刑事法律责任等几种形式，但主要以前两种形式为主，且这两种形式常常发生重合，即建设单位有时会向不同的主体分别承担民事责任和行政责任。

（一）建设单位承担法律责任的行为

建设单位承担法律责任的行为主要有图1-39所示的几种。

建设单位在物业管理区域内不按照规定配置必要的物业管理用房的，属于建设单

第一章 《物业管理条例》解读

行为一	未履行法定的前期物业管理义务，指开发建设单位作为新建房的出售单位以及公有住宅出售前的管理单位，违反物业管理法规关于前期物业管理的规定，不履行或不完全履行自己在物业管理方面的义务
行为二	不履行物业维修专用资金代收代存法定义务的行为，主要指新建房出售单位在销售时，未按规定向购房者收取法定的物业维修专用资金，或者代收后不按规定及时交存指定的银行专用账户。此外，公有住房出售单位也可能作出不履行设立物业维修资金法定义务的行为
行为三	不履行物业移交法定义务的行为，指房屋出售单位在向物业服务企业、业主委员会移交物业时，未按规定移交有关物业的工程建设资料和成本价物业管理用房、微利价部分商业用房的行为
行为四	不向业主委员会提供住宅小区物业管理用房和经营用房等
行为五	其他违法行为，如擅自将住宅小区物业管理项目发包出去的，合同无效，并由物业管理主管部门给予处罚，给业主造成损失的，应当承担赔偿责任；物业出售率达到法定比例或者物业开始出售已达法定年限，不主持或协助物业管理主管部门召开业主大会的，由物业主管部门给予行政处罚，责令其主持召开或协助召开

图1-39 建设单位承担法律责任的行为

位的擅自作为行为。所谓擅自作为行为，是指建设单位在实施物业管理过程中，违反物业管理法规的禁止规定或者违反物业委托管理服务合同中的禁止规定，而擅自作出的违禁行为。

（二）行政处罚的方式

建设单位的这种擅自作为行为应受到县级以上地方人民政府房地产主管部门作出的图1-40所示的行政处罚。

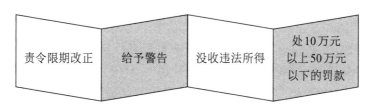

图1-40 建设单位未配置物业管理用房的法律责任

七、物业服务企业擅自改变物业管理用房用途的法律责任

> **第六十二条** 违反本条例的规定，未经业主大会同意，物业服务企业擅自改变物业管理用房的用途的，应由县级以上地方人民政府房地产行政主管部门责令限期改正，给予警告，并处1万元以上10万元以下的罚款；有收益的，所得收益用于物业管理区域内物业共用部位、共用设施设备的维修养护，剩余部分按照业主大会的决定使用。

本条明确了物业服务企业擅自改变物业管理用房用途的法律责任。

未经业主大会同意，物业服务企业擅自改变物业管理用房用途的行为，侵犯了业主的所有权，属于行政违法行为，理应受到县级以上地方人民政府房地产主管部门作出的图1-41所示的行政处罚。

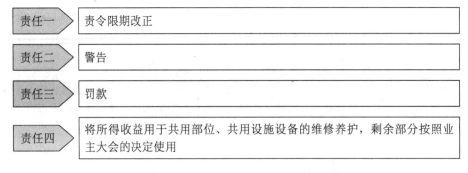

图1-41 物业服务企业擅自改变物业管理用房用途的法律责任

八、业主、物业服务企业擅自作为的法律责任

> **第六十三条** 违反本条例的规定，有下列行为之一的，由县级以上地方人民政府房地产行政主管部门责令限期改正，给予警告，并按照本条第二款的规定处以罚款；所得收益，用于物业管理区域内物业共用部位、共用设施设备的维修养护，剩余部分按照业主大会的决定使用：
> （一）擅自改变物业管理区域内按照规划建设的公共建筑和共用设施用途的。
> （二）擅自占用、挖掘物业管理区域内道路、场地，损害业主共同利益的。
> （三）擅自利用物业共用部位、共用设施设备进行经营的。
> 个人有前款规定行为之一的，处1000元以上1万元以下的罚款；单位有前款规定行为之一的，处5万元以上20万元以下的罚款。

本条是关于业主、物业服务企业擅自作为的法律责任。

（一）法律责任的一般构成

法律责任的一般构成，指在一般情况下，构成法律责任所具备的条件。它通常包含四个要件，如图1-42所示。

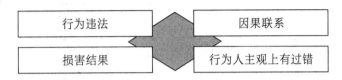

图1-42　法律责任的一般构成要件

物业管理活动中，民事侵权行为、行政违法行为和刑事违法行为大多是采取过错责任的归责原则。在确定物业管理法律责任时，除上述四个条件外，通常还应考虑行为人的责任能力问题。所谓责任能力，是指一个人能够辨认和控制自己行为的能力。无民事行为能力和限制民事行为能力的自然人通常不具有或不完全具有责任能力，因而对自己所实施的违法行为不负责任或不负完全责任，但其行为引发的民事损害赔偿责任依法应由其法定监护人承担。

（二）业主、物业服务企业擅自作为的表现

（1）擅自改变物业管理区域内按照规划建设的公共建筑和共用设施用途的。
（2）擅自占用、挖掘物业管理区域内道路、场地，损害业主共同利益的。
（3）擅自利用物业共用部位、共用设施设备进行经营的。

（三）业主、物业服务企业擅自作为的处罚

业主、物业服务企业擅自作为，其主观上有过错，行为违法，损害了公共利益，且违法行为与损害结果之间存在因果关系，因而，应由县级以上地方人民政府房地产主管部门给予图1-43所示的处罚。

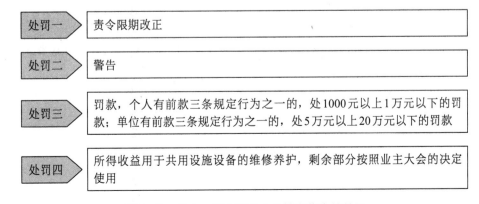

图1-43　业主、物业服务企业擅自作为的处罚

九、业主逾期不交纳物业服务费用的民事法律责任

> **第六十四条** 违反物业服务合同约定,业主逾期不交纳物业服务费用的,业主委员会应当督促其限期交纳;逾期仍不交纳的,物业服务企业可以向人民法院起诉。

本条明确了业主逾期不交纳物业服务费用的民事法律责任。

业主在物业管理法律关系中处于核心地位,一切物业管理活动都是围绕着业主及其利益开展的。同样,业主在物业管理中也承担着大量的义务,违反这些义务必然承担法律责任。

(一)业主承担的法律责任

业主承担的法律责任主要体现在表 1-11 所示的几方面。

表 1-11 业主承担的法律责任

序号	违法行为	法律责任
1	(1)未经物业管理部门批准,改变住宅小区内房屋用途、外观 (2)在建筑物和住宅小区共用部分违章堆物、搭建,占用共用场地、公用设施 (3)损毁住宅小区的共用设施及设备 (4)饲养动物造成他人损害 (5)在行人通行处放置障碍物,或移动指示标志,影响通行安全 (6)在有易燃易爆物品的地方,违反禁令,吸烟、使用明火 (7)有重大火灾隐患,经通知仍不改正 (8)指使或者强令他人违反消防安全规定,冒险作业 (9)在发生消防事故时,阻碍消防车、消防艇通行,或者扰乱火灾现场秩序,不听从火场指挥员指挥,影响灭火救灾 (10)当众喧闹、鸣喇叭,或以其他方式发出超过规定标准的噪声 (11)挪用共用场地中沟井坎穴的覆盖物、标点、防围,或者故意移动覆盖物、标点、防围 (12)在室外零挂物品,可能掉下砸伤楼下人员	(1)由业主委员会和物业服务企业予以制止、批评教育、责令限期改正 (2)依法律、管理规约和共用部分使用规则、违章处罚规则等物业管理自治规则提请有关部门处理 (3)如果造成损失,违法业主应当赔偿

续表

序号	违法行为	法律责任
1	（13）私拉电线、私设管道、乱挖土壤危及地下管线光缆的安全，从事法律、管理规约和其他物业管理自治规则所禁止的活动	（1）由业主委员会和物业服务企业予以制止、批评教育、责令限期改正 （2）依法律、管理规约和共用部分使用规则、违章处罚规则等物业管理自治规则提请有关部门处理 （3）如果造成损失，违法业主应当赔偿
2	业主在进行家庭居室装修时有违法行为的	
3	拒绝交纳各种物业管理费用的	（1）业主委员会和物业服务企业有权要求其限期交纳，并按规定收取滞纳金 （2）逾期仍不交纳的，物业服务企业可按小区管理规约和其他物业管理自治规则催收，直至提起诉讼
4	业主在房屋可能危及毗邻房屋和公共安全、小区观瞻时，不及时修缮	（1）由业主委员会和物业服务企业批评教育，并责令限期改正，消除危险 （2）如果业主拒不修缮，业主委员会和物业服务企业可以进行修缮，所发生的费用由业主承担 （3）对于已经造成的损失，违法业主应当赔偿
5	异产毗连房屋（即区分所有的建筑物）经房屋安全鉴定机构鉴定为危险房屋的，房屋共有人不按有关规定及时治理	建设部《城市异产毗连房屋管理规定》第十五条明确规定，房屋共有人对危险房屋有治理义务。各地的异产毗连房屋管理立法中也有相应的规定

（二）司法救济

（1）对业主民事法律责任的追究，如果经采取以上措施仍不能达到目的时，可以通过司法救济，由司法机关作出裁决并强制执行。对于造成他人损害的，可以提起损害赔偿诉讼。

（2）对于拒不交纳各物业管理费用的业主，业主委员会或物业服务企业可以向法院申请支付令或者提起诉讼。一般来讲，这种追缴物业管理费用的事实问题和法律问题较为简单，法院可以采用简易程序。

> **提醒您**
>
> 　　如果业主欠交住宅小区的各类公共性费用，应当以物业管理自治组织为原告提起诉讼；如果业主欠交由物业服务企业代收的费用，则物业服务企业可以受托派员工作为物业管理自治组织的诉讼代理人；如果业主欠交物业服务企业所提供专门服务的物业管理费用，则应当由物业服务企业作为原告提起诉讼。

十、业主以业主大会或者业主委员会的名义从事违法活动的刑事责任和行政责任

> **第六十五条** 业主以业主大会或者业主委员会的名义，从事违反法律、法规的活动，构成犯罪的，依法追究刑事责任；尚不构成犯罪的，依法给予治安管理处罚。

本条明确了业主以业主大会或者业主委员会的名义从事违法活动的刑事责任和行政责任。

（一）业主可能触犯的刑法

如果业主的违法行为性质严重，构成了犯罪，应当追究刑事责任。依据我国《刑法》的规定，业主可能触犯的刑法罪名有许多，如表1-12所示。

表1-12　业主可能触犯的刑法罪名

序号	刑法罪名	法律责任
1	放火罪、决水罪、爆炸罪、投放危险物质罪、以其他危险方法危害公共安全罪	《刑法》第一百一十四条规定："放火、决水、爆炸以及投放毒害性、放射性、传染病病原体等物质或者以其他危险方法危害公共安全，尚未造成严重后果的，处三年以上十年以下有期徒刑。"第一百一十五条规定："放火、决水、爆炸以及投放毒害性、放射性、传染病病原体等物质或者以其他危险方法致人重伤、死亡或者使公私财产遭受重大损失的，处十年以上有期徒刑、无期徒刑或者死刑。过失犯前款罪的，处三年以上七年以下有期徒刑；情节较轻的，处三年以下有期徒刑或者拘役"
2	破坏电力设备罪、破坏易燃易爆设备罪、破坏交通工具罪、破坏交通设施罪	《刑法》第一百一十八条规定："破坏电力、燃气或者其他易燃易爆设备，危害公共安全，尚未造成严重后果的，处三年以上十年以下有期徒刑。"第一百一十九条规定："破坏交通工具、交通设施、电力设备、燃气设备、易燃易爆设备，造成严重后果的，处十年以上有期徒刑、无期徒刑或者死刑。过失犯前款罪的，处三年以上七年以下有期徒刑；情节较轻的，处三年以下有期徒刑或者拘役"
3	非法携带枪支、弹药、管制刀具、危险物品危及公共安全罪	《刑法》第一百三十条规定："非法携带枪支、弹药、管制刀具或者爆炸性、易燃性、放射性、毒害性、腐蚀性物品，进入公共场所或者公共交通工具，危及公共安全，情节严重的，处三年以下有期徒刑、拘役或者管制"
4	消防责任事故罪	《刑法》第一百三十九条规定："违反消防管理法规，经消防监督机构通知采取改正措施而拒绝执行，造成严重后果的，对直接责任人员，处三年以下有期徒刑或者拘役

续表

序号	刑法罪名	法律责任
5	聚众扰乱公共场所秩序罪	《刑法》第二百九十一条规定:"聚众扰乱……公共场所秩序,聚众堵塞交通或者破坏交通秩序,抗拒、阻碍国家治安管理工作人员依法执行职务,情节严重的,对首要分子,处五年以下有期徒刑、拘役或者管制"
6	故意毁坏财物罪	《刑法》第二百七十五条规定:"故意毁坏公私财物,数额较大或者有其他严重情节的,处三年以下有期徒刑、拘役或者罚金;数额巨大或者有其他特别严重情节的,处三年以上七年以下有期徒刑"
7	妨害公务罪	《刑法》第二百七十七条第一款规定:"以暴力、威胁方法阻碍国家机关工作人员依法执行职务的,处三年以下有期徒刑、拘役、管制或者罚金"
8	重大环境污染事故罪	《刑法》第三百三十八条规定:"违反国家规定,排放、倾倒或者处置有放射性的废物、含传染病病原体的废物、有毒物质或者其他有害物质,严重污染环境的,处三年以下有期徒刑或者拘役,并处或者单处罚金;情节严重的,处三年以上七年以下有期徒刑,并处罚金"

(二)违法情节较为严重,但尚不构成犯罪的措施

(1)如果业主的违法情节较为严重,但尚不构成犯罪,物业自治管理组织可以向物业管理主管部门或其他主管部门反映,如城建监察、城市绿化、环境保护、交通、治安、供水、供电、供气等部门,由各主管部门进行查处。各主管部门自己发现业主有违法行为的,也可以主动查处,按照相关行政法律、法规或规章的规定给予违法业主行政处罚。

(2)如果业主拒绝、妨碍国家工作人员依法执行职务,但未使用暴力、威胁方法的,按照《治安管理处罚条例》第十九条规定,处15日以下拘留、200元以下罚款或者警告。

业主如果发生图1-44所示的行政违法行为,需承担行政法律责任。

图1-44 业主需承担行政法律责任的行政违法行为

十一、物业管理主管部门收受他人财物或其他好处的刑事和行政法律责任

> **第六十六条** 违反本条例的规定，国务院建设行政主管部门、县级以上地方人民政府房地产行政主管部门或者其他有关行政管理部门的工作人员利用职务上的便利，收受他人财物或者其他好处，不依法履行监督管理职责，或者发现违法行为不予查处，构成犯罪的，依法追究刑事责任；尚不构成犯罪的，依法给予行政处分。

本条明确了物业管理主管部门工作人员收受他人财物或其他好处的刑事和行政法律责任。

（一）刑事法律责任

国务院建设行政主管部门、县级以上地方人民政府房地产行政主管部门或者其他有关行政管理部门的工作人员利用职务上的便利，收受他人财物或者其他好处，不依法履行监督管理职责，或者发现违法行为不予查处的行为，构成了《刑法》第九章渎职罪中的滥用职权罪或者玩忽职守罪。

1. 滥用职权罪

滥用职权罪是指国家机关工作人员滥用职权，致使公共财产、国家和人民利益遭受重大损失。滥用职权罪的基本构成要素如图1-45所示。

> **提醒您**
>
> 致使公共财产和人民利益遭受重大损失，是指因滥用职权而造成以下危害结果之一。
> （1）死亡1人以上，或者重伤3人以上，或者轻伤10人以上的。
> （2）直接经济损失10万元以上的。
> （3）造成直接经济损失、人员伤亡虽不足规定的数额或者数量标准，但是有其他严重情节的，也应当追究刑事责任。

2. 玩忽职守罪

玩忽职守罪是指国家机关工作人员严重不负责任，不履行或者不正确履行职责，通常表现为放弃、懈怠职责，或者在工作中敷衍塞责、马虎草率，不认真做好本职工作。其导致的公共财产和人民利益遭受重大损失，与滥用职权罪的界定相同。玩忽职守罪的基本构成如图1-46所示。

```
要素一  →  主体为国家机关工作人员

要素二  →  客体是公共职责的公正性、勤勉性和国家机关的正常职能活动

要素三  →  主观方面表现为过失，即行为人应当预见自己滥用职权的行为可能致使公共财产、国家和人民利益遭受重大损失，或者已经预见而轻信能够避免这种重大损失的发生。行为人滥用职权的行为往往是故意的，但对于损害结果，则是过失的

要素四  →  客观方面表现为滥用职权致使公共财产和人民利益遭受重大损失的行为。所谓滥用职权，是指超越职权的范围或者违背法律授权的宗旨执行程序，行使职权，通常表现为擅自处理、决定其无权处理、决定的事项；或者自以为是、蛮横无理、随心所欲地作出处理决定
```

图 1-45　滥用职权罪的基本构成要素

```
构成一  →  主体为国家机关工作人员

构成二  →  客体是公共职责的公正性、勤勉性和国家机关的正常职能活动

构成三  →  主观方面表现为过失，即行为人应当预见自己玩忽职守的行为可能致使公共财产、国家和人民利益遭受重大损失，或者已经预见而轻信能够避免这种重大损失的发生

构成四  →  客观方面表现为玩忽职守，致使公共财产和人民利益遭受重大损失的行为
```

图 1-46　玩忽职守罪的基本构成

3.刑事法律责任的处罚

依据我国《刑法》第三百九十七条规定："国家机关工作人员滥用职权或者玩忽职守，致使公共财产、国家和人民利益遭受重大损失的，处三年以下有期徒刑或者拘役；情节特别严重的，处三年以上七年以下有期徒刑。本法另有规定的，依照规定。国家机关工作人员徇私舞弊，犯前款罪的，处五年以下有期徒刑或者拘役；情节特别严重的，处五年以上十年以下有期徒刑。本法另有规定的，依照规定。"

（二）行政法律责任

1.行政法律责任

行政法律责任见图1-47。

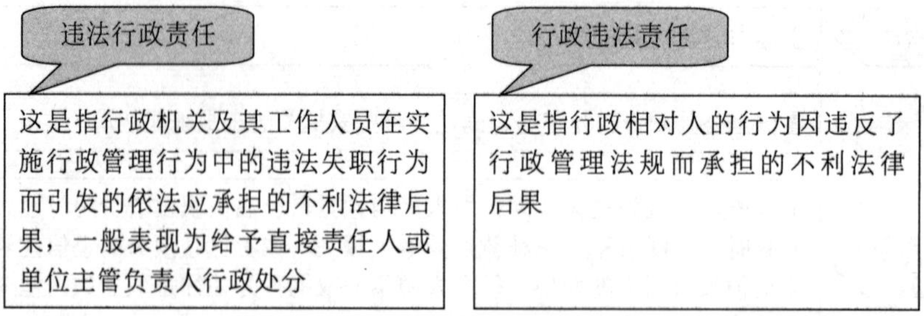

违法行政责任

这是指行政机关及其工作人员在实施行政管理行为中的违法失职行为而引发的依法应承担的不利法律后果,一般表现为给予直接责任人或单位主管负责人行政处分

行政违法责任

这是指行政相对人的行为因违反了行政管理法规而承担的不利法律后果

图 1-47　行政法律责任的类别

2. 行政处分

行政处分,指国家机关、企事业单位按照国家法律、法规或国家机关、企事业单位规章制度的规定,根据行政隶属关系,对其所属人员的轻微违法行为或违反法律行为作出的一种内部制裁,主要包括警告、记过、降级、降薪、撤职、留用察看、开除等。

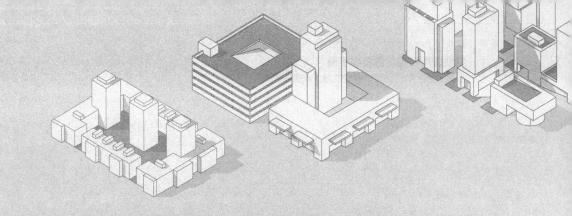

第二章
Chapter two

《中华人民共和国民法典》中与物业管理有关的法条解读

* * * * *

2020年5月28日,十三届全国人大三次会议表决通过了《中华人民共和国民法典》(以下简称《民法典》),这部法律自2021年1月1日起施行,是新中国历史上第一部法典化的法律。

《民法典》对物业行业的影响：

(1)《民法典》颁布后,物业相关的法律、法规更加完善、系统,业主的权利意识增强。

(2)《民法典》颁布后,政府有关部门在物业领域的职责更加明确。

(3)《民法典》颁布后,利用公共部位开展多种经营业务需经全体业主表决,物业服务企业开展多种经营服务的难度增大。

(4)《民法典》颁布后,小区表决增加了业主参与度,可能导致小区重要事项的通过难度增大。

(5)《民法典》颁布后,物业服务收支项目公开,包干制、酬金制计费方式差异变小。

(6)《民法典》明确了业主对物业管理服务合同的任意解除权,更换物业服务企业变得更容易。

对物业服务行业而言,新通过的《民法典》中有两章内容对其具有较大影响,分别为物权编第六章"业主的建筑物区分所有权"及合同编第二十四章"物业服务合同"。《民法典》较现行法律规范有许多新的变化,在《民法典》时代下,物业服务领域将迎来新实践、新变化。本章主要就与物业服务密切相关的业主的建筑物区分所有权、物业服务合同、建筑物和物件损害责任作出解读。

* * * * *

第一节　业主的建筑物区分所有权

业主的建筑物区分所有权的相关内容已在原《中华人民共和国物权法》(以下简称《物权法》,已废止)、《物业管理条例》(2018年修正)、《住宅专项维修资金管理办法》《最高人民法院关于审理建筑物区分所有权纠纷案件具体应用法律若干问题的解释》(以下简称《建筑物区分所有权解释》)等法律文件中作出规定。而《民法典》对上述民事单行法律、法规及司法解释中涉及业主的建筑物区分所有权部分内容进行了调整,并统一列在物权编第六章"业主的建筑物区分所有权"中。

一、建筑物区分所有权是什么

建筑物区分所有权是指根据使用功能，将一栋建筑物在结构上区分为由各个所有人独自使用的专用部分和由多个所有人共同使用的共用部分，每个所有人均享有对其专有部分的专有权与对共用部分的共有权。同一栋建筑物上存在多个所有权，主要是现代社会大量高层或多层楼房的出现而产生的。改革开放以来，我国住房制度改革，大量商品房出现，在城市形成了很多住宅小区，业主的建筑物区分所有权已经成为私人不动产物权中的重要内容。

（一）建筑物区分所有权的共有部分

建筑物区分所有权的共有部分是指由区分所有权人共用，属于区分所有权人共有的部分，包括共用部分和共用设施设备。共用部分是指楼板、屋面、梁、柱、内外墙体、基础等承重结构和楼梯间、水箱间、走廊、门厅、楼内存车库、院落、共用厨房、共用厕所等。

（二）业主共有部分之外的专有部分

建筑区划内符合下列条件的房屋以及车位、摊位等特定空间，应当认定为专有部分。

（1）具有构造上的独立性，能够明确区分。

（2）具有利用上的独立性，可以排他使用。

（3）能够登记为特定业主所有权的客体。

规划上专属于特定房屋，且建设单位销售时已经根据规划列入该特定房屋买卖合同中的露台等，应当认定为本章所称专有部分的组成部分。

二、建筑物区分所有权的构成

> **第二百七十一条 【建筑物区分所有权】** 业主对建筑物内的住宅、经营性用房等专有部分享有所有权，对专有部分以外的共有部分享有共有和共同管理的权利。

该条款不仅阐释了建筑物区分所有权的概念，而且明确了建筑物区分所有权的构成内容。建筑物区分所有权分别由所有权、共有权、管理权三项权利构成。

（一）对专有部分的所有权

即业主对建筑物内属于自己所有的住宅、经营性用房等专有部门可以直接占有、使用，实现居住或者经营的目的；也可以依法出租、出借、获取收益和增进与他人的感情；还可以用来抵押贷款或出售给他人。

（二）对建筑区划内的共有部分享有共有权

即在法律对所有权未作出特殊规定的情形下，每个业主对专有部分以外的走廊、楼梯、过道、电梯、外墙面、水箱、水电气管线等共有部分，以及小区内道路、绿地、公用设施、物业管理用房和其他公共场所等共有部分，享有占有、使用、收益、处分的权利；对建筑区划内用于停放汽车的车位、车库有优先购买的权利。

（三）对共有部分享有共同管理的权利

即业主有权就共用部位与公共设备设施的使用、收益、维护等事项通过参加和组织业主大会的形式进行管理。

三、业主对建筑物专有部分享有的权利

> 第二百七十二条 【业主对专有部分的权利和义务】业主对其建筑物专有部分享有占有、使用、收益和处分的权利。业主行使权利不得危及建筑物的安全，不得损害其他业主的合法权益。

业主的专有部分是建筑物的重要组成部分，与共有部分不可分离，例如，没有电梯、楼道、走廊，业主不可能出入自己的居室、经营性用房等专有部分；没有水箱、水电等管线，业主无法使用自己的居室、经营性用房等专有部分。因此，建筑物的专有部分与共有部分具有一体性、不可分离性，业主对专有部分行使所有权应受到一定的限制，即业主行使专有部分所有权时，不得危及建筑物的安全，不得损害其他业主的合法权益。

例如，业主对专有部分装修时，不得拆除房屋内的承重墙，不得在专有部分内储藏、存放易燃易爆等危险物品，以免危及整个建筑物的安全，损害其他业主的合法权益。

四、业主对共有部分的权利和义务

> 第二百七十三条 【业主对共有部分的权利和义务】业主对建筑物专有部分以外的共有部分，享有权利，承担义务，不得以放弃权利为由不履行义务。
> 业主转让建筑物内的住宅、经营性用房，其对共有部分享有的共有和共同管理的权利一并转让。

（一）建筑物区分所有权的分类

建筑物区分所有权之下存在法定共有部分、天然共有部分、约定共有部分。

（1）法定共有部分，即法律、行政法规明文规定属于业主共有的部分。

（2）天然共有部分，即法律没有明文规定，当事人合同中也没有约定，但其属性属于天然共有的部分。

（3）约定共有部分，除法定共有部分、天然共有部分外的部分。

（二）业主对共有部分享有权利并承担义务

业主对专有部分以外的共有部分享有权利、承担义务，包括两部分内容：

（1）业主对共有部分享有共有权。

（2）业主对共有部分享有共同管理的权利。

业主不得以放弃权利为由不履行义务，也不得以其未实际使用为由拒绝支付费用。

（三）三权不可分开

业主的建筑物所有权是一个集合权，包括对专有部分享有的所有权、对建筑区划内共有部分享有的共有权和共同管理的权利，这三种权利不可分离，所有权占主导地位，是共有权和管理权的基础。

> **提醒您**
>
> 三项权利是统一的、整体的权利，具体体现在两个方面：
>
> （1）业主对专有部分的专有权进行转让，则业主共有部分的共有权和管理权也一并转让。
>
> （2）业主只要对专有部分的专有权进行了登记，则共有权和管理权也随之产生。"只登记专有权即设立了区分所有权"，这表明专有权在建筑物区分所有权的三项权利中具有主导性。

五、建筑区划内道路、绿地等的权属

> **第二百七十四条** 建筑区划内的道路，属于业主共有，但是属于城镇公共道路的除外。建筑区划内的绿地，属于业主共有，但是属于城镇公共绿地或者明示属于个人的除外。建筑区划内的其他公共场所、公用设施和物业服务用房，属于业主共有。

建筑区划内道路、绿地、其他公共场所、公用设施和物业服务用房的权属如表2-1所示。

表 2-1　建筑区划内道路、绿地等的权属

序号	项目	权利归属区区分
1	道路	建筑区划内的道路属于业主共有，但属于城镇公共道路的除外。只要小区中的道路不是城镇公共道路，都属于业主共有
2	绿地	（1）小区的绿地属于全体业主共有 （2）城镇公共绿地属于国家，不能归属于全体业主或者个别业主 （3）以下两项绿地明示属于个人： ①联排别墅屋前屋后的绿地，明示属于个人的，归个人所有或者专有使用 ②独栋别墅院内的绿地，明示属于个人的，归个人所有或者专有使用 （4）普通住宅一层窗前绿地的权属，如果在规划中就确定一层窗前绿地属于一层业主，并且对土地使用权和绿地所有权的权属进行了明确约定，业主交纳了必要费用且不存在侵害全体业主共有权的行为，可以确认窗前绿地属于个人，不属于共有部分
3	其他公共场所	其他公共场所属于确定的共有部分，不得归开发商所有。会所以外的，全体业主使用的广场、舞厅、图书室、棋牌室等，属于其他公共场所。而园林属于绿地，走廊、门庭、大堂等属于建筑物的构成部分，本来就是共有部分，不会出现争议，不必专门规定
4	公用设施	公用设施是指小区内的健身设施、消防设施，属于共有部分，不存在例外
5	物业服务用房	现代住宅建筑物的物业管理非常有必要，故建设住宅建筑物时必须建设物业服务用房。物业服务用房属于业主共有，不得另行约定

六、车位、车库

（一）车位、车库的产权归属

> **第二百七十五条　【车位、车库的归属】** 建筑区划内规划用于停放汽车的车位、车库的归属，由当事人通过出售、附赠或者出租等方式约定。
> 　　占用业主共有的道路或者其他场地用于停放汽车的车位，属于业主共有。

1.多层经营性停车位（场）的房地产权归属

在政府与房地产开发商订立的土地使用权出让合同和政府发出的建设工程规划许可证等法律文件中，均明确规定多层经营性停车位的土地使用权面积，该类停车位建筑物（面积）是计算建筑容积率的。因此，多层经营性停车位可以依法独立办理房地产权的初始登记和转移登记，该类停车场的房地产权利人为持有房地产证的当事人。

2.住宅小区地面停车位的房地产权归属

地面停车位是经政府批准同意,在商品房住宅小区地面上直接设置的停车设施。

房地产开发商预售或现售商品房住宅小区建筑房屋单元后,房屋单元应办理初始登记及转移登记,房屋单元所有人按份共同拥有该小区宗地号的全部土地使用权。

由于地面停车位是直接设置在土地表面的停车设施,即直接设置在房屋单元所有人按份共同拥有使用权的土地表面上,因此地面停车位的房地产权实际上是土地使用权。鉴于房屋单元所有人按份共同拥有住宅小区宗地号的土地使用权,地面停车位的房地产权由住宅小区房屋单元的所有人共同拥有。

3.住宅小区楼房首层架空层停车位的房地产权归属

在现行的房地产行政管理法律制度下,首层楼房架空层停车位的建筑面积是不计算建筑容积率的,不能获得相应的土地使用权面积份额,其法律权利依附于计算建筑容积率的房屋建筑物(面积),是住宅房屋单元的从物。

首层楼房架空层停车位的房地产权,实际上是依附于房屋单元占有、使用、收益的不完全物权。初始登记时,楼房架空层停车位依法不能取得独立的房地产权,其法律权利依附于计算容积率的房屋建筑物。在转移登记时,其也不能取得房地产权证,其房地产权依附于取得房地产证的房屋单元。

房地产开发商在转移房地产时,首层楼房架空层停车位不能从计算建筑容积率的房屋单元中分离或分割,也不能约定首层楼房架空层停车位的产权为房地产开发商所有,否则,将违反相关房地产法律的强制性规定。

房地产开发商预售或现售小区房屋单元后,房屋单元办理初始登记和转移登记,首层楼房架空层停车位的房地产权应依法随房屋单元转移而转移。

可见,首层楼房架空层停车位的房地产权依附并归属于该栋楼房的全体房屋单元所有人。

4.小区楼房地下停车位(场)的房地产权归属

另外,开发商确定停车位价格时,如果开发商有房屋产权证明,物价部门可以规范开发商的价格。不过,开发商还是可以根据具体情况自主定价的,但通常要在当地物价部门规定的范围内。

(二)车位、车库的首要用途

> 第二百七十六条 【车位、车库的首要用途】建筑区划内规划用于停放汽车的车位、车库应当首先满足业主的需要。

属于业主共有的地方,只要不影响小区交通,物业服务企业无权收取停车费(车位费、占道费),物价部门也不会对物业服务企业在小区道路收费有任何批文。

七、业主自治管理组织

（一）业主自治管理组织的设立及指导和协助

> **第二百七十七条** 【业主自治管理组织的设立及指导和协助】业主可以设立业主大会，选举业主委员会。业主大会、业主委员会成立的具体条件和程序，依照法律、法规的规定。
>
> 地方人民政府有关部门、居民委员会应当对设立业主大会和选举业主委员会给予指导和协助。

本条明确了业主大会和业主委员会的设立权限和程序。

（1）业主有权利设立业主大会，选举业主委员会。

（2）业主大会、业主委员会的设立条件和程序，不得违反相关法律、法规的规定。

（3）地方人民政府有关部门、居民委员会有责任对业主大会和业主委员会的设立进行指导和协助。

 相关链接

业主委员会成立的条件及程序

1. 提出申请

物业管理小区（大厦）符合下列情况之一的，业主五人以上可联名向该小区（大厦）所在的街道办事处（或镇人民政府，下同）书面提出申请，填报"首届业主（代表）大会筹备小组成立申请表"，成立首届业主委员会。

（1）物业已交付使用的建筑面积达到百分之五十以上。

（2）物业已交付使用的建筑面积达到百分之三十以上、不足百分之五十，且使用超过一年的。

2. 成立筹备小组

街道办事处收到申请后，作出书面批复意见，指导小区（大厦）成立业主委员会筹备小组（以下简称筹备小组）。

3. 筹备小组开展工作

（1）筹备小组经批复成立后，应通知建设单位或物业服务企业在十五日内将其掌握的全体业主名单、联系地址及联系电话等材料报街道办事处；街道办事处收到有关材料后5日内将上述资料交予筹备小组。

（2）筹备小组自成立之日起三十日内拟好管理规约、业主委员会章程、业主委员会选举办法，并在小区（大厦）内明显位置张贴公布，征求业主意见。筹备小组将"业主委员会政策法规宣传资料"在宣传栏内公布并发放给业主。

（3）筹备小组组织各楼宇业主通过自荐或推荐方式产生业主委员会候选人。

（4）筹备小组将业主委员会候选人简历表、业主委员会选票格式样本、业主大会议程向业主张贴公布，同时将业主委员会选举办法书面送达全体业主。

4. 召开大会，选举业主委员会委员

完成以上工作后，筹备小组将业主候选人名单及简历表、业主委员会选举办法、业主委员会章程、管理规约送达街道办事处，并提出召开业主大会或业主代表大会的书面申请，同时做好会务筹备工作，包括落实场地，组织人员印制选票，设置投票箱，通知所有投票权人，告知街道办事处、派出所、开发公司、物业服务企业等有关人员。

筹备小组根据议程召开大会：收集、登记选票；审议并表决通过业主委员会章程及业主公约；公开唱票、点票，宣读选举结果，产生业主委员会委员。

会后筹备小组将大会签到表、选举结果统计表予以公布。

5. 申请登记业主委员会

业主委员会自产生之日起十五日内，持相关文件向所在区或县级房地产行政主管部门申请办理备案登记手续。

（二）业主共同决定事项及表决

第二百七十八条 【业主共同决定事项及表决】下列事项由业主共同决定。

（一）制定和修改业主大会议事规则。

（二）制定和修改管理规约。

（三）选举业主委员会或者更换业主委员会成员。

（四）选聘和解聘物业服务企业或者其他管理人。

（五）使用建筑物及其附属设施的维修资金。

（六）筹集建筑物及其附属设施的维修资金。

（七）改建、重建建筑物及其附属设施。

（八）改变共有部分的用途或者利用共有部分从事经营活动。

（九）有关共有和共同管理权利的其他重大事项。

业主共同决定事项，应当由专有部分面积占比三分之二以上的业主且人数占比三分之二以上的业主参与表决。决定前款第六项至第八项规定的事项，应当经参与

> 表决专有部分面积四分之三以上的业主且参与表决人数四分之三以上的业主同意；决定前款其他事项，应当经参与表决专有部分面积过半数的业主且参与表决人数过半数的业主同意。

1. 业主共同决定的事项

建筑区划内，表2-2所列事项需由业主共同决定。

表2-2 业主共同决定的事项

序号	事项	说明
1	制定和修改业主大会议事规则	业主大会议事规则是业主大会组织、运作的规程，需要由业主共同决定
2	制定和修改管理规约	管理规约是业主自我管理、自我约束、自我规范的规则，应当由全体业主共同制定和修改
3	选举业主委员会或者更换业主委员会成员	业主通过业主大会选举能够代表和维护自己利益的业主委员会委员，成立业主委员会。对不遵守业主大会议事规则、管理规约，不能规范履行业主义务，不依法履行职责的委员予以更换
4	选聘和解聘物业服务企业或者其他管理人	物业服务机构或者其他管理人的管理水平，与业主利益有直接关系，需要通过业主大会集体决策选聘和解聘
5	使用建筑物及其附属设施的维修资金	维修资金的使用关系到业主的切身利益，应当由业主共同决定
6	筹集建筑物及其附属设施的维修资金	维修资金的筹集关系到业主的切身利益，应当由业主共同决定
7	改建、重建建筑物及其附属设施	建筑物及其附属设施的改建、重建，涉及费用的负担，需要业主共同决定
8	改变共有部分的用途或者利用共有部分从事经营活动	此事项与业主专有权、共有权及共同管理权密切相关，应由业主共同决定
9	有关共有和共同管理权利的其他重大事项	除上述所列事项外，建筑区划内有关共有和共同管理权利的其他重大事项，也需要由业主共同决定

本条通过列举的方式，明确了业主共同管理权的范围、成员权的行使、决议的通过及表决能力的大小等问题。同时也设置了业主共同决定事项的表决条件，即所有建筑区划内需由业主共同决定的事项，无论是较为重大的事项，还是一般性、常规性的事务，都应当由专有部分面积占比三分之二以上的业主且人数占比三分之二以上的业主参与表决。

2. 管理规则（参与表决和投票数）

业主共同决定事项的管理规则（参与表决和投票数），如表2-3所示。

表2-3 管理规则（参与表决和投票数）

分类	内容
一般事项 （非动钱动土）	（1）情形： ①筹集建筑物及其附属设施的维修资金 ②改建、重建建筑物及其附属设施 ③改变共有部分的用途或者利用共有部分从事经营活动 （2）管理规则（绝对双重多数）： ①【参与表决】应当由专有部分面积占比三分之二以上的业主且人数占比三分之二以上的业主参与表决 ②【投票数】应当经参与表决专有部分面积四分之三以上的业主且参与表决人数四分之三以上的业主同意
特殊事项 （动钱动土）	（1）情形： ①制定和修改业主大会议事规则 ②制定和修改管理规约 ③选举业主委员会或者更换业主委员会成员 ④选聘和解聘物业服务企业或者其他管理人 （2）管理规则： ①【参与表决】应当由专有部分面积占比三分之二以上的业主且人数占比三分之二以上的业主参与表决 ②【投票数】应当经参与表决专有部分面积过半数的业主且参与表决人数过半数的业主同意

 相关链接

业主人数及专有部分面积的计算方法

为了使表决更具合理性，应明确业主人数及专有部分面积的计算方法。

《业主大会和业主委员会指导规则》第二十四条规定了业主人数和总人数的计算方法：

（1）业主人数，按照专有部分的数量计算，一个专有部分按一人计算。但建设单位尚未出售和虽已出售但尚未交付的部分，以及同一买受人拥有一个以上专有部分的，按一人计算。

（2）总人数，按照前项的统计总和计算。该规则第二十五条规定，一个专有部分有两个以上所有权人的，应当推选一人行使表决权，但共有人所代表的业主人数为一人。

《业主大会和业主委员会指导规则》第二十三条规定了专有部分面积和建筑物总面积的计算方法：

（1）专有部分面积，按照不动产登记簿记载的面积计算；尚未进行登记的，暂按测绘机构的实测面积计算;尚未进行实测的,暂按房屋买卖合同记载的面积计算。

(2)建筑物总面积,按照前项的统计总和计算。

八、业主改变住宅用途的限制条件

第二百七十九条 【业主改变住宅用途的限制条件】业主不得违反法律、法规以及管理规约,将住宅改变为经营性用房。业主将住宅改变为经营性用房的,除遵守法律、法规以及管理规约外,应当经有利害关系的业主一致同意。

依据《民法典》的规定,改变住宅使用性质的,需要经房屋管理部门的批准;如果未经批准擅自改变,要承担相应的法律责任。

住宅用作经营性用房的条件,如图2-1所示。

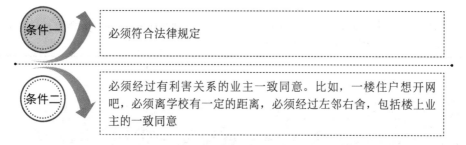

图2-1 住宅用作经营性用房的条件

九、业主大会、业主委员会决定的效力

第二百八十条 【业主大会、业主委员会决定的效力】业主大会或者业主委员会的决定,对业主具有法律约束力。

业主大会或者业主委员会作出的决定侵害业主合法权益的,受侵害的业主可以请求人民法院予以撤销。

以往以管理规约约束业主,缺乏法律约束力。如今,《民法典》直接明确业主大会或者业主委员会的决定具有法律约束力,在一定程度上明确了业主大会和业主委员会的法律地位。同时,《民法典》明确了业主具有撤销权,这是对抗业主大会和业主委员会决定的一个权利救济,也说明业主大会决定的事项可以是民事诉讼审理的范畴。

关联法条：

《最高人民法院关于审理建筑物区分所有权纠纷案件具体应用法律若干问题的解释》第十二条：业主以业主大会或者业主委员会作出的决定侵害其合法权益或者违反了法律规定的程序为由，依据《物权法》第七十八条第二款的规定请求人民法院撤销该决定的，应当在知道或者应当知道业主大会或者业主委员会作出决定之日起一年内行使。

《物业管理条例》（2018年修订）【原文】第十九条：业主大会、业主委员会应当依法履行职责，不得作出与物业管理无关的决定，不得从事与物业管理无关的活动。

业主大会、业主委员会作出的决定违反法律、法规的，物业所在地的区、县人民政府房地产行政主管部门或者街道办事处、乡镇人民政府，应当责令限期改正或者撤销其决定，并通告全体业主。

十、建筑物及其附属设施维修资金的归属和处分

> **第二百八十一条**　【建筑物及其附属设施维修资金的归属和处分】建筑物及其附属设施的维修资金，属于业主共有。经业主共同决定，可以用于电梯、屋顶、外墙、无障碍设施等共有部分的维修、更新和改造。建筑物及其附属设施的维修资金的筹集、使用情况应当定期公布。
>
> 紧急情况下需要维修建筑物及其附属设施的，业主大会或者业主委员会可以依法申请使用建筑物及其附属设施的维修资金。

本条对建筑物及其附属设施维修资金的归属和处分作出了规定。

（1）维修资金的归属：所有业主共有。

（2）维修资金的使用决定权：不是物业服务企业，而是业主共同决定。

（3）维修资金的使用范围：用于电梯、屋顶、外墙、无障碍设施等共有部分的维修、更新和改造。

（4）维修资金的申请：由业主大会或者业主委员会依法申请。

（5）为便于业主及时了解建筑物及其附属设施维修资金的筹集情况，依法监督维修资金的使用，维修资金的筹集、使用情况应当予以公布。

相关链接

如何提取和使用专项维修资金

（1）物业专项维修资金应当专项用于物业共用部位、共用设施设备保修期满后的

维修和更新、改造，不得挪作他用。

（2）物业共用部位、共用设施设备的维修和更新、改造费用，由相关业主按照各自拥有物业建筑面积的比例分摊。

（3）已交存物业专项维修资金的，分摊费用从业主分户账中列支。

（4）业主分户账面余额不足以支付分摊费用的，由该业主补足。

（5）未交存物业专项维修资金的，分摊费用由该业主直接支付。

（6）支取费用时需经物业专项维修资金列支范围内专有部分占建筑物总面积三分之二以上的业主且占总人数三分之二以上的业主同意，并经过管理部门层层审核。

（7）对符合下列条件的物业维修和更新、改造项目，可以采取一次性表决的方式使用物业专项维修资金。

①一次性表决使用物业专项维修资金的，应当经专有部分占建筑物总面积三分之二以上的业主且占总人数三分之二以上的业主同意。

②一次性表决方式使用物业专项维修资金的期限不得超过五年，且期限内使用总金额不得超过本物业管理区域物业专项维修资金交存总额的百分之五。

③属于一次性表决范围内的物业维修和更新、改造项目，使用物业专项维修资金时，不需要业主再次表决。

因专项维修资金问题产生纠纷的，向法院主张权利时，适用诉讼时效限制，当事人要注意时效是否到期。

《民法典》第一百八十八条规定，向人民法院请求保护民事权利的诉讼时效期间为三年。法律另有规定的，依照其规定。

诉讼时效期间自权利人知道或者应当知道权利受到损害以及义务人之日起计算。法律另有规定的，依照其规定。但是，自权利受到损害之日起超过二十年的，人民法院不予保护，有特殊情况的，人民法院可以根据权利人的申请决定延长。

十一、共有部分的收入分配

第二百八十二条 【共有部分的收入分配】 建设单位、物业服务企业或者其他管理人等利用业主的共有部分产生的收入，在扣除合理成本之后，属于业主共有。

《民法典》强调共有部分收益属于全体业主，不优先用于补充专项维修资金，而是由业主大会讨论决定，业主想要将共有收益抵扣物业费、兑换成购物卡或直接分现金等，都是被允许的。

《民法典》物权编明确规定，改变共有部分的用途或者利用共有部分从事经营活动，由业主共同决定，应当经参与表决专有部分面积四分之三以上的业主且参与表决人数四分之三以上的业主同意。

物业服务企业利用小区外墙或电梯等共有部分从事经营活动的行为不仅应经业主同意，由业主共同决定，而且该经营收入在扣除合理成本之后属于业主共有。

十二、建筑物及其附属设施的费用分担和收益分配

> 第二百八十三条 【建筑物及其附属设施的费用分担和收益分配】建筑物及其附属设施的费用分摊、收益分配等事项，有约定的，按照约定；没有约定或者约定不明确的，按照业主专有部分面积所占比例确定。

（一）费用分摊

（1）费用分摊有约定的，按照约定。例如，对业主共有的建筑物及其附属设施如公用设施和物业服务用房等进行维修，其费用问题，如果有约定，先按照约定执行。

（2）如果没有约定或者约定不明确，费用分摊按照业主专有部分面积所占比例确定。

（二）收益分配

例如，业主大会决定将建筑物楼顶出租给企业做广告，那么广告收入该如何分配，是居住顶层的业主多分一些，还是业主平均分配；是作为业主大会、业主委员会的活动经费，还是作为维修资金用于建筑物及其附属设施的维修。若是有约定，按照约定执行；没有约定或者约定不明确的，按照业主专有部分面积所占比例确定。

十三、建筑物及其附属设施的管理主体

> 第二百八十四条 【建筑物及其附属设施的管理主体】业主可以自行管理建筑物及其附属设施，也可以委托物业服务企业或者其他管理人管理。
> 对建设单位聘请的物业服务企业或者其他管理人，业主有权依法更换。

对建筑物及其附属设施进行管理主要有两种形式，一是由业主自行管理，二是由业主委托物业服务企业或者其他管理人进行管理。实践中，随着对建筑物及其附属设施管理难度的加大，加之业主缺乏物业管理的专业知识且精力有限，自行管理较为困

难，选择专业的物业服务企业或者其他管理人进行管理更符合业主的利益。

（一）关于物业服务企业、其他管理人与物业服务合同

1.物业服务企业

物业服务企业通常是指符合法律规定，依法向业主提供物业服务的民事主体，包括物业服务企业以及向业主提供服务的其他组织。《物业管理条例》第三十二条规定，从事物业管理活动的企业应当具有独立的法人资格。第三十三条规定，一个物业管理区域由一个物业服务企业实施物业管理。物业服务企业是目前多数建设单位和业主选择的对建筑物及附属设施进行管理和服务的主体，它依法设立、具有独立法人资格。

2.其他管理人

其他管理人是指物业服务企业以外的根据业主委托管理建筑区划内的建筑物及其附属设施的主体，主要包括管理单位住宅的房管机构，以及其他组织、自然人等。在实践中，各类非物业服务企业的物业管理人大量存在，本条款将其他管理人与物业服务企业并列为物业服务的主体，赋予了相同的权利与义务。其他管理人依物业服务合同的约定向全体业主提供物业管理服务，其权利与义务关系与物业服务企业的权利与义务基本相同，即与建设单位或业主委员会签订物业服务合同，且该合同对业主具有约束力；其他管理人不履行或者不完全履行物业服务合同约定或者法律、法规以及相关行业规范确定的维修、养护、管理和维护义务，应承担违约责任；其他管理人应当按照物业服务合同的约定或者法律、法规、规章的规定，向业主收取物业服务费用等。《民法典》第九百三十七条第二款规定，物业服务人包括物业服务企业和其他管理人。

3.物业服务合同

《民法典》合同编明确了物业服务合同，第九百三十七条第一款规定，物业服务合同是物业服务人在物业服务区域内，为业主提供建筑物及其附属设施的维修养护、环境卫生和相关秩序的管理维护等物业服务，业主支付物业费的合同。业主可以与物业服务企业或其他管理人签订物业服务合同，由其对房屋及配套的设施设备和相关场地进行维修、养护、管理，并维护相关区域内的环境卫生和秩序。

《物业管理条例》第二条规定，物业管理是指业主通过选聘物业服务企业，由业主和物业服务企业按照物业服务合同约定，对房屋及配套的设施设备和相关场地进行维修、养护、管理，维护物业管理区域内的环境卫生和相关秩序的活动。双方通过签订物业服务合同，对物业管理的相关权利与义务进行约定。

广义的物业服务合同，包括前期物业服务合同和普通物业服务合同，如图2-2所示。

前期物业服务合同与普通物业服务合同的主要区别，如表2-4所示。

第二章 《中华人民共和国民法典》中与物业管理有关的法条解读

前期物业服务合同，是指物业服务区域内的业主、业主大会选聘物业服务企业之前，由房地产建设单位与其委托的物业服务企业或者其他管理人签订的合同。《物业管理条例》第二十一条规定："在业主、业主大会选聘物业服务企业之前，建设单位选聘物业服务企业的，应当签订书面的前期物业服务合同"

普通物业服务合同，是指全体业主出面或者由业主委员会根据业主大会相关决议，与物业服务企业或者其他管理人签订的物业服务合同

图 2-2 广义的物业服务合同

表 2-4 前期物业服务合同与普通物业服务合同的主要区别

	前期物业服务合同	普通物业服务合同
合同签订主体不同	前期物业合同主要由建设单位与物业服务企业签订	普通物业服务合同由全体业主或业主委员会与物业服务企业或者其他管理人签订
合同内容不同	前期物业服务合同主要包括对新建成的建筑物进行养护、提供安全保障以及配合建设单位为未来将入住的业主提供服务等	普通物业服务合同主要包括对房屋及配套的设施设备和相关场地进行维修、养护、管理，维护物业管理区域内的环境卫生和相关秩序，保障业主的居住环境
合同存在期不同	前期物业服务合同存在于项目建成初期，业主入住人数较少，尚未成立业主大会及业主委员会，合同截至全体业主或业主委员会与新物业服务企业的物业服务合同生效之时	普通物业服务合同是常态，普遍存在

（二）对建设单位聘请的物业服务企业或者其他管理人，业主有权依法更换

物业服务合同对业主具有法律意义上的约束力，同时，业主对物业服务企业或者其他管理人也有更换的权利。

无论是前期物业服务合同还是普通物业服务合同，双方的义务均不是一次性给付即可完成的，业主要定期交纳物业费，并一直配合物业服务企业的管理工作；物业服务企业或者其他管理人要在合同约定的时间内持续不间断地对建筑物及配套的设施设备进行维修、养护、管理，并维护物业管理区域内的环境卫生和相关秩序。因此，业主和物业服务企业或者其他管理人相互信任和配合对于物业服务合同的顺利履行和物业服务合同目的的实现十分重要。当物业服务企业无法履行物业服务合同时，应当赋予业主更换物业服务企业或者其他管理人的权利。由业主共同决定的事项包括选聘和

解聘物业服务企业或者其他管理人，业主可以以共同决定的形式享有选任权和解聘权。对于前期物业服务合同，《物业管理条例》第二十五条规定："建设单位与物业买受人签订的买卖合同应当包含前期物业服务合同约定的内容。"业主应当履行建设单位签订的物业服务合同，服从物业服务企业或者其他管理人的管理。前期物业服务合同由建设单位和物业服务企业或者其他管理人签订，业主并未参与谈判、签约等过程，且前期物业服务合同的内容可能存在瑕疵，有可能损害业主的权益。因此，应当保障业主依法对前期物业服务合同中物业服务企业或者其他管理人进行更换的权利。业主对前期物业服务企业或者其他管理人不满意，可待业主大会成立后，依法定程序进行更换。

> **提醒您**
>
> 业主更换建设单位聘请的物业服务企业或者其他管理人时应符合法定程序。更换建设单位聘请的物业服务企业或者其他管理人是一个涉及面广、程序复杂且与每位业主利益息息相关的问题。因此，业主选聘和解聘建设单位聘请的物业服务企业时，应当在成立业主大会后，通过共同决定的形式来行使表决权。

十四、业主和物业服务企业或其他管理人的关系

> **第二百八十五条** 【业主和物业服务企业或其他管理人的关系】物业服务企业或者其他管理人根据业主的委托，依照本法第三编有关物业服务合同的规定管理建筑区划内的建筑物及其附属设施，接受业主的监督，并及时答复业主对物业服务情况提出的询问。
>
> 物业服务企业或者其他管理人应当执行政府依法实施的应急处置措施和其他管理措施，积极配合开展相关工作。

（一）物业服务人与业主之间的合同关系

业主可以选择物业服务企业或者其他管理人对建筑区划内的建筑物及其附属设施进行管理。业主选聘物业服务人后，应当签订物业服务合同，将建筑物及其附属设施的管理权利委托给选聘的物业服务企业或者其他管理人。

建设单位依法与物业服务人订立的前期物业服务合同，以及业主委员会与业主大会依法选聘的物业服务人订立的物业服务合同，对业主具有法律约束力。

（二）业主的监督权和知情权

所谓业主知情权，是指业主了解建筑区划内涉及业主共有权以及共同管理权相关事项的权利。《建筑物区分所有权纠纷解释》第十三条对业主请求公布、查阅应当向

业主公开的情况和资料的范围作出了规定。业主的知情权主要表现为业主的查阅权，相对应的物业服务人或业主委员会负有信息披露义务。

《建筑物区分所有权纠纷解释》第十三条明确了业主知情权和监督权的行使方式，包括对物业服务企业履行合同的情况提出建议，查询物业服务企业在履行合同中形成的有关物业管理的各种档案材料，查询物业服务企业的收费情况等。

业主通过对物业服务情况提出询问的方式可实现知情权和监督权，物业服务人应及时作出答复。"询问—答复"模式与"查阅—公布"模式更加快捷、便利。

> **提醒您**
>
> 业主知情权是实现共同管理权和监督权的基础和保障，因此必须切实保障业主在诉讼中以请求公布或请求查阅的方式实现知情权。但业主知情权的行使必须受到合理的限制，以防业主利用知情权牟取私利，以行使知情权为手段故意扰乱业主委员会等义务主体正常的管理活动，对广大业主的合法权益造成损害。

（三）物业服务人对政府应急管理措施的执行和配合

物业服务企业或者其他管理人应当执行政府依法实施的应急处置措施和其他管理措施，积极配合开展相关工作。

《民法典》第九百四十二条规定，物业服务人应当维护物业服务区域内的基本秩序，采取合理措施保护业主的人身、财产安全。对物业服务区域内违反有关治安、环保等法律、法规的行为，物业服务人应当及时采取合理措施制止，向有关行政主管部门报告并协助处理。

根据《中华人民共和国突发事件应对法》（下称《突发事件应对法》）第四十八条的规定，对突然发生，造成或者可能造成严重社会危害，需要采取应急处置措施予以应对的自然灾害、事故灾难、公共卫生事件和社会安全事件，履行统一领导职责或者组织处置突发事件的人民政府应当针对其性质、特点和危害程度，立即组织有关部门，调动应急救援队伍和社会力量，依照法律、法规、规章的规定采取应急处置措施。

《突发事件应对法》第五十五至五十七条的规定，为物业服务人执行政府应急管理措施及协助义务提供了依据，具体内容为：

第五十五条规定，突发事件发生地的居民委员会、村民委员会和其他组织应当按照当地人民政府的决定、命令，进行宣传动员，组织群众开展自救和互救，协助维护社会秩序。

第五十六条第二款规定，突发事件发生地的其他单位应当服从人民政府发布的决定、命令，配合人民政府采取的应急处置措施，做好本单位的应急救援工作，并积极组织人员参加所在地的应急救援和处置工作。

第五十七条规定，突发事件发生地的公民应当服从人民政府、居民委员会、村民委员会或者所属单位的指挥和安排，配合人民政府采取的应急处置措施，积极参加应急救援工作，协助维护社会秩序。

> **提醒您**
>
> 本条内容虽然以民事立法中的义务条款出现，但当有关义务主体违反这一规定时，法律责任和后果的承担需要结合相关行政法规确定。依据《突发事件应对法》的相关规定，物业服务人或业主违反法律规定，导致突发事件发生或者危害扩大，给他人人身、财产造成损害的，除应当依法承担民事责任外，还可能受到行政处罚或刑事处罚。

十五、业主的相关义务及责任

> 第二百八十六条 【业主的相关义务及责任】业主应当遵守法律、法规以及管理规约；相关行为应当符合节约资源、保护生态环境的要求。对于物业服务企业或者其他管理人执行政府依法实施的应急处置措施和其他管理措施，业主应当依法予以配合。
>
> 业主大会或者业主委员会，对任意弃置垃圾、排放污染物或者噪声、违反规定饲养动物、违章搭建、侵占通道、拒付物业费等损害他人合法权益的行为，有权依照法律、法规以及管理规约，请求行为人停止侵害、排除妨碍、消除危险、恢复原状、赔偿损失。
>
> 业主或者其他行为人拒不履行相关义务的，有关当事人可以向有关行政主管部门报告或者投诉，有关行政主管部门应当依法处理。

（一）遵守法律、法规以及管理规约

业主应当遵守法律、法规以及管理规约，这是建筑区划内所有权人的基本义务。《物业管理条例》第七条规定："业主在物业管理活动中，履行下列义务：（一）遵守管理规约、业主大会议事规则；（二）遵守物业管理区域内物业共用部位和共用设施设备的使用、公共秩序和环境卫生的维护等方面的规章制度；（三）执行业主大会的决定和业主大会授权业主委员会作出的决定；（四）按照国家有关规定交纳专项维修资金；（五）按时交纳物业服务费用；（六）法律、法规规定的其他义务。"《物业管理条例》还对以下情形作出了规定，如业主不得擅自占用、挖掘物业管理区域内的道路、场地，挖掘道路、场地的，应当征得业主委员会和物业管理企业的同意；业主应当将临时占用、挖掘的道路、场地，在约定期限内恢复原状。

《业主大会和业主委员会指导规则》第五条规定，业主大会和业主委员会，对业主损害他人合法权益和业主共同利益的行为，有权依照法律、法规以及管理规约，要

求停止侵害、消除危险、排除妨害、赔偿损失。管理规约是规范物业辖区内建筑物的管理、使用及所有关系的自治规则，它如同公司的章程，具有业主团体（共同体）根本自治法规的性质。管理规约对业主间的基础法律关系、业主间的共同事务、业主间利害关系的调节及对违反义务的处置等作出了规定。

《物业管理条例》第十七条规定，管理规约应当对有关物业的使用、维护、管理，业主的共同利益，业主应当履行的义务，违反管理规约应当承担的责任等事项依法作出约定。管理规约应当尊重社会公德，不得违反法律、法规或者损害社会公共利益。管理规约对全体业主具有约束力。但承租人、借用人等区分所有建筑物的占有人，一般仅受管理规约中有关使用事项的约束。

（二）依法配合应急处置措施和其他管理措施

突发事件是指突然发生，造成或者可能造成严重社会危害，需要采取应急处置措施予以应对的自然灾害、事故灾难、公共卫生事件和社会安全事件。

（1）在突发事件的处置过程中，政府处置突发事件的权力具有优先性，公民、法人和其他组织要自觉接受来自政府权力的限制。突发事件发生地的公民应当服从所在地人民政府、居民委员会、村民委员会或者所属单位的指挥和安排，配合人民政府采取的应急处置措施，积极参加应急救援工作，协助维护社会秩序。

（2）物业服务企业或者其他管理人执行政府依法实施的应急处置措施，业主应当依法予以配合。例如，对突发事件应急状态保持高度关注；主动接受物业服务企业或者其他管理人执行政府依法实施的应急处置措施和其他管理措施，特别是各项管制义务；参与突发事件应急处置的各项工作等。

（3）业主违反法律、法规以及规范性文件规定的应急措施，应当依法承担法律责任。

（三）业主大会和业主委员会的物业管理职能

建筑物区划构造和权利归属的特点，导致各部分的所有人在行使其对所有部分（含专有和共有部分）的权利时，不可避免地会发生冲突。这种冲突反过来又会危及各所有人对其所有部分权利的行使，例如：

部分业主拒付物业费，导致物业服务企业缺乏必要的费用而无法按照约定对小区环境进行维护和修缮，从而损及其他业主的利益；个别业主对其专有部分进行不当装修、改造，破坏了建筑物的结构、承重部分，危及建筑物的安全。

为解决冲突，就需要对业主权利的行使进行适当的约束，由此便产生了建筑物区分所有权中的成员权。

这种成员权，也可以理解为物业管理方面的权利，即每个区分所有权人对建筑物有关的物业管理所享有的权利。成员权的行使，在全体区分所有权人之间形成一种共同体关系。为维系该共同体关系，需要有一个团体组织，共同管理共用设施等共用部分及其他相关的共同事务。业主大会和业主委员会正是这样一个代表全体业主更好地行使建筑物区分所有权中成员权的组织。《物业管理条例》第八条规定，物业管理区域内全体业主组成业主大会，并选举产生业主委员会，业主委员会是业主大会的执行机构。业主大会主要通过制定业主公约等内部规章及决定物业管理公司等权利，行使对物业管理的职能。业主大会和业主委员会在本质上属于业主对所拥有的物业进行管理而建立的自治性组织，享有一部分建筑物区分所有权衍生的权利。

目前，有个别业主不遵守法律、行政法规以及管理规约的规定，任意弃置垃圾、排放污染物或者噪声、违反规定饲养动物、违章搭建、侵占通道、拒付物业费，损害了部分业主甚至全体业主的合法权益，引发了邻里矛盾，非常不利于和谐社区的建设。因此，业主大会或者业主委员会有权依照法律、法规以及管理规约，请求行为人停止侵害、排除妨碍、消除危险、恢复原状、赔偿损失。

（四）拒不履行相关义务的处罚措施

若行为人拒不履行相关义务，例如，行为人违章搭建，业主委员会、物业服务企业要求其恢复原状、赔偿损失，但行为人拒不停止侵害，也不恢复原状、赔偿损失的，此时，业主大会或业主委员会该如何处理？在业主大会和业主委员会没有行政执法权的情况下，如何制止行为人侵害他人合法权益的行为？

本条第三款规定，有关当事人可以向有关行政主管部门报告或者投诉，有关行政主管部门应当依法处理。这样就明确了行为人拒不履行相关义务的救济途径。这里的有关当事人可以是业主大会、业主委员会或物业服务公司，也可以是合法权益受到损害的当事人，还可以是其他业主，其目的是制止行为人的侵权行为。

有关部门是指处理相关违法行为的行政主管部门，如：

小区业主违法饲养犬只、遛狗不使用牵引绳威胁他人人身安全的，可以依法向公安机关投诉。

业主违章搭建、改变建筑物结构影响建筑物使用安全的，可以依法向城市规划和综合行政执法部门投诉。

排放污染物或噪声的，可以向环境保护执法部门投诉。

有的城市还设立了市民投诉服务热线，依法收集、受理市民的意见和投诉。有关行政主管部门接到当事人的投诉后，应当依照法律、法规的规定，及时受理并作出处理。

十六、业主合法权益的保护

> 第二百八十七条 【业主合法权益的保护】业主对建设单位、物业服务企业或者其他管理人以及其他业主侵害自己合法权益的行为，有权请求其承担民事责任。

（一）损害业主合法权益的行为

建设单位、物业服务企业或者其他管理人以及其他业主实施损害业主合法权益的行为主要如表2-5所示。

表2-5 损害业主合法权益的行为

侵权种类	说明	侵害行为表现
建设单位实施侵害业主合法权益的行为	建设单位实施侵害业主合法权益的行为大多发生在前期物业管理阶段	（1）在物业小区房屋已售大部分或者售罄时，拒不向业主移交物业小区的控制权，将物业小区当作自己一个永久和稳定的盈利工具 （2）利用其优势地位，通过自己设立的、指定的或者与自己有关联的前期物业服务人向业主收取高额管理费和维修资金，并将业主交纳的管理费和维修资金等挪作他用或据为己有 （3）擅自改变物业小区土地的用途，将共用部分占为己有，用于经营活动等
物业服务人实施侵害业主合法权益的行为	物业服务人常常观念错位，将自己服务者的角色看作管理者的角色，在从事物业管理活动中，经常发生侵害业主合法权益的行为	（1）将共用部分擅自占有或者随意处分，比如擅自改变物业共用部位、共用设施设备的使用功能或者将之用于经营性活动，并将收益占为己有 （2）未经业主大会同意改变物业管理用房的用途 （3）限制业主行使共有权 （4）挪用共用部分维修资金等
其他业主实施侵害业主合法权益的行为	业主违反法律、法规以及管理规约的规定，不当行使共有权，而影响其他业主实现共有权的行为	（1）在共有的走廊堆放自家杂物，妨碍其他业主的通行及消防安全 （2）将共有的一楼空地随意圈划为自家用地 （3）将楼顶的通道封死，不许他人到楼顶晾晒衣物 （4）随意占用共用部分的空间 （5）破坏绿化、污染环境，影响小区景观等 （6）发生间接侵害物业小区业主共有权的行为，主要包括建筑物的不当毁损行为和建筑物的不当使用行为，前者如改变楼房主体结构或承重结构；后者如违反法律、法规以及管理规约，不经有利害关系的业主一致同意，将住宅改变为经营性用房
其他	业主委员会、房屋承租人或借用人等其他主体侵害物业小区业主共有权的行为	

对于损害业主合法权益的行为主体，《民法典》虽然仅规定了三类，但不能因此

就认为业主不能请求其他主体承担侵权的民事责任。现实生活中，实际侵权人并不限于这三类，需要结合具体情况加以认定。

（二）侵权应承担民事责任的方式

《民法典》第一百七十九条规定："承担民事责任的方式主要有：（一）停止侵害；（二）排除妨碍；（三）消除危险；（四）返还财产；（五）恢复原状；（六）修理、重作、更换；（七）继续履行；（八）赔偿损失；（九）支付违约金；（十）消除影响、恢复名誉；（十一）赔礼道歉。法律规定惩罚性赔偿的，依照其规定。本条规定的承担民事责任的方式，可以单独适用，也可以合并适用。"

因此，对于建设单位、物业服务企业或者其他管理人以及其他业主等侵害业主合法权益的行为，业主有权依照相关规定，要求侵权人停止侵害、消除危险、排除妨害，并可请求其承担赔偿损失等民事责任。

第二节　物业服务合同

《民法典》实施前，物业服务合同并未列入法律的范畴，只是存在于《物业管理条例》《物业案件司法解释》等行政法规或者司法解释中。《民法典》实施后，直接在第三编"合同"的第二分编"典型合同"中新增了第二十四章"物业服务合同"章节。可见，物业服务合同作为有名合同，已上升到一个新的法律地位及高度。

一、物业服务合同定义

> 第九百三十七条　【物业服务合同定义】物业服务合同是物业服务人在物业服务区域内，为业主提供建筑物及其附属设施的维修养护、环境卫生和相关秩序的管理维护等物业服务，业主支付物业费的合同。
>
> 物业服务人包括物业服务企业和其他管理人。

（一）物业服务合同的定义

物业服务合同是物业服务企业与业主委员会订立的，规定由物业服务企业提供对房屋及其配套设备设施和相关场地进行专业化维修、养护、管理以及维护相关区域内环境卫生和公共秩序，由业主支付报酬的服务合同。

物业服务合同的内容是，物业服务人提供约定的服务，业主支付约定的物业管理费即报酬。

（二）物业服务合同的主体

1. 业主

业主在物业服务关系中处于主导地位，是权利主体。物业服务人的管理权来源于业主将管理业务的全部或部分委托给物业服务人进行管理。物业管理的目的是实现全体业主的最大利益。业主是建筑物区分所有权的权利主体，有支付物业费的义务。物业服务合同由业主委员会与物业服务人签订，业主委员会由全体业主选举产生，其签订物业服务合同是根据业主大会的决议，即业主委员会代表全体业主订立合同。全体业主承担物业服务合同的法律后果。

2. 物业服务人

物业服务人包括物业服务企业和其他管理人，如图2-3所示。

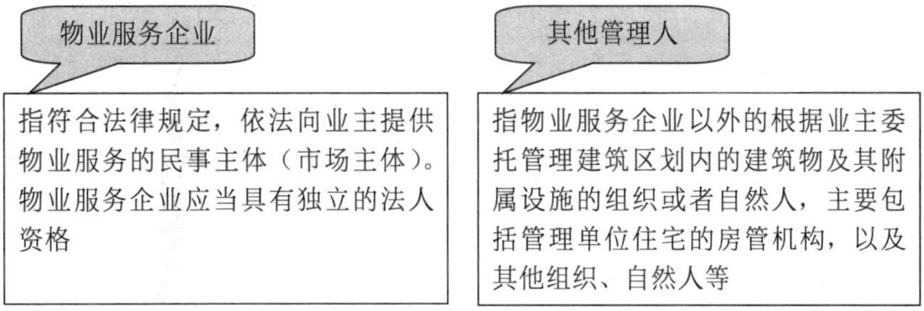

物业服务企业：指符合法律规定，依法向业主提供物业服务的民事主体（市场主体）。物业服务企业应当具有独立的法人资格

其他管理人：指物业服务企业以外的根据业主委托管理建筑区划内的建筑物及其附属设施的组织或者自然人，主要包括管理单位住宅的房管机构，以及其他组织、自然人等

图 2-3　物业服务人的范畴

二、物业服务合同内容和形式

> **第九百三十八条**　【物业服务合同内容和形式】物业服务合同的内容一般包括服务事项、服务质量、服务费用的标准和收取办法、维修资金的使用、服务用房的管理和使用、服务期限、服务交接等条款。
>
> 物业服务人公开作出的有利于业主的服务承诺，为物业服务合同的组成部分。
>
> 物业服务合同应当采用书面形式。

物业服务合同的订立基于当事人的约定、法律的规定以及交易习惯等，只要不违反法律、法规，不违背公序良俗，就是有效的约定，双方都应当享有合同的权利，履行合同的义务。

（一）物业服务合同的内容

1. 物业服务事项

《民法典》对物业服务事项只是作出了一个框架性的规定，列举了一些主要的、基本的物业服务事项。

当事人可以在这些之外作出更为具体、更为细化的约定。

比如，每半年或每一年对住宅内的电梯进行检修维护，保安每天至少要巡逻三次等。

另外，业主还可以委托物业服务人提供一般物业服务事项以外的服务项目，报酬由双方自行约定。如果只是单个业主委托物业服务人员提供额外的服务，则不能成为物业服务合同内容，只能是业主和服务人之间订立了专门的委托合同。

比如，业主经常不在家，可以让物业服务人员提供有偿的代收快递等服务。

2. 服务质量

服务质量因人而异，每个人都有每个人的理解，法律是不可能作出明确的界定的，一般都是当事人在合同中作出特别约定。服务质量的标准不一样，也会影响服务费用的标准。高档小区收取高额的物业费，服务质量一般会高一些。

作为一个抽象的概念，服务质量有时候很难界定，可以约定每年或每半年进行一次电器检修，小区门口每天至少有两个保安24小时值守。但是，有些项目的服务质量是不能够进行量化的，比如小区的卫生整洁，那什么叫整洁呢？什么才是符合合同约定的服务质量呢？这是不能量化或不能明确的，通常只能按照常人的理解来确定。一个烟头、一个纸团偶尔没有及时打扫，整体来说，也算符合整洁的卫生标准。

3. 服务费用的标准和收取办法

服务费就是我们通常所讲的物业费，一般包括物业服务人员的工资、社会保险以及附属设施、建筑物的日常运行维护费用等。服务费的收取方式主要有两种，如图2-4所示。

包干制：指由业主向物业管理企业支付固定的物业服务费用，盈余或者亏损均由物业管理企业享有或者承担的物业服务计费方式

酬金制：指在预收的物业服务资金中按约定比例或者约定数额提取酬金支付给物业管理企业，其余全部用于物业服务合同约定的支出，结余或者不足均由业主享有或者承担的物业服务计费方式

图2-4 服务费用的收取办法

物业服务合同中管理费用的约定应主要包括如下内容。

（1）管理费用的构成，即物业管理服务费用包括哪些项目。

（2）管理费用的标准，即每个收费项目的收费标准。

（3）管理费用的总额，即每建筑面积或每户每月（或每年）应交纳的费用总计。

（4）管理费用的交纳方式与时间，即是按年交纳，按季交纳，还是按月交纳；是

分期还是汇总交纳；交纳的日期如何设定等。

（5）管理费用的结算，即交纳的费用以人民币结算，还是以某一种外币结算。

（6）管理费用标准的调整，即管理费调整的办法与依据等。

（7）逾期交纳管理费用的处理办法，如处罚标准与额度等。

（8）专项服务和特约服务收费的标准。

（9）公共设备维修基金的管理办法等。

4.维修资金的使用

维修资金也称为公共维修资金或者专项维修资金，是业主交纳的专项用于物业服务区域内建筑物的共用部分和共用设施设备保修期满之后的维修和更新改造的资金，比如电梯、单元门等共有部分的维修等。

5.服务用房的管理和使用

服务用房就是物业服务用房，指物业服务人员为业主提供物业服务而使用的房屋，是小区必须提供的。如果没有服务用房，物业服务人员就没有办法为业主提供必要的物业服务。

6.服务期限

服务期限就是物业服务人员提供物业服务的期间，一般来说，应当在合同中进行约定。如果没有约定，则视为不定期合同；当事人也可以进行协议补充，不能达成协议的，就视为不定期合同，可以随时解除，只不过在解除的时候应给对方必要的准备时间。

7.服务交接

物业服务合同涉及的事项较多，是一个继续性的合同，服务周期长。物业服务人员不仅长期占用物业服务用房，而且掌握了小区内设备设施、物业服务等很多资料，在其退出小区时应将这些及时交还给业主委员会或者其他指定的人员。如果选定了新的物业服务企业，那么新旧物业服务企业之间要做好交接工作。

> **提醒您**
>
> 本条吸纳了《物业管理条例》中关于物业服务合同内容的条款，并且新增了"服务交接"的内容。现实中，存在大量新旧物业服务企业交接的纠纷。前一家物业服务企业因为服务质量被业主更换后,不愿与新上任的物业服务企业进行交接。而《民法典》直接把交接义务列为物业服务合同的组成部分，为解决实务中的"交接难"问题提供了法律保障。

（二）物业服务合同的形式

物业服务合同属于要式合同，应该以书面形式签订。

《民法典》第四百六十九条规定："当事人订立合同，可以采用书面形式、口头形式或者其他形式。书面形式是合同书、信件、电报、电传、传真等可以有形地表现所载内容的形式。以电子数据交换、电子邮件等方式能够有形地表现所载内容,并可以随时调取查用的数据电文,视为书面形式。"

(三)公开承诺成为物业服务合同的组成部分

物业服务人公开作出的有利于业主的服务承诺应作为物业服务合同的组成部分。实践中,一些物业服务企业为了入驻小区,常向业主开出"空头支票",实际签约后则不予兑现。《民法典》对此加以明确,物业服务人以公开方式(通过投标文件、公示栏、电子邮件等形式)作出的、对业主有利且不违反法律、行政法规的内容为物业服务合同的一部分。

三、物业服务合同的效力

> **第九百三十九条 【物业服务合同的效力】** 建设单位依法与物业服务人订立的前期物业服务合同,以及业主委员会与业主大会依法选聘的物业服务人订立的物业服务合同,对业主具有法律约束力。

(一)前期物业服务合同和普通物业服务合同对业主均有约束力

物业服务合同可以分成两类,即前期物业服务合同和普通物业服务合同,两类合同对业主均有约束力。《物业管理条例》第二十一条规定:"在业主、业主大会选聘物业服务企业之前,建设单位选聘物业服务企业的,应当签订书面的前期物业服务合同。"

(二)物业服务合同效力的认定

1. 房地产开发企业签订的前期物业服务合同的效力

(1)业主委员会成立以前,房地产开发企业依照《物业管理条例》第二十四条第二款规定与物业管理企业签订的物业服务合同对业主具有约束力。

(2)前期物业服务合同可以约定期限,但是,期限未满,业主委员会与新物业管理企业签订的物业服务合同生效的,前期物业服务合同终止。

2. 业主委员会签订的物业服务合同的效力

业主委员会根据业主大会的决定与物业管理企业签订的物业服务合同,对全体业主具有约束力。

3. 合同无效的情形及处理原则

(1)具有图2-5所示的情形之一,当事人请求认定物业服务合同或合同条款无效的,应予支持。

第二章 《中华人民共和国民法典》中与物业管理有关的法条解读

情形一	房地产开发企业未依照《物业管理条例》第二十四条第二款规定选聘物业管理企业的
情形二	房地产开发企业在住宅小区业主委员会依法成立后，仍以自己名义与物业管理企业签订物业服务合同的
情形三	商品房预售合同中有关物业服务的约定，有排除业主以后选择物业管理企业和商定物业服务费权利条款的
情形四	物业管理企业没有依法取得相应物业管理资质的
情形五	业主委员会未征得业主大会的同意或未按业主大会确定的范围而签订物业服务合同，起诉前或者一审期间未取得业主大会或百分之五十以上业主追认的
情形六	物业管理企业擅自将整体管理服务转托、转让给第三人或将其分解后以分包的名义发包给第三人的
情形七	其他违反法律或行政法规强制性规定的

图 2-5 支持认定物业服务合同或合同条款无效的情形

合同被确认无效后，物业管理企业已提供服务的，可请求业主按当地政府规定的最低价格支付物业服务费用。

（2）请求确认物业服务合同无效而不予支持的情形

符合图2-6所示的情形之一，当事人请求确认物业服务合同无效的，不予支持。

1 经法定程序选举产生的业主委员会虽未经房地产行政主管部门登记备案，但根据业主大会的决定与物业管理企业签订物业服务合同的

 经法定程序选举产生的业主委员会未征得业主大会的同意或未按业主大会确定的范围而签订物业服务合同，但在起诉前或者一审期间取得业主大会或百分之五十以上业主追认的

 未经法定程序选举产生的业主委员会与物业管理企业签订物业服务合同，但在起诉前或者一审期间有百分之五十以上的业主事后追认的

图 2-6 请求认定物业服务合同或合同条款无效而不予支持的情形

4. 物业管理合同的终止

物业服务企业有下列行为之一的，业主委员会或者委托方有权予以制止，并责令限期改正；逾期不改正的，业主委员会或委托方可以终止委托管理合同。

（1）擅自扩大收费范围、提高收费标准的。
（2）改变共用设施专用基金和住宅维修基金的用途，或未按规定定期公布收支账目的。
（3）改变专用房屋的用途，未按规定使用的。
（4）管理制度不健全、管理混乱，造成对住宅区的房屋管理、维修、养护不善，经市、区住宅主管部门认定应当予以处罚的。
（5）对住宅区的管理未能达到市住宅主管部门和委托管理合同规定的标准的。
（6）违反委托管理合同规定的。

四、前期物业服务合同法定终止条件

> **第九百四十条** 【前期物业服务合同法定终止条件】建设单位依法与物业服务人订立的前期物业服务合同约定的服务期限届满前，业主委员会或者业主与新物业服务人订立的物业服务合同生效的，前期物业服务合同终止。

《民法典》第二百八十四条第二款规定："对建设单位聘请的物业服务企业或者其他管理人，业主有权依法更换。"业主作为建筑物所有人对物业服务人有最终决定权。前期物业服务合同在期限未满时，如果业主成立业主大会，选聘了物业服务人，签订了普通物业服务合同，则前期物业服务合同终止，终止时间为业主委员会与物业服务人签订的物业服务合同生效时间。

五、物业服务转委托的条件和限制性条款

> **第九百四十一条** 【物业服务转委托的条件和限制性条款】物业服务人将物业服务区域内的部分专项服务事项委托给专业性服务组织或者其他第三人的，应当就该部分专项服务事项向业主负责。
>
> 物业服务人不得将其应当提供的全部物业服务转委托给第三人，或者将全部物业服务分解后分别转委托给第三人。

物业服务人与业主委员会签订物业服务合同后，可以将部分专项服务委托给专业性服务组织，但是不能将全部物业服务转委托给第三人。之所以作出如此规定，是因为业主委员会选定物业服务人提供服务，是基于对该物业服务人的信任，如果物业服务人将全部物业服务转给第三人，实际上就让物业服务人失去了应有的作用。

如果业主发现物业服务人将服务全部外包给第三方，可以起诉该等分包/转包行

为无效。如果该行为很严重，业主还可以解聘物业服务人。即使物业服务人将部分专项服务事项委托给专业性服务组织或者其他第三人，物业服务人也应当就该部分专项服务事项向业主负责。

因此，物业服务人转包或分包时需要注意图2-7所示的要点。

图 2-7　物业服务人转包或分包的要点

六、物业服务人的一般义务

> 第九百四十二条　【物业服务人的一般义务】物业服务人应当按照约定和物业的使用性质，妥善维修、养护、清洁、绿化和经营管理物业服务区域内的业主共有部分，维护物业服务区域内的基本秩序，采取合理措施保护业主的人身、财产安全。
>
> 对物业服务区域内违反有关治安、环保、消防等法律、法规的行为，物业服务人应当及时采取合理措施制止、向有关行政主管部门报告并协助处理。

（一）物业服务人的义务

《民法典》实施前，对物业服务人的义务界定不清晰，实践中，常存在业主以物业服务企业对小区内私搭乱建、偷盗等行为不作为而拒交物业费的情形。现在，《民法典》将物业服务人的义务分为图2-8所示的三个部分。

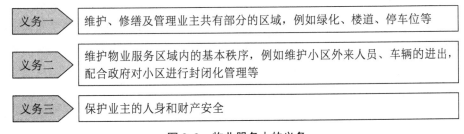

图 2-8　物业服务人的义务

（二）物业服务人的责任

物业服务人作为物业服务机构，仅在自己能力范围内对业主的人身及财产进行保护。而保护的范围，往往由物业服务人与业主在物业服务合同中约定。出现违反治安、环保等法律、法规的行为时,物业服务人有义务采取合理措施予以制止,同时可以向有关行政主管部门报告并协助处理。因此,对违法行为进行制止是物业服务人的义务,物业服务人作为物业区域内秩序的重要维护者,对于物业区域内的基本秩序、安全秩序都负有责无旁贷的责任。

对此,建议物业服务人根据《民法典》及物业服务合同的约定,对安保人员进行培训,厘清可自行处理与需转交政府部门处理的边界,并制定相关的处理机制,在处理实际问题时做到"有据可循"。

七、物业服务人信息公开义务

> **第九百四十三条** 【物业服务人信息公开义务】物业服务人应当定期将服务的事项、负责人员、质量要求、收费项目、收费标准、履行情况,以及维修资金使用情况、业主共有部分的经营与收益情况等以合理方式向业主公开并向业主大会、业主委员会报告。

(一)公共收益情况公示

小区内电梯、楼道、道路等公共区域属于业主共用范围,物业服务企业利用业主共有部分进行经营,实质上是利用业主的财产进行经营,物业服务人作为提供物业服务的一方,并非小区的业主,并不能占有、使用公共收益,只能代替业主管理支配该部分收益,因此应向业主公布公共收益的情况。

(二)物业服务事项、收费标准、维修资金等公示

业主大会、业主委员会代表业主行使权利,物业服务人作为物业服务合同的一方,理应对业主履行报告义务,定期将服务的事项、负责人员、质量要求、收费项目、收费标准、履行情况,以及维修资金使用情况、业主共有部分的经营与收益情况等以合理方式向业主公开并向业主大会、业主委员会报告。同时,物业服务人应及时将收支情况告知业主,保障业主的知情权。

(三)公示的方式

综上所述,物业服务人应及时履行信息公开义务,可以采用图2-9所示的方式。

方式一	在小区公告栏张贴布告,公示公共收益的情况
方式二	可以利用微信公众号定期发布信息,使公共收益情况能随时随地被小区的业主获取

| 方式三 | 定期召开公示大会，向业主公示公共收益情况，使业主有充分的参与感、获得感 |

图 2-9　履行信息公开义务的方式

八、业主支付物业费义务

> **第九百四十四条　【业主支付物业费义务】**业主应当按照约定向物业服务人支付物业费。物业服务人已经按照约定和有关规定提供服务的，业主不得以未接受或者无须接受相关物业服务为由拒绝支付物业费。
>
> 业主违反约定逾期不支付物业费的，物业服务人可以催告其在合理期限内支付；合理期限届满仍不支付的，物业服务人可以提起诉讼或者申请仲裁。
>
> 物业服务人不得采取停止供电、供水、供热、供燃气等方式催交物业费。

（一）业主支付物业费的义务

物业费是业主对于物业服务人按照合同约定提供建筑物及其附属设施的维修养护、环境卫生和相关秩序的管理维护等物业服务所支付的对价。根据《物业服务收费管理办法》第九条规定，业主与物业管理企业可以采取包干制或者酬金制等形式约定物业服务费用。

实践中，业主因对物业服务人不满而拒绝支付物业费的现象大量存在。而物业服务人提起诉讼追索物业费时，业主往往以未接受或无须接受物业服务或物业服务人提供的物业服务不符合约定、未尽到安全保障义务、非合同当事人为由提出抗辩。在物业服务人如约提供了物业服务时，业主的抗辩是不成立的。物业服务人已经按照约定和有关规定提供服务的，业主不得以未接受或者无须接受相关物业服务为由拒绝支付物业费。

（二）业主欠费时物业服务人的催告义务

业主欠费时，物业服务人在提起诉讼或申请仲裁前有催告义务。将催告程序作为物业服务人起诉的前置条件，给物业服务人和业主提供了直接沟通、协商的空间，可督促一部分因为各种原因忘记或暂时无法支付物业费的业主尽快履行义务，有利于双方直接解决纠纷。

（三）物业服务人不得采取停水、停电等措施催收物业费

物业服务人不得采取停水、停电等措施催收物业费，无论物业服务合同有无约定，物业服务人都不得采取此类措施。如果物业服务人超越管理职权，滥用停水、停电措施造成业主损害的，应当承担侵权损害赔偿责任。

九、业主告知、协助义务

> **第九百四十五条** 【业主告知、协助义务】业主装饰装修房屋的,应当事先告知物业服务人,遵守物业服务人提示的合理注意事项,并配合其进行必要的现场检查。
> 　　业主转让、出租物业专有部分,设立居住权或者依法改变共有部分用途的,应当及时将相关情况告知物业服务人。

(一)装饰装修房屋时的告知义务

本条既规定了业主装饰装修活动中的民事义务,同时也带有行政管理性质。

(二)转让、出租、改变用途时的告知义务

业主的物业专有部分是业主的重要私人财产,为充分发挥物业的使用效益,业主有可能将自己的物业专有部分进行转让、出租,甚至通过设立居住权的方式交由他人使用,由此导致物业使用人与业主并不相同。特别是当物业具有商业性质时,物业的转让、出租频次会非常高,业主与物业实际使用人不一致的情况极为常见。业主与物业服务人之间由于信息不对称经常出现物业收费、人员管理等方面的纠纷。在改变共有部分用途的情况下,业主也应当及时告知物业服务人,这主要是因为物业服务人作为受托方要对物业共有部分进行管理,如果共有部分用途发生改变,物业服务合同的内容也要相应作出改变。

十、业主合同任意解除权

> **第九百四十六条** 【业主合同任意解除权】业主依照法定程序共同决定解聘物业服务人的,可以解除物业服务合同。决定解聘的,应当提前六十日书面通知物业服务人,但是合同对通知期限另有约定的除外。
> 　　依据前款规定解除合同造成物业服务人损失的,除不可归责于业主的事由外,业主应当赔偿损失。

(一)单方解除的法定程序

业主行使单方解除权必须履行法定程序。

法定程序应当以《民法典》第二百七十八条规定的程序为准,即"业主共同决定事项,应当由专有部分面积占比三分之二以上的业主且人数占比三分之二以上的业主参与表决",另外还必须满足"应当经参与表决专有部分面积过半数的业主且参与表

决人数过半数的业主同意"。

依照法定程序作出决定是业主解聘物业服务人的必要环节，它直接决定了业主解除物业服务合同正当与否。如果未经过法定程序作出决定，则不能产生全体业主解聘物业服务人的意思效果。

（二）合同的解除与赔偿损失

合同的解除不影响合同当事人请求赔偿损失的权利。

《民法典》第五百六十六条规定，合同解除后，尚未履行的，终止履行；已经履行的，根据履行情况和合同性质，当事人可以请求恢复原状或者采取其他补救措施，并有权请求赔偿损失。合同因违约解除的，解除权人可以请求违约方承担违约责任，但是当事人另有约定的除外。

对于损失赔偿的范围和金额，《民法典》第五百八十四条规定，当事人一方不履行合同义务或者履行合同义务不符合约定，造成对方损失的，损失赔偿额应当相当于因违约所造成的损失，包括合同履行后可以获得的利益；但是，不得超过违反合同一方订立合同时预见到或者应当预见到的因违约可能造成的损失。

因此：

（1）对于业主单方解除物业服务合同的，如果物业服务人存在违约行为，则业主行使权利属于正当事由，不应赔偿物业服务人的损失。

（2）如业主系自行行使任意解除权，对于合同解除给物业服务人造成的直接损失以及可得利益损失，包括物业服务人已经实际支出且无法收回的服务成本、合同未履行期间的收益等损失，业主应当赔偿。

十一、物业服务合同的续订

> 第九百四十七条 【物业服务合同的续订】物业服务期限届满前，业主依法共同决定续聘的，应当与原物业服务人在合同期限届满前续订物业服务合同。
>
> 物业服务期限届满前，物业服务人不同意续聘的，应当在合同期限届满前九十日书面通知业主或者业主委员会，但是合同对通知期限另有约定的除外。

续聘是业主和物业服务人基于合同的履行情况决定在合同期限届满前是否启动一个新合同关系的行为。在业主依法共同作出续聘决定的情况下，业主应当与物业服务人在合同期限届满续订物业服务合同。

（一）业主续聘物业服务人应满足的条件

业主决定续聘物业服务人时，应满足图2-10所示的条件。

| 条件一 | 双方存在合法有效的物业服务合同关系 |

这是业主续聘物业服务人、续订合同的前提，不存在既有关系，也就没有续聘的必要，可视为订立新的合同

| 条件二 | 业主在物业服务期限届满前已经依法共同决定续聘物业服务人 |

这包含两方面的内容：一是时间方面，应在物业服务期限届满前作出续聘的决定；二是程序方面，应依照法定程序作出续聘的决定。如果在服务期限届满之后作出续聘决定，那么与原物业服务合同就缺少连续性

| 条件三 | 必须是依法共同作出续聘决定 |

应当由专有面积占三分之二以上且人数占比三分之二以上的业主参与表决，还应当经参与表决专有部分面积过半数的业主且参与表决人数过半数的业主同意

图 2-10　业主续聘物业服务人应满足的条件

（二）物业服务人不同意续聘时的通知义务

物业服务人不同意续聘时履行通知义务应满足图 2-11 所示的三个要求。

| 要求一 | 应当在合同期限届满前九十日通知 |

| 要求二 | 物业服务人应当以书面方式通知 |

| 要求三 | 物业服务人通知的对象是业主或者业主委员会，要根据所在物业的不同情况选择相应的通知对象 |

图 2-11　物业服务人不同意续聘时履行通知义务的要求

十二、不定期物业服务合同

> **第九百四十八条**　【不定期物业服务合同】物业服务期限届满后，业主没有依法作出续聘或者另聘物业服务人的决定，物业服务人继续提供物业服务的，原物业服务合同继续有效，但是服务期限为不定期。
>
> 当事人可以随时解除不定期物业服务合同，但是应当提前六十日书面通知对方。

物业服务期限届满后，双方没有续订合同，则物业服务合同终止。物业服务合同终止后，在没有后续物业服务企业入驻的情况下，前物业服务企业撤离必然导致小区基本生活秩序失控。为了避免这一情况，本条规定了不定期物业服务合同。

（一）不定期物业服务合同的成立条件

不定期物业服务合同的成立需满足图2-12所示的条件。

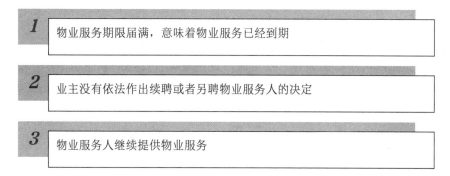

图2-12　不定期物业服务合同的成立条件

不定期物业服务合同并不是业主和物业服务人之间订立了新的合同，而是原物业服务合同的延续。虽然这种规定在一定程度上干预了当事人的自由意思，但是对秩序、效益等价值进行考量，属于法定的特殊安排。

（二）随时解除的通知

不定期物业服务合同当事人的随时解除权，必须按照法律规定的方式行使，即提前六十日书面通知对方。当事人书面通知对方即为行使解除权的行为，但该行为在六十日期限届满后才发生效力。

十三、物业服务人的移交义务及法律责任

> **第九百四十九条　【物业服务人的移交义务及法律责任】**物业服务合同终止的，原物业服务人应当在约定期限或者合理期限内退出物业服务区域，将物业服务用房、相关设施、物业服务所必需的相关资料等交还给业主委员会、决定自行管理的业主或者其指定的人，配合新物业服务人做好交接工作，并如实告知物业的使用和管理状况。
>
> 原物业服务人违反前款规定的，不得请求业主支付物业服务合同终止后的物业费；造成业主损失的，应当赔偿损失。

（一）物业服务人的交接义务

物业服务合同是物业服务人与业主之间的协议，物业交接发生在物业服务合同终止后，那么交接应属于物业服务人与业主之间的事项，即物业服务人和业主属于物业交接的主体。对于原物业服务人而言，其与新物业服务人并无直接的法律关系，双方并无直接交接的权利和义务；但对于业主而言，新物业服务人与之存在合同关系，由此获得了对物业的管理权限，与业主存在合同约定的物业交接权利和义务，从这个层面上讲，新物业服务人也属于物业交接的主体。

（1）交接对象，业主委员会、决定自行管理的业主或者其指定的人。

（2）退出时间，原物业服务人应当在约定期限或者合理期限内退出。

（3）交接内容，包括退出物业服务区域、移交物业服务用房、移交相关设施、移交物业服务所必需的相关资料和由其代管的专项维修资金等。

（二）违反移交义务造成业主损失的应当承担赔偿责任

原物业服务人违反前款规定的，不得请求业主支付物业服务合同终止后的物业费；造成业主损失的，应当赔偿损失。由此可见，物业服务人拒不履行交接义务而造成损失的，应当承担赔偿责任。

> **提醒您**
>
> 如果原物业服务人拒不撤出，业主可以根据合同约定要求其承担相应的违约责任。同时，业主或业主委员会亦可向相关行政主管部门反映情况，要求原物业服务人承担相应的行政责任。原物业服务人承担民事责任并不能免除其应承担的行政责任。

十四、物业服务人的后合同义务

> **第九百五十条 【物业服务人的后合同义务】** 物业服务合同终止后，在业主或者业主大会选聘的新物业服务人或者决定自行管理的业主接管之前，原物业服务人应当继续处理物业服务事项，并可以请求业主支付该期间的物业费。

就物业服务合同而言，发生合同终止的情形如图2-13所示。

情形一：物业服务期限届满，业主依法决定不续聘或者已另聘物业服务人，合同期限届满后物业服务合同终止

情形二	对于前期物业服务合同而言，按照《民法典》第九百四十条规定，业主委员会或者业主与新物业服务人订立的物业服务合同生效的，前期物业服务合同终止
情形三	对于不定期物业服务合同，当事人提前六十日书面通知对方后解除合同的，合同终止
情形四	业主、物业服务人协商解除物业服务合同
情形五	当事人根据《民法典》第五百六十三条第一款的规定行使法定解除权解除合同的，合同终止
情形六	当事人根据约定的解除合同事由解除合同的，合同终止

图 2-13　物业服务合同终止的情形

在新物业服务人或者决定自行管理的业主接管之前，原物业服务人继续处理物业服务事项是基于法律的强制性规定，也是原物业服务人的法定义务。但原物业服务人可根据其实际提供的物业服务向业主收取必要费用。

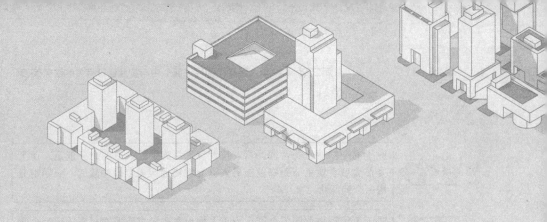

第三章
Chapter three

物业管理中的法律风险及防范

* * * * *

物业管理的风险分很多种,从管理阶段来看,分为前期介入接管风险和日常物业管理风险。有效降低前期介入接管风险是为了降低日常物业管理的风险,有效降低日常物业管理风险是为了保证物业服务企业长期稳定的发展。

* * * * *

第一节 前期物业服务中的风险及防范

公开、公正、公平的前期物业管理活动,对于维护业主利益,推动房地产开发与物业管理分离,促进物业管理市场的公平竞争,提高物业管理行业的管理水平,起到了非常重要的作用,可以说是开发商、物业服务企业、业主三方的共赢之举。对物业服务企业来说,这也为物业服务合同的正式签订,奠定了基础。但是,任何事物都具有两面性,我们在看到机遇的同时,也必须清楚地认识到前期物业管理会带来很多的风险。如果处理不当,可能会给今后的物业管理造成不良后果。

一、前期物业管理的特点

前期物业管理的特点决定了物业服务企业在前期物业管理活动中,要投入大量的人力、物力,投入越大,风险越大,机遇和风险是同时存在的。

(一)前期物业管理的无偿性

物业服务企业的前期物业管理活动,是为了以后的经营管理而进行的"铺底"性市场活动。对于这种付出,业主不会以物业服务费的形式去支付,这种投入目前只能由物业服务企业以市场开拓费的形式去负担。资金投入的数额,由物业管理的期望值、工程规模、工程期限等多种因素决定,一般认为,在物业管理的介入阶段,物业服务企业需要投入三名左右的工程技术人员。而在前期物业管理的第二阶段,则需要投入更多的人力、物力。

(二)过程的不确定性

前期物业管理活动并不在国家的法定要求范围之内,完全是房地产开发企业和物业服务企业为了自身的长远利益,而主动进行的开发性合作活动,双方的权利和义务关系，以合同的形式加以规范。首先，物业服务企业要挑选具有一定物业管理知识、物业管理实践经验和策划能力的管理人员组成前期物业管理机构，专门负责前期物业管理工作，并指派物业管理专业人员，参加房地产开发企业项目策划会议，为开发建设企业提供咨询服务。物业服务企业的工程技术人员，对物业建筑规划、建筑材料、工程质量、配套设施建设等，并没有检查监督的权利，对违反规定和规划的建设项目，只能向开发商提出改正的意见和建议。其次，分期建设的楼盘，一般为期房，会根据销售情况决定下一阶段是否开工建设。这种项目，建设期限往往难以确定，前期物业管理的时间会被拉长，对工程持续的人力、物力投入也会不断增加。

（三）结果的不可预见性

按照国家法规的要求，项目开发完成并竣工验收合格后，开发企业必须按照法定要求和程序将项目移交给物业服务企业进行管理。也就是说，开展了前期物业管理介入活动，并不等于就取得了物业的前期管理权，也不等于取得了业主委员会的聘用资格。可见，前期物业管理活动只是给物业服务企业提供了一个机会。如果物业服务企业把握不住，可能会血本无归。

（四）物业管理的微利性

物业管理具有微利性，前期物业管理投入太少，不会产生应有的效果；投入太多，会增加物业服务企业的风险，即使其能够顺利地成为小区的管理者，也需要较长的时间，才能收回成本。经过测算，一个正常的小区，70%以上的业主正常交纳物业管理费，才能达到收支平衡，但要达到这一目标，需要很长的时间。

二、前期物业管理的风险

前期物业管理中，物业服务企业存在的风险是显而易见的。

（1）物业服务企业会和开发商一起，陷入无限期的工程建设中。由于合同的约定和前期的投入，物业服务企业往往不会主动撤管，只会投入更多，风险也会越来越大。

（2）分期建设的期房，即使前期工程建设完毕，达到了入住要求，业主入住后也会以配套设施不全、绿化不到位、工地噪声大、道路不畅通等理由拒交物业费。物业服务企业必须配齐保安、保洁、维修等管理人员，必须投入更多的人力、物力。

（3）开发商在建设过程中，为了减少成本，往往会挤占绿地、道路空间或其他公共场所，业主入住后，发现居住现状与宣传不符，因为物业服务企业参与了前期物业管理活动，业主和开发商都会把矛头指向物业服务企业，要求少交甚至不交物业管理费。

（4）前期物业管理最大的风险是，不能取得预期的物业管理资格，得不到业主的认可。

三、前期物业管理过程中的风险化解

（一）总体策略

前期物业管理过程中的风险化解可从图3-1所示的几个方面着手。

1. 在合同签订之前，应对开发商的资质、信誉、项目位置、周围环境、道路交通、销售情况、购买人群等进行考察，对项目的预期收益进行论证

2. 在合同中应明确约定前期物业管理的权利和义务，对施工过程中提出的各种整改意见和建议，应登记在案。应特别约定前期物业管理的起止时间，到期不能完全履行的，应要求更改或签订新的前期物业管理合同

3. 虽然在前期物业管理活动中，不能从开发商那里得到资金补偿，但物业服务企业可以利用自身的优势，为开发商开展一些配套工程，比如绿化工程、管线安装配套工程等，从中获得一定利润，作为对前期物业管理费用的补充。这些工程费时、费力，都是开发商不愿做的

4. 分段建设的期房，可以签订几个前期物业管理介入合同，根据项目完工的情况，决定是否终止其中的一个前期物业介入合同。进入前期物业管理的后期阶段，通过对入住业主正常收费，来化解前期物业管理介入的风险、缓解前期资金投入的压力

5. 在前期物业管理过程中，应处处为业主着想，对建设中不按规划施工、损害业主利益的行为，要坚决抵制

6. 业主入住前后，很多问题和矛盾可能会不断暴露出来，物业服务企业的员工要提高自己的管理水平，树立良好的企业形象，为业主做好服务，耐心细致地完成工作，真心实意为业主排忧解难，赢得广大业主的信赖，为后期管理奠定基础

图3-1　前期物业管理过程中的风险化解策略

（二）签订前期物业管理合同的注意事项

《物业管理条例》颁布实施后，为了规范物业服务行业的管理，国家建设部发布了前期物业服务合同和物业服务合同的格式范本，有不少物业服务企业签订合同时直接选用了格式合同，但是各个物业的具体情况并不相同，应该根据实际情况对合同范本的部分条款进行补充完善。

例如,在签订前期物业服务合同时,就应对物业管理费的收取时间作出明确的约定。

特别是物业管理费由开发商承担转为由业主承担时,时间的划分应该有明确的约定。在实际中,往往由开发商单方面下发一个入伙通知书给物业服务企业,物业服务企业以此为依据开始收取物业管理费,从而引发了诸多纠纷。从法律角度出发,这个时间的划分,应有三方签字的书面认可,入伙通知书中既要有开发商签字和盖章,同时也要有业主的签字认可及物业服务企业的签字盖章,如:

某物业服务企业提起诉讼,要求某业主交纳欠交的物业管理费,该业主认为自己并未办理入伙手续,入伙通知书只是开发商与物业服务企业的约定。由于是前期物业管理,该业主也没有与物业服务企业签订直接的物业管理服务协议,物业服务企业不能提供其他证据证明业主与物业服务企业之间的管理关系,因此物业服务企业的诉讼请求最终没有得到法院的支持。

前期物业服务合同的风险类别及防范措施如表3-1所示。

表3-1 前期物业服务合同的风险类别及防范措施

类别	风险说明	防范措施
物业承接查验引起的风险	物业的承接查验关系到物业服务企业今后的管理,由此产生的风险不可忽视	物业服务企业在与房地产开发企业订立前期合同时,一定要对承接查验的内容及法律责任约定清楚,明确双方的权利与义务,严格按照承接查验的相关规定操作
销售房屋时开发商不当承诺引起的风险	现实中,开发商为了促进销售,给购房者承诺赠送物业费、赠送阁楼、免物业费等事项。这些不当承诺给物业服务企业日后的管理增加了难度	物业服务企业应该充分调查了解并与开发商进行必要的沟通,在订立合同时将有关事项约定清楚
物业服务合同期限引起的风险	物业服务合同期限方面的规定较为简单	这类风险来自对物业服务合同期限的理解,在实践中,物业服务企业要多与业主沟通,了解其对期限方面的确切要求
专项维修资金约定不清引起的风险	专项维修资金在物业管理活动中应当专款专用,不得挪作他用	法律、法规有明确规定,物业的专项维修资金在前期管理阶段由开发商承担。物业服务企业应当在合同中明确,并及时跟踪资金的落实情况
物业管理用房在合同中约定不清引起的风险	物业管理用房在物业管理早期介入时就应明确,管理用房的落实将影响到物业管理工作能否顺利开展	物业服务企业在签订合同时,应该明确物业管理用房的有关事项,并跟踪落实

续表

类别	风险说明	防范措施
前期物业管理质量、费用引起的风险	物业管理活动中业主关心的重点是物业服务是否质价相符，因此合同中应当明确物业服务质量与服务费用	为防范这方面的风险，物业服务企业在签订合同时，应当遵照市场规律，根据管理项目与企业自身条件确定合理的价格，切忌为了取得项目以低价投标，使物业服务质量不符而引起纠纷
违约责任约定不当引起的风险	违约条款是物业服务合同的重要条款，如果约定不清，一旦发生纠纷，受损最大的应该是物业服务企业。在司法实践中，一旦发生纠纷，物业服务企业很多时候会成为重罚的对象	物业服务企业在订立合同时应当清楚地约定合同纠纷的解决条款，必要时可以咨询法律专家

第二节　日常物业服务中的风险及防范

在物业服务企业日常工作中，业主、客户等遭遇第三方侵害而引发各类诉讼的风险时有发生。在此类事件中，物业服务企业无论是否存在过错，都有可能因此陷入旷日持久的纠纷或诉讼中，给企业的日常经营工作带来很多困扰。

一、治安风险防范

（一）治安风险的表现

治安风险是指由于外界第三人的过错和违法行为，给物业服务范围内的业主或非业主使用人造成人身损害和财产损失而导致的物业管理服务风险，其具体表现为：

（1）入室盗窃。
（2）抢夺、抢劫。
（3）故意伤害。
（4）故意杀人等。

（二）治安防范措施

物业服务企业对所辖物业的治安防范措施如图3-2所示。

- 明确物业服务企业的法律地位和职责
- 支持业主自防，提高业主安防意识
- 完善区域内安全防范设施
- 完善、执行管理制度
- 安排保安巡逻，并对巡逻工作进行监督检查

- 充分挖掘保安人员的防范能效
- 委托给专业的保安公司
- 做好群防群治工作
- 突发事件应有应急预案

图 3-2 治安防范措施

1.明确物业服务企业的法律地位和职责

小区和大厦的治安是由公安机关负责的，物业服务企业的义务是协助公安机关维护小区和大厦的公共秩序。物业服务企业仅仅是依法成立的公司法人主体，不享有超过法律规定的任何行政管理职权和行政处罚权。物业服务企业不具有任何特权。因此，物业服务企业的治安防范义务是一定限度内的有限义务。

2.支持业主自防，提高业主安防意识

物防是业主家居的最后防线，物业服务企业应该支持业主安装防盗门、防盗窗、防盗网、监控器，提高业主自身的安防意识。这些装备能拖延窃贼入侵的时间，增加窃贼入侵的难度，降低窃贼的盗窃意愿。物业服务企业还应鼓励业主在家里安装感应报警装置，这些装置往往能在窃贼作案过程中发出警报，将窃贼吓走，或将保安人员呼叫到现场。

3.完善区域内安全防范设施

物业的治安管理除了靠人力外，还应注重技术设施防范。物业服务企业应根据企业的财力与管理区域的实际情况，配备必要的安全防范措施，例如，在商住小区四周修建围墙或护栏，在重要部位安装防盗门、防盗锁、防盗报警系统，在商业大厦安装闭路电视监控系统和对讲防盗系统等。

4.完善、执行管理制度

物业服务企业应针对不同服务区域的具体情况，制定相对完善和实用的制度，组建和设置相应的机构和人员，完善和执行相应的制度规定。制度中应明确对小区和大厦往来人员的管理，如人员巡逻和巡视安排、治安事件的处理程序等。

鉴于住宅小区、大厦业主和非业主使用人的不同需求和特点，人员往来管理是有区别的。

（1）住宅小区

住宅小区的业主和非业主使用人可凭密码和智能卡进出，来访者应登记，经业主和非业主使用人同意后进入。

（2）大厦

大厦是以办公为主的商业区域，人员进出过于频繁，进出人员数量过大，逐一登

记是不必要和难以落实的。通常对从大厦搬离物品的人员进行登记,并凭业主或合法的非业主使用人入住时预留的印鉴或签名确认。

往来人员的管理是由固定岗位的工作人员完成的,同时配备相应的人员进行定时的流动式巡逻和巡查,对已进入小区或大厦的人员进行监督,及时发现不法侵害行为,第一时间报警,并协助公安机关制止和防范违法犯罪行为、保护事发现场,以实现维护公共秩序的职责。

> **提醒您**
>
> 物业服务企业应根据小区的不同情况与业主委员会协调,组织一定数量的业主建立业主防范体系,以配合和促进物业服务企业的治安防范工作。既可以及时发现和制止非法侵害行为,也可以监督和发现物业服务企业的工作漏洞,最终形成不同层次的防范体系。

物业服务企业只有严格依据业主大会确定的各项管理规定履行自己的义务,协助公安机关维护社会公共秩序,才不用对业主或非业主使用人因第三人非法侵害而导致的人身和财产损失承担赔偿责任。

5. 安排保安巡逻,并对巡逻工作进行监督检查

巡逻工作可以提升保安的防范能力,这也是保安最主要的工作。保安只有通过巡逻,才能看到更多的区域,防范的空间范围才能覆盖整个小区。巡逻比在保安室值班更能提高保安的防范能效,也会给业主带来更大的安全感。制定有效的巡逻规则,能合理地减少保安的人数、节省人工成本。

6. 充分挖掘保安人员的防范能效

物业服务企业应正视保安在安全防范系统中的主要地位,提高保安的职业素质和敬业精神,充分挖掘保安人员的防范能效。这是物业服务企业在安防服务方面最重要也是最难做的工作,也是提高安防服务整体品质的重点。

保安的素质决定了保安的安全防范能力,如果保安不会使用技防设备,再昂贵的技防设备也是摆设;如果保安身体虚弱,则无力追赶小偷,可能还会被小偷殴打;如果保安怠工懒惰,该巡逻时却在偷懒睡觉,接到报警也不会处理……

所以,物业服务企业应加强保安工作技能的培训,精简保安人数,提高保安的工资待遇,吸引有职业素质和敬业精神的优秀人员。另外物业服务企业也需要通过管理手段加强对保安工作的监督与管理,例如,安装电子巡逻管理系统监督管理保安的巡逻工作,对不符合巡逻要求的保安进行处罚,对阻止了安全事故的保安给予奖励;定时考核保安对技防设备的掌握程度,对不能正常使用技防设备的保安进行处罚;定时检查保安的体能,将体能差的保安转岗等。

> **提醒您**
>
> 物业服务企业要看到技防设备的功能和局限,正视技防设备的工具地位,让保安人员熟悉这些工具的操作和使用细节,提高保安和技防设备的人机结合程度。

7. 委托给专业的保安公司

目前,物业管理行业中,有一部分企业将协助公安部门维护小区和大厦公共秩序的工作委托给专门的保安公司,对外支付一定的保安服务费,由保安公司根据物业服务企业的具体要求提供一定数量的保安人员,按合同约定提供服务。该做法实际上也是物业服务企业与其他主体共担法律风险的措施。

但众多的保安公司往往要求排除因小区盗窃和抢劫事件而造成的赔偿责任,而且法律目前对保安公司的义务尚没有明确的规定,使专业保安公司分担的法律风险变得极为有限。

8. 做好群防群治工作

(1) 密切联系辖区内用户,做好群防群治工作

物业治安管理是一项综合的系统工程,物业服务企业通常只负责所管理物业公共部位的安全工作。要保证物业的安全使用和用户的人身财产安全,仅靠物业服务企业的力量是不够的。所以,物业服务企业必须想办法把辖区内的用户发动起来,强化用户的安全防范意识,并建立各种内部安全防范措施。

(2) 与周边单位建立联防联保制度

与物业周边单位建立联防联保制度,与物业所在地公安机关建立良好的工作关系,也是安全防范的重要手段。物业服务企业应该积极地与相关部门的人员联系、沟通,以获得他们的支持。

9. 突发事件应有应急预案

在物业管理的日常工作中,有些隐患是不易被提前判别的,很难在事先加以控制,因此突发事件和危机也就在所难免。但事件发生时,如果能够得到及时有效的处理,也可以大大减小事件的危害程度,降低风险。为确保突发事件得到及时处理,物业服务企业应制定预案,并就预案进行演练。常见的突发事件如表3-2所示。

表3-2 常见的突发事件

序号	类别	说明
1	自然灾害	自然灾害主要包括台风、暴雨等气象灾害,火山、地震、泥石流等地质灾害
2	事故灾害	事故灾害主要包括小区里发生的重大安全事故,如交通事故,以及影响小区正常管理与服务的其他事故,如环境污染

续表

序号	类别	说明
3	公共卫生事故	公共卫生事故主要包括突发的可能造成社会公众健康损害的重大传染病等，及群体性不明原因疾病、重大食物中毒和其他影响公共健康的事件
4	突发社会安全事件	突发社会安全事件主要包括重大刑事案件、恐怖事件、经济安全事件以及群体性事件

二、消防事故和隐患风险防范

（一）消防事故和隐患风险描述

消防事故和隐患风险也是小区或大厦公共设施管理的风险之一。由于消防设施的特殊性，同时消防隐患往往影响广大业主的生命财产安全，因此将此项风险单独列出来，有利于物业管理对消防风险的防范和广大业主公共安全利益的保护。应加强消防设施日常维护和养护，确保火灾发生时，消防设施能够发挥正常功效，满足消防部门的要求。消防设施维护保养不善、无消防用水供应、消防报警系统失灵都可能导致重大人身和财产损失，此时物业服务企业不仅要承担经济赔偿的民事法律责任，直接责任人和单位主要负责人还可能承担刑事法律责任。

（二）消防事故和隐患风险防范措施

1. 接管时要确认是否有消防验收合格证

物业服务企业接管物业时，尤其是新建小区和大厦，应查验是否已通过消防部门的验收并取得消防验收合格证。在小区和大厦取得消防验收合格证之前，物业服务企业可以进入，但业主不能办理入伙手续。即使开发商要求业主入伙，物业服务企业也不应办理入伙手续。如果在此情况下为业主办理了入伙手续，发生消防事故造成人身和财产损失的，物业服务企业将负有不可推卸的责任。

2. 业主装修时要做好防火工作

这方面的工作如图3-3所示。

 业主入伙后，申请装修时，物业服务企业应审查业主的装修项目是否影响结构安全，使用的材料是否符合消防要求

 在装修过程中，物业服务企业应监督业主按照消防要求配备灭火器械，装修现场应严禁使用明火等，防止业主在装修过程中损坏公共消防设施和器械

图3-3

对损坏公共消防设施和器械的行为应及时制止，造成重大损坏或后果严重的，物业服务企业应向消防主管部门报告，由消防主管部门依法处理

图3-3　业主装修时的防火工作要点

3.建立消防组织，全员参与消防工作

（1）物业服务企业消防组织的建立

①消防组织建立。物业管理企业是物业的管家，对消防责任义不容辞。而物业管理人员是物业管理企业的工作人员，自然成了消防的责任人员。对于物业服务企业而言，一定要对消防工作予以重视，具体来说，要明确本公司消防组织人员组成，将人员名单都登记在"消防组织情况表"（如表3-3所示）中，并明确发生火灾时的应急指挥组织架构（如图3-4所示）。

表3-3　消防组织情况表

单位			地址			
小区类型			占地面积		建筑面积	
管理处防火负责人	姓名		职务		电话	
管理处保安主管	姓名		职务		电话	
公司安委会办公室	电话			安全部	电话	
消防监控中心	负责人		义务消防队		班（队）数	
	值班电话				人数	
	人数					

②明确公司的防火安全责任人。一般而言，最好以文件的方式来明确防火安全责任人。但这并不意味着未出现在名单上的人员就没有消防责任。

③确定各级人员的消防安全责任。应明确公司各级人员——消防安全领导小组、消防兼职领导、消防中心、消防队员、义务消防队员等的消防职责，并以文件的形式体现出来。

（2）确定区域防火责任人

消防安全，人人有责，这并不仅仅是物业管理人员的责任，业主（用户）也有防火责任。所以一定要依法确定各区域消防安全责任人，履行消防安全责任制，落实消

第三章 物业管理中的法律风险及防范

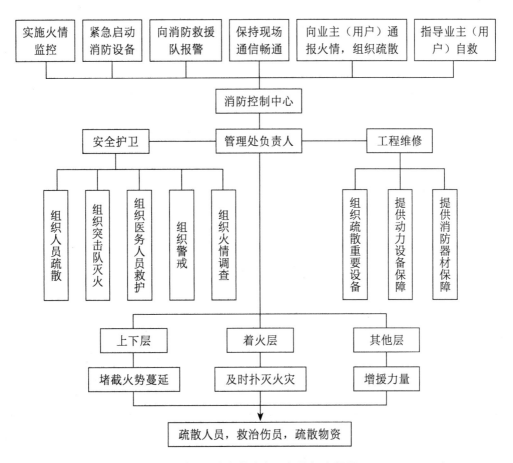

图 3-4 灭火自救应急组织指挥流程图

防管理工作,完善各项消防安全管理规章制度。物业服务企业可根据企业规模大小、经营类别、机构部门设置和公众人流的特点等实际情况,要求业主(用户)建立并落实逐级消防安全责任制及消防安全管理制度。其具体步骤为:

防火安全责任人名单

本管理处防火安全责任人、各部门防火安全负责人、参加消防上岗培训的义务消防队员及救护人员名单如下。

1. 管理处物业总经理_____任防火安全责任人。
2. 管理处物业副总经理_____、行政人事部经理_____、物业管理部经理_____、物业管理部副经理(主管安全)_____、工程管理部经理_____为各部门防火安全负责人。
3. 义务消防队员名单:_____、_____。
4. 救护人员名单:_____、_____、_____。

_____物业服务有限公司
____年__月__日

---

①发出确定防火责任人的通知。

在业主（用户）迁入之初，就应要求其确定防火责任人。不过，业主（用户）是不会主动去做这项工作的。所以，物业服务企业应主动、积极地发出通知，并不时跟催。

关于确定防火责任人的通知

各用户单位：

　　为严格执行国家消防法规，保障大厦用户的生命财产安全，请各用户单位确定防火责任人（应为各用户单位常驻本大厦的负责人），并填写"用户单位防火责任人回执单"，加盖公章后送交物业服务中心。我公司将签发"防火责任人任命书"给各用户单位，请各用户单位防火责任人按照"防火责任人职责"贯彻落实各项消防工作。

××物业服务有限公司

用户单位防火责任人回执单

房号	单位名称	防火责任人姓名

紧急情况联系电话：

签名盖章：
____年__月__日

---

②签发防火责任人任命书。

在收到"用户单位防火责任人回执单"后，物业服务企业一定要按程序签发"防火责任人任命书"给用户单位，请用户单位防火责任人按照"防火责任人职责"贯彻落实各项消防工作。

防火责任人任命书

兹任命_____同志为防火责任人，具体负责本单位消防安全工作。

防火责任人职责：

1. 贯彻执行《中华人民共和国消防条例》实施细则和其他有关消防法规。
2. 组织实施逐级防火责任制和岗位防火责任制。
3. 建立健全防火制度和安全操作规程。
4. 把消防工作列入工作、生产、施工、运输、经营管理等内容。
5. 对职工进行消防知识教育。
6. 组织防火检查，消除火险隐患，改善消防安全条件，完善消防设施。
7. 领导专职或义务消防组织。
8. 组织制定灭火方案，带领职工扑救火灾，保护火灾现场。
9. 追查处理火警事故，协助调查火灾原因。

_____物业服务有限公司
____年__月__日

③签订区域防火责任协议书。

确定好区域防火责任人以后,一定要记得与之签订防火责任协议书。

商场铺位防火责任协议书

消防工作重于泰山。为认真贯彻"谁主管谁负责"的消防工作原则和"预防为主、防消结合"的消防工作方针,积极落实消防岗位责任制,维护大厦安全,现就区域防火责任人的有关防火责任达成如下协议。

1. 区域防火责任范围
商场层铺位。
2. 区域防火责任人的职责
(1) 协助大厦防火责任人做好消防工作,共同维护大厦安全。
(2) 负责本区域范围内的防火工作,确保本区域的安全。
(3) 认真宣传、贯彻、执行《中华人民共和国消防条例》和其他消防法规。
(4) 制定并组织实施区域防火责任制和岗位防火责任制。
(5) 建立和健全防火制度和安全操作规程。
(6) 把消防工作列入生产、施工、经营管理等工作,经常对职工进行消防知识教育,领导和指导本区域的消防工作。
(7) 协助管理处保护好大厦公共场所的消防设备设施及消防器材。
(8) 定期(每月一次)组织消防检查,改善消防安全条件,完善消防设施,把火灾事故消灭在萌芽之中。
(9) 审核、上报本区域装修工程,纠正和处理本区域违反消防法规的现象和行为。
(10) 组织制定本区域灭火作战方案,带领职工扑救火灾,并保护好现场。
3. 本协议书一式两份,大厦防火责任人、区域防火责任人各一份。
4. 协议书经双方代表签字后生效。

物业服务有限公司: 业主(用户):
                                         防火责任人:

电话: 电话:
日期: 年   月   日   日期: 年   月   日

4. 积极开展消防宣传、培训

消防宣传、培训非常重要,应是物业服务企业经常进行的工作。消防培训工作主要从以下三个方面展开。

(1) 消防队伍的训练

义务消防队应由物业服务企业中年轻、身体素质好和工作负责的人员组成,保安部全体保安员均是义务消防员。关于消防培训,可请有经验的专业消防员、有关专家等来讲课,也可请消防救援部门代为培训。培训内容可以适当拓宽,使消防员能适应复杂多变的消防情况。应将培训情况记录在培训情况表(如表3-4所示)中,并存档。

表 3-4 义务消防队员培训情况表

单位	姓名	工种	参加何种培训	发证单位	发证时间	复核时间

（2）员工消防培训

开展员工消防培训的目的是加强员工的消防安全意识，提高火灾应急处置能力。物业服务企业除定期组织所有员工进行灭火演练外，还应定期组织员工进行防火和灭火知识教育，从而使全体人员掌握必要的消防知识，做到会报警、会使用灭火器材、会组织群众疏散、会扑救初起火灾等。而对于新员工来说，上岗前必须进行消防安全培训，考核合格后方可上岗。

（3）业主（用户）消防培训

组织业主（用户）参加消防培训，可按照图3-5所示的步骤执行。

第一步	通过广播、墙报、警示牌等多种形式，向业主（用户）宣传消防知识，营造消防安全人人有责的良好氛围
第二步	定期组织培训，培训内容为消防管理有关法律法规、防火知识、灭火知识、火场的自救和救人、常用灭火器的使用与管理，以及公司制定的消防管理公约，消防管理规定，业主（用户）安全责任书，安全用电、用水、管道燃气管理规定，消防电梯使用规定等
第三步	在组织业主（用户）参加消防培训时，一定要做好相关记录，以显示消防培训的严肃性
第四步	培训结束后，应组织参加人员考核，并将试卷存档备案

图 3-5 业主（用户）消防培训的操作步骤

5. 做好消防档案的管理

消防档案是记载物业管理区域内消防重点以及消防安全工作基本情况的文书档案。物业服务企业应建立消防管理档案。消防档案的内容可根据小区的不同情况进行确定。一般来说，消防档案应包括以下内容。

（1）消防设施档案

消防设施档案包括消防通道情况、消火栓情况、消防水池的储水情况、灭火器的放置位置、消防器材的数量及布置、消防设施的更新等。这些情况可记录在消防设施情况表中，如表3-5所示。

表 3-5　消防设施情况表

一、消防设备			
设备种类	数量	分布位置	情况描述
1.消防泵			
2.消火栓			
3.水龙带			
4.蓄水池			
灭火器 干粉			
灭火器 泡沫			
灭火器 二氧化碳			
灭火器 1301			
灭火器 酸碱			
二、消防水源分布情况			

（2）防火档案

防火档案包括消防负责人及管理人员名单、物业管理区域平面图、建筑结构图、交通和水源情况、消防管理制度、火险隐患、消防设备状况、消防重点部位情况（如表3-6所示）、前期消防工作概况等，这些内容都应详细记录在档案中，以备查阅。同时，物业服务企业还应根据档案记载的前期消防工作概况，定期进行研究，不断提高消防管理水平。

表 3-6　消防重点部位情况表

部位名称	建筑耐火等级	面积（平方米）	负责管理部门	员工人数	消防责任人
概况					

续表

火灾特点	
扑救措施	

（3）火灾档案

火灾档案包括一般火灾的报告和调查资料、火灾扑救情况、对火灾责任人的追查与处理、火险隐患整改情况等。

6.加强消防检查

进行消防安全检查是预防火灾的一项基本措施。物业服务企业应积极组织、督导此项工作。

（1）明确消防设备巡查的内容及频次

消防设备巡查的内容及频次如表3-7所示。

表3-7 消防设备巡查内容及频次

消防设备	巡查的内容及频次	
烟温感报警系统	1.每周对区域报警器、集中报警器巡视一次，检查电源是否正常、各按钮是否在正常状态 2.每日检查一次各报警器的内部接线端子是否松动，主干线路、信号线路是否破损，并对20%的烟感探测器进行抽查试验 3.每半年对烟温感探测器逐个进行保养，擦拭灰尘，检查探测器底座端子是否牢固，并逐个进行吹烟试验 4.一般场所每三年、污染场所每一年进行一次全面的维修保养，主要项目为清洗吸烟室（罩）集成线路、检查放射元素镁是否完好等	
防火卷帘门系统	1.每半月检查一次电气线路是否正常，并清扫灰尘 2.每月对电气元件保养一次，检查有无异常现象，绝缘是否良好，并按照设计原理进行试验 3.每季度对机械元件进行保养、除锈、加油及密封	
送风、排烟系统	1.送风	（1）每周巡视检查各层消防通道内及消防电梯前大厅加压风口是否灵活 （2）每周巡视检查各风机控制线路是否正常，可就地及遥控启动试验，打扫机房及风机表面灰尘 （3）每月进行一次维护保养，检查电气元件有无损坏松动，清扫电气元件上的灰尘，给风机轴承加油等

续表

消防设备	巡查的内容及频次	
送风、排烟系统	2.排烟	（1）每周巡视检查各层排烟阀、窗、电源是否正常，同时对各排烟风机控制线路进行检查，就地启动试验，打扫机房及排风机表面灰尘 （2）每月进行一次维护保养，检查电气元件有无损坏松动，对排烟机轴承及排烟阀机械部分加油保养，打扫机房，同时按照设计要求对50%的楼层开展自动控制试验
消火栓系统		1.每周巡视检查各层消火栓、水龙带、水枪头、报警按钮等是否完好无损，各供水泵、电源是否正常，各电气元件是否完好无损，处于战备状态 2.每月检查一遍各阀门是否灵活，并进行除锈加油保养；检查水泵是否良好，对水泵表面除尘、轴承加油；检查电气控制部分是否处于良好状态，同时按照设计原理进行全面试验 3.每季度在月检查的基础上对水泵进行中修保养，检查电动机的绝缘是否良好
花洒喷淋系统		1.每周巡视检查管内水压是否正常、各供水泵电源是否正常、各电气元件是否完好无损，处于战备状态 2.每月巡视检查花洒喷淋头有无漏水及其他异常现象，检查各阀门是否完好并加油保养；同时进行逐层放水，检查水流指示器的报警是否正常、水位开关器是否灵敏，并启动相应的供水泵检查是否能正常供水 3.供水泵月保养、季中修的内容与消火栓水泵保养相同
应急广播系统		1.每周检查主机、电源信号及控制信号是否正常，各控制开关是否处在正常位置，有无损坏和异常现象，及时清除主机上的粉尘 2.在每月的切换机试验过程中，检查设备是否能正确切换，检查麦克风是否正常，定期清洗磁头 3.楼层的喇叭是否正常，清除喇叭上的粉尘等 4.检查后进行试播放

（2）确定消防设施安全检查的责任人及要求

各种消防设施应由工程设备部负责、保安部配合进行定期检查，发现故障应及时维修，以保证其性能完好，具体要求如图3-6所示。

要求一：保安巡逻员每天必须对巡逻区域内灭火器材的安放位置是否正确，铁箱是否牢固，喷嘴是否清洁、畅通等进行检查。如发现问题，应及时报告工程设备部修复或更换

要求二：工程设备部会同保安部对消火栓箱门、箱内水枪、水带接口、供水阀门和排水阀门等，每月进行一次放水检查，发现问题，应及时纠正

要求三：消防中心要经常检查消防报警器、探测器（温感、烟感）等消防设施，发现问题，应及时报工程设备部进行维修

图3-6

要求四	消防中心每三个月检查一次二氧化碳灭火器的重量及存放位置,对存放地温度超过42℃的,应采取降温措施
要求五	消防中心应定期检查"1211"灭火器,重量减少1/10以上的,应补充药剂并充气;放置在强光或高温地方的,应马上移位
要求六	保安部每天都要检查安全门的状态是否完好,检查安全消防通道、消防设施周围是否畅通,如发现杂物或影响畅通的物件,应立即采取措施加以排除

图 3-6　消防设施安全检查的要求

（3）做好消防检查记录

在消防检查过程中,要做好相应的记录。尤其对发现的异常情况,要提出处理措施。所有的消防安全检查记录都应归档保存。

7.监督消防隐患的整改

消防隐患的整改要重点注意以下事项。

（1）检查中发现各种设备设施有异常,或存在违反消防安全规定的情况,要立即查明原因,及时处理。不能立即解决的,由物业服务企业下发整改通知书(如表3-8所示),限期整改。

（2）受检单位接到整改通知后,应组织人员对消防隐患进行整改,并按规定时限完成。

（3）受检单位整改完毕后,检查人员应对火险隐患进行复查,并记录复查结果。

（4）每到月末,要将物业的消防隐患情况做成月度汇总表,如表3-9所示。

表 3-8　消防检查整改通知书

_____: 　　经____年__月__日__时__分检查,发现你_____(部位)有下述火险隐患。限于__月__日前采取如下措施整改完毕,并将整改情况及时上报。	
签收人/时间:	签发人/时间:
隐患情况和应采取的措施:	
整改情况:	
责任人/时间:	

续表

复查情况：
复查人/时间：

表 3-9　消防隐患整改月度汇总表

月份：　　　　　　　　　　　　　　　制表人：

整改通知书编号	整改通知下达时间	隐患部位	隐患摘要	消防责任人	整改完成时间	检查人	检查结果

审核：　　　　　　　　　　　　　　　制表：

8.定期开展消防演习

消防演习既可以检验物业管理区域内的消防管理工作，消防设备设施运行情况，人员防火、灭火的操作和组织能力；又可增强员工及业主（用户）的消防意识，提高他们的逃生及自救能力。物业服务企业应根据物业管理区域的实际情况和消防管理部门要求，每年组织1～2次消防演习。演习结束后，要及时总结经验，找出不足，以便采取措施改进，提高物业服务企业的防火、灭火、自救能力。进行消防演习时应请公安消防部门派人指导，请他们提出改进的办法或途径。

三、装修管理风险防范

（一）装修管理风险描述

装修是一项综合工程，由此带来的风险也是多种形式的，如：
（1）安全隐患问题。
（2）建筑外观的形象问题。
（3）侵占他人（公众）利益问题。

（4）违规装修。

（5）环境卫生问题。

（6）施工人员管理。

（7）施工噪声。

（8）相邻业主关系的处理等。

（二）装修管理风险防范措施

在装修服务过程中及处理违规装修和违约搭建行为时，应遵照法律、法规的要求开展工作，实现有效免责，防范破坏房屋主体结构等建筑风险；加强对装修服务的监控与管理，防范职务管理风险。

1. 装修备案手续办理地点

装修备案手续办理地点的要求为：

（1）选址必须靠近服务中心或服务前台，方便业主、施工单位交纳费用，为其提供一站式装修服务。

（2）必须安装监控摄像头、拾音器等监控录音设备，并联网至控制中心，实现现场录像，录像资料保存期在30天以上。

（3）必须在醒目位置设置提示标识，内容包括装修管理人员的行为准则、公司及部门监督服务电话等。

2. 遵循装修管理原则

装修管理遵循"提示、发现、告知、制止、取证、诉讼"原则。

（1）提示、发现和告知

①事前提示、发现并告知业主违约装修和违约搭建行为，是物业管理企业履行职责的重要表现，也是免责的重要环节。

提示、发现和告知行为包括图3-7所示内容。

②发现和告知要尽可能提前，以免形成违约装修事实，加大处理难度；对于某些严格禁止的装修行为，例如露台上搭建房屋、破坏承重结构、改变外立面等，要严格制止，防止其他业主效仿。

③告知相关利害关系人是免责的重要手段。利害关系人包括可能受到影响或者侵害的邻居、楼宇开发商（负有各类保修义务）、设计单位、监理单位、与开发商签约的施工单位以及各类可能受到影响或者牵连的单位和个体。物业服务企业应及时告知相关利害关系人，特别是可能受到影响或者侵害的邻居，尽到管理责任；及时提醒相邻业主主张或者维护自己的权益，妥善利用业主的力量推进违约问题的解决。

④合理引导原则。装修管理中，对于业主的合理诉求，应当给予引导，事前制定统一的规范，尽可能给予业主多样的选择，引导相邻业主达成不影响第三人和公共利益的装修谅解，例如，制定多款符合小区风格的防盗窗花、遮阳篷、防盗门等。

第三章 物业管理中的法律风险及防范

行为一	在装修管理协议中对各类装修事项进行约定，书面告知业主装修的禁止或注意事项
行为二	列举、展示各种违约装修行为
行为三	业主申报装修时，服务中心在装修申报表中应明确禁止事项或者约定相关事项，并让业主签字确认
行为四	在业主装修过程中，物业服务企业可通过巡视装修现场，发现各类违约行为并明确告知业主。服务中心可以采取装修违约整改通知书等书面形式，提请业主签收。业主如果拒绝签收，服务中心可以通过业主委员会下达违规通知单；没有业主委员会的，可以通过社区工作站、居委会、警务人员、相邻业主见证等方式保留证据，或者寄送特快专递并保留回执（填写单据时应清楚列明函件的标题和内容，寄送地址为业主购房合同约定的通信地址或办理入伙时登记的通信地址）。对于重大违约装修行为，还可以通过公证处公证的方式，为后续处理和避免其他业主质疑提供依据

> 无论采用哪种通知形式，都应妥善保存好相关证据，如签收单、见证人签字单、特快专递回执、公证书以及违约通知书副本（相同原件或复印件）等，以证明物业服务企业履行了发现和告知义务

图 3-7 提示、发现和告知行为

（2）制止、取证

制止、取证的要求如图 3-8 所示。

要求一	物业服务企业应制止业主的违约装修或者侵害他人合法权益、侵害公共利益的违约行为；通过书面形式要求业主停止违约行为
要求二	配合政府、相关主管部门、执法部门对违约行为予以查处
要求三	配合获得政府授权的公营部门（如水电部门）采取停水、停电等措施制止违约行为
要求四	对违约行为应及时拍照取证，并留存装修违约整改通知书
要求五	对于严重违约或者涉及邻里纠纷的违约行为，应保留充分的证据
要求六	对危害建筑安全的行为必须立即、强制制止，并报告政府主管部门尽快评估与处理

图 3-8 制止、取证的要求

(3) 报告

对于制止无效的严重违约行为，以及严重影响物业服务工作正常开展的行为，物业服务企业可以向相关政府行政主管部门报告，报告范围要适宜、有效，并尽可能扩大报告范围，例如国土建设主管部门、住宅主管部门、规划主管部门、城管部门、街道或者社区执法部门等。

> **提醒您**
>
> 应当保留报告的各类证据，如政府部门签收或者答复文件、政府执法的各类影像资料、政府对业主下发的函件复印件等。

(4) 诉讼

诉讼的要求如表3-10所示。

表3-10 诉讼的要求

序号	情形	措施
1	制止和举报均无效果的侵害他人合法权益的违约装修行为	应积极引导利害相关人向法院提起诉讼，维护自身合法权益
2	各类制止、举报均无效果的严重侵害他人合法权益、侵害公共利益的违约装修行为	物业服务企业可以根据情况行使代位请求权，提起诉讼，并取得企业法务人员的参与
3	相邻权纠纷	（1）对于两户业主之间的相邻权纠纷，如只侵害个别业主利益，不构成对物业管理与服务的妨害，一般不起诉 （2）对于相邻权纠纷，如果业主拒绝直接接触，经物业服务中心多次协调未果，严重影响物业服务企业的正常工作，物业服务企业可以考虑提起诉讼

3.违约装修风险管控要点

违约装修风险管控要点如表3-11所示。

表3-11 违约装修风险管控要点

管控节点	风险管控要点
销售阶段	在预售合同、业主临时管理规约、前期物业服务协议中明确业主装修的具体规定和约束条款，规避业主入住后违约装修的问题
交付阶段	（1）分析项目户型，明确业主容易违约装修的部位，制定违约装修管控预案，对可能存在的违约问题统一口径，明确处理的原则和方式，必要时由地产相关部门审核

续表

管控节点	风险管控要点
交付阶段	（2）根据项目设计风格，确定外立面附属物的统一款式、颜色等，并在明显位置公示，供业主选择，如窗花、防盗门等 （3）办理入伙时，在装修指南中明确业主装修办理流程、装修禁止行为及装修注意事项
装修办理	（1）装修负责人必须具备装修管理的相关经验，熟悉有关法律、法规，熟悉装修中的常见问题，尽可能消除或减少违约引起的负面影响 （2）按《住宅室内装饰装修管理办法》的规定，对业主专有部分的装修履行装修申报、审批职责 （3）制定装修保证金（押金）制度，报业主委员会审批；装修人员应书面承诺遵守装修管理规定，安全施工
审批监管	（1）对于业主提出的任何口头承诺一律不予采纳，如存在特殊情况，需要其出示书面承诺或上报公司、地产公司决策 （2）搭建建筑物、构筑物，改变住宅外立面，在非承重外墙上开门、窗，应经城市规划行政主管部门批准后，报物业服务企业备案 （3）拆改燃气管道和设施，应提交燃气管理单位的批准资料，并备案 （4）改变建筑物主体或承重结构、超过设计标准或规范增加楼面荷载，应提交建筑物原设计单位或具有相应资质的设计单位的设计方案，非住宅用途房屋还应提交政府部门的施工许可证 （5）涉及业主相邻部分的装修，取得相邻业主的书面同意方可进行装修，物业服务企业应保存相关书面证明资料
巡查监管	制定装修巡查管理制度，巡查人员应严格落实检查要点，发现违规情况后，及时进行记录、上报，并下发装修违约整改通知书，告知业主其违约行为和相关法律禁止行为条款
材料管控	对车辆、装修材料严格把关、仔细核实，各岗位及监控中心应熟悉各自管辖区域的装修情况，违建材料一律禁止进入小区
及时举报	（1）涉及建筑安全和重大公共利益的情况，如破坏建筑主体和承重结构、挖地基等，应坚决阻止，并上报政府主管部门 （2）一般性损害公共利益的（私搭建筑物、封阳台等），应履行告知义务、劝阻不当行为，报告主管部门 （3）侵害相邻业主利益的（搭花架等），应劝阻并进行协调，不能协调的，上报主管部门
慎重诉讼	（1）引导业主委员会、居委会、社区工作站及相关客户来影响违约装修户，促其整改 （2）对严重损害业主共同利益且劝阻无效、报告行政机关也无果的情况，考虑提起诉讼
事后处理	对于被起诉的业主，物业服务企业应保持与业主定期的沟通，恢复与业主的情感关系

对违约装修提起诉讼的管控要点如表3-12所示。

表3-12　对违约装修提起诉讼的管控要点

管控要点	详细说明
诉讼证据	（1）预防违约装修的相关证据整理，如业主临时管理规约、装修指引签收记录、装修审批手续及档案 （2）制止违约装修的相关证据搜集，如装修违约整改通知书签收记录、上报主管部门的材料、违约装修现场制止图片
诉讼限定的违约装修行为	（1）危害建筑物安全，如改动房屋承重结构、开挖或扩大地下室、储存危险物品等 （2）违约加建、改建，侵占、挖掘公共通道、道路、场地或者其他共有部分 （3）侵占或破坏公共通道、公共绿化、公共空间、消防通道或其他公共空间 （4）严重违约建造房屋，如在花园或露台上建房屋 （5）阻碍维修，给公共利益或其他业主造成损害
诉讼准备	诉讼前应对违约装修及时制止、报告，并保存相关证据，由法务人员审核起诉条件及起诉证据

4.装修管理人员职务管理风险管控

装修管理人员职务行为准则为：

（1）严禁接受业主及装修单位的礼物、金钱、宴请等，为业主及装修单位提供便利条件。

（2）严禁向业主推荐装修设计与施工单位，牟取私利。

（3）严禁向业主推销、推荐相关装修材料、用品，牟取私利。

（4）如有亲友在小区开展装修业务，应主动向部门、公司报告。

（5）装修管理人员违反以上规定，视为触碰公司红线，公司将按相关规定处理及追责。

5.加强装修过程监控

（1）装修负责人、装修管理员、安全员负责装修过程的日常巡查，按照装修施工管理规程执行。

（2）装修负责人负责每月定期对部门装修情况进行汇总，内容包括新增装修户、正常装修户、违约装修户（含整改情况）、当月验收合格户，并对每项内容简要描述后发服务中心全体知悉。

（3）装修负责人负责与施工单位签订文明装修声明，定期召集施工单位召开沟通会。

（4）物业项目管理处客户部负责对装修管理进行监督，物业服务企业总部的品质管理部，负责跟进调查客户反映的装修管理人员职务异常行为。客户反映情况属实的，物业服务企业将对相关人员按相关规定进行严肃处理。

四、高空坠物风险防范

（一）风险描述

高空坠物有两种情况：一种是建筑物上的建筑物或其他设施以及建筑物上的搁置物、悬挂物发生倒塌、脱落、坠落，尤其是玻璃幕墙；一种是高空抛物。

1. 建筑物上的坠物

《民法典》第一千二百五十三条规定："建筑物、构筑物或者其他设施及其搁置物、悬挂物发生脱落、坠落造成他人损害，所有人、管理人或者使用人不能证明自己没有过错的，应当承担侵权责任。所有人、管理人或者使用人赔偿后，有其他责任人的，有权向其他责任人追偿。"

这一规定是目前解决高空坠物纠纷的主要法律依据。根据该条规定，建筑物或其他设施以及建筑物上搁置物、悬挂物的所有人（业主）或管理人对建筑物或者其他设施以及建筑物上的搁置物、悬挂物承担管理责任。

另外，在业主和物业服务企业签订物业服务合同时，业主一般都将小区公共部位（如外墙面）的养护、维修委托给物业服务企业，物业服务企业基于物业服务合同成为小区公共部位的管理人。因此，根据《民法典》的规定，物业服务企业是整个小区公共部位的管理人，一旦发生玻璃幕墙坠落侵权事件，物业服务企业必然会被卷入纠纷。

2. 高空抛物

《民法典》第一千二百五十四条规定："禁止从建筑物中抛掷物品。从建筑物中抛掷物品或者从建筑物上坠落的物品造成他人损害的，由侵权人依法承担侵权责任；经调查难以确定具体侵权人的，除能够证明自己不是侵权人的外，由可能加害的建筑物使用人给予补偿。可能加害的建筑物使用人补偿后，有权向侵权人追偿。

物业服务企业等建筑物管理人应当采取必要的安全保障措施防止前款规定情形的发生；未采取必要的安全保障措施的，应当依法承担未履行安全保障义务的侵权责任。

发生本条第一款规定的情形的，公安等机关应当依法及时调查，查清责任人。"

由此可知，物业服务企业对高空抛物应当采取必要的安全保障措施；未采取必要的安全保障措施的，应当依法承担未履行安全保障义务的侵权责任。

高空抛物伤人，甚至造成受害者死亡的事件常有发生，尽管从法律意义上来说，由抛物者或抛物楼层群体负责民事赔偿，但对物业服务企业品牌、服务质量、服务水平、尽心程度等都会产生重大影响，甚至会出现业主索赔的情况，从而导致经营风险。高空抛物给物业服务企业带来的危害，如表3-13所示。

表 3-13　高空抛物给物业服务企业带来的危害

序号	类别	说明
1	卫生保洁难维护	常常有业主为了图省事，将果皮等垃圾随手丢出窗外，破坏了小区卫生环境。特别是一些较隐蔽的绿化带区域，常常变成了天然垃圾场。垃圾与绿化植物混在一起，给保洁人员的工作加大了难度
2	小区居民挑起矛盾	住在低层的小区居民也深受高空抛物的困扰，特别是有前台花园的业主，花园常常被楼上居民抛下的垃圾弄脏，这样就引发了楼下业主与楼上乱抛垃圾业主之间的矛盾，常常投诉到物业服务企业，但物业服务企业只能采取上门劝说的方式。即使有证据知道是哪位业主实施的高空抛物，但在没有出现人员财产损害的情况下，物业服务企业也不能对高空抛物者采取惩罚性措施。所以，由此造成的小区居民矛盾往往十分尖锐
3	事故赔偿风险难免	取证是高空抛物的一大难题。有关资料显示，有90%的高空抛物事件找不到肇事者，很多受害者是哑巴吃黄连——有苦说不出，只能自己承担治疗的费用。在有物业服务企业管理的小区，每当高空抛物引发伤人或财产损失，受损者往往最先找到物业服务企业，要求其寻找肇事者与调查事故原因。由于高空抛物事故存在突发性与隐蔽性，往往难寻肇事者，所以物业服务企业常常无辜陷入官司

（二）建筑物及附着物坠物风险防范

物业服务企业在承接项目和管理过程中需要注意规避风险，具体措施如图3-9所示。

措施一　承接项目时应考虑建筑物的新旧和外墙面的材质

在与开发商或业主委员会签订物业服务合同时，物业服务企业应考虑建筑物的新旧和外墙面的材质。建筑物越旧，其悬挂物或搁置物发生坠落的可能性越大，承接项目时，这一风险不得不考虑。目前，建筑物的外墙面有多种材质，如金属、石材、玻璃等，不同材质的外墙面，其养护和维修要求也存在差异，在承接项目时，需详细制定不同材质外墙面的养护、维修预算

措施二　就幕墙的养护、维修与开发商作出相关约定

承接一个项目时，物业服务企业还需要了解开发商对外墙养护和维修与施工单位有何约定。假如开发商在与施工单位签订施工合同时，未对外墙的养护、维修作出具体约定，物业服务企业可与开发商约定免责条款，或就外墙的养护、维修进行相关约定，以避免纠纷

| 措施三 | 交接时要谨慎 |

在物业交接时，物业服务企业工作人员需认真检查，发现问题及时向对方检查人员反馈，以便因质量问题而发生侵权纠纷时追究第三者责任。不要因工作人员粗心大意，导致新接项目一开始就存在隐患

| 措施四 | 加强外墙面维护和保养的监督力度 |

物业服务企业加强事前管理和监督不但能够防范风险，而且可以提高整体服务质量，提高企业信誉度。因此，"防患于未然"与"亡羊补牢"相比，前者的管理理念更可取。例如，按照《玻璃幕墙工程技术规范》规定，物业服务企业可在幕墙工程竣工验收后一年，书面通知玻璃幕墙施工单位对幕墙工程进行一次全面的检查，此后每五年要求其检查一次，并做好相关记录

| 措施五 | 定期排查隐患 |

开展建筑附着物安全隐患排查整治工作。物业服务企业应定期对公共场地和公共设施设备、窗户及玻璃、小区户外广告牌和空调主机等户外附着物组织工程技术人员挨家挨户排查，发现存在安全隐患的，要立即整改并登记在册

| 措施六 | 购买适当的保险 |

为了减少纠纷，物业服务企业可以考虑购买适当的险种。例如，在停车场靠近幕墙的情况下，购买物业管理责任险时可考虑购买停车场附加险。根据需要，物业服务企业还可以与开发商或业主委员会商量，为管理的物业项目购买公共责任险

图 3-9　建筑物及附着物坠物风险防范措施

提醒您

物业服务企业针对高空坠物所开展的工作，应进行记录与登记，以作为物业服务企业免责的证据。

（三）高空抛物风险防范

物业服务企业对高空抛物应以预防为主，与居委会、派出所等部门相互配合，长期开展经常性宣传工作，并发动群众监督。对不听劝阻、屡教不改的个别人员，与公安机关联合采集证据，予以处罚。

1. 随意乱抛垃圾

为了确定"高空抛物"的黑手,物业服务企业可相应地采取技防措施,如安装探头等进行监测。技防措施可以抓住"真凶",同时也能起到监督与威慑的作用。

2. 尽量不给业主提供乱扔垃圾的机会

由于老小区的绿化带布局不合理,给一些不太自觉的业主提供了乱扔垃圾的机会。业主选择在隐蔽的地方扔垃圾,还是有一定的"廉耻心"的。此时,应在情况比较严重的楼区加强宣传教育,让业主明白这种行为是不对的,伤及无辜的话要负法律责任。

3. 装修阶段明确责任

不少业主装修时图省事,经常从楼上扔下装修垃圾。新建小区的物业管理还处在初级阶段,物业服务企业和业主委员会可以在一开始就未雨绸缪,制定相关规范,明确责任,让业主装修前就知道发生这种行为要受到处罚。

4. 与学校、居委会、街道办共同合作,加强宣传

提高业主的道德素质,是预防高空抛物的关键。

(1)物业服务企业要对业主多做宣传,警示高空抛物的危害,提高业主的素质,尤其是公共道德素质。同时,物业服务企业在和业主签订业主管理规约时,要对高空抛物进行特别强调,让业主意识到问题的严重性,在小区内形成"高空抛物可耻"的氛围。

(2)加强监管和处罚力度。高空抛物不仅污染环境,更重要的是危及他人的人身安全,物业服务企业发现有高空抛物的行为,应当积极搜集证据,"张榜公布",并联合社区治安部门,采取措施对肇事者予以惩罚,从而威慑高空抛物的行为。

(3)培养孩子的公德意识。从心理学角度看,青少年极富冒险心理,从高空丢东西的可能性要比成人大得多。一方面他们还不了解事件的后果;另一方面,冒险是孩子的天性。曾经有两个学生为了印证伽利略的"两个铁球同时落地"的试验,从7楼楼顶把两个铅球丢到了楼下。

(四)高空抛物发生后,物业服务企业应积极处理

1. 无事故损失的处理

(1)对于无事故损失的高空抛物,物业服务企业也不可忽视,应尽快找到肇事人,指出其行为的危害及可能面临的治安处罚,劝告其不要再犯。

(2)对有过高空抛物行为的人,应在日常的保安巡视中,加强对其的监督。

(3)如无人目击肇事者,则应及时清除坠落物,并由保安在相关楼层中进行询问与调查;同时宣传高空抛物的危害及可能面临的治安处罚,表明物业服务企业对此事的关注。

2. 发生损失的事故处理

(1)如果因高空抛物造成了社区内居民财产与人身损害,物业服务企业应及时配

合相关部门进行取证，查找肇事者。

（2）物业服务企业应及时足额购买公共责任保险，以规避此类风险、减少经济损失。

3.认真对待居民投诉

当居民对高空抛物进行投诉时，物业服务企业接待人员应及时派员到现场处理，记录相关情况，并进行调查走访，安抚受害人情绪，同时予以回访，做好相应的记录。

五、物业服务收费风险及防范

（一）风险描述

物业服务收费是物业服务企业因提供管理及服务向业主或使用人收取的报酬，既是物业服务企业收入的主要来源，也是物业服务企业开展正常业务、提供物业管理服务的保障。目前，我国物业管理市场不规范，乱收费现象严重。物业收费问题已经成为群众投诉的热点，并影响了业主和物业服务企业的关系。

1.物业服务收费纠纷的表现

物业服务收费纠纷的突出表现就是部分业主拒交或拖欠物业服务费。

2.物业服务收费纠纷的产生原因

物业服务收费纠纷的产生原因十分复杂，具体如表3-14所示。

表3-14　物业服务收费纠纷的产生原因

序号	原因	说明
1	对服务不满，对受约束不满	若物业服务企业提供的服务不合格或业主认定其不合格，业主最常用的抗争手段就是拒交或拖欠费用。另外，作为产权人的业主，原本拥有对物业管理的决策权，但其在物业使用过程中经常感受到管理与约束，这也是业主拒交、欠费的重要原因之一
2	对收费标准、项目、方式等不满	由于信息不对称、业主自身理解的偏差和接受服务的偏好不同，加之有物业服务企业为一己之利而巧立名目乱收费，业主对物业服务收费标准、项目和收费方式（预收、代收等）不满的情况较为普遍，因此也会拒交服务费
3	业主认为物业费太高	业主认为物业服务费的高低跟物业服务企业的资质有关，但事实上，物业服务费的高低跟物业服务企业的资质没有关系，而是与服务水平、小区内的配套设施有关。每个地区、每个小区的物业管理服务不可能达统一标准，因此物业服务费的高低也不等
4	业主不了解物业管理的实际含义	业主觉得房屋出现的问题应由物业服务企业负责，所以一旦房屋存在问题，就成为他们不交、少交、欠交物业服务费的借口，其实这并不属于物业服务企业的职责范围

续表

序号	原因	说明
5	建设单位遗留问题所致	由于开发商的原因,部分业主的房屋存在一些工程质量问题,尤其是墙面、窗户、下水道等问题,业主意见最大。他们收房之后,也把这些问题的矛头指向了物业服务企业,一旦解决不了,就不交物业服务费
6	企业内部管理问题	许多物业服务企业与开发商是"母子"关系,使得物业服务企业不是服务于业主,而是代表开发商的意志,处处受制、听命于开发商。还有一些开发商,在销售房产的时候,为了增加卖点,作出一些不切合实际的承诺,使购房人在购房的时候,有一种很高的期望值,但入住之后,这种承诺并没有兑现;最后他们既抓不到销售商,也抓不到开发商,就只能抓物业服务企业,拒交物业费
7	邻里关系等问题引起	不少业主认为物业服务企业是小区的管家,小区的诸事物业服务企业都应管好。如楼上业主装修引起地板漏水、渗水,楼下业主排放油烟,邻居放音乐、装修发出噪声等问题不能及时解决,业主都可能归责于物业服务企业,从而拒交费用
8	对外部大环境不满	有一些业主把市政施工造成的交通不便、停水断电,或城市规划造成的居住环境质量下降等归责于物业服务企业,进而拒交费用
9	无支付能力	一部分业主欠交费用是由于下岗、失业、家庭变故、投资亏本破产等所致,客观上失去了支付能力

(二)个别业主、物业使用人拖欠物业费的风险防范措施

1. 提升物业服务满意度

(1)物业服务企业应依据物业服务合同的约定,制定切实可行的物业服务方案,保证物业服务人员的综合素质及专业技能符合要求,以此提高业主对物业服务的满意度。

(2)加强与业主的沟通交流,了解业主诉求,及时稳妥地处理各类问题。

(3)加强共用部位及设施设备的日常管理,及时维修保养,以免发生故障或损坏给业主生活造成不便。制订共用部位及设施设备维保计划并组织实施,确保物业正常使用。

(4)规范公共环境管理,按照全年工作计划开展保洁和绿化管理工作,并根据季节变化适时开展环境消杀工作,给业主提供良好的生活环境。

(5)有序开展秩序维护工作,采取人防、技防相结合的管理措施,保障业主人身和财产安全。聘用的人员符合政府主管部门的相关要求,通过资格审查并持证上岗,能正确使用消防、监控等设施设备,熟悉各类刑事、治安案件和突发事件的应急预案,定期进行实战演练。物业服务企业还应定期对物业服务区域内的环境进行安全评估,对发现的安全隐患及时处理;定期测试智能化和消防系统,发现故障或损坏及时

报修，确保系统正常运行。

2.加强业主与建设单位的沟通

业主、物业使用人因房屋质量、不实广告和口头承诺而拒交物业费的，物业服务企业应及时以书面形式告知建设单位，双方应与业主及时沟通并协商解决方案，以消除之间的不良影响。业主与建设单位之间因不实广告或口头承诺产生的纠纷，不应侵害物业服务企业的利益，物业服务企业可采取图3-10所示的措施。

措施一 物业服务企业督促建设单位与施工单位签订施工合同时

应同时签订三方的保修协议，明确三方的权利和义务，以及建设单位与施工单位的保修和违约责任

措施二 因施工单位未按要求尽到保修义务时

物业服务企业可按照保修协议委托其他专业维修单位进行维修，产生的相关费用应由施工单位承担

措施三 当建设单位和施工单位不履行保修义务时

物业服务企业可建议业主采取法律手段维护自身的合法权益

图3-10 业主与建设单位之间纠纷的解决措施

3.将矛盾消灭在萌芽状态

物业服务企业应加大法律、法规的宣传，及时劝阻侵害行为。同时，物业服务企业还应积极与相关业主进行沟通，使业主明确双方的权利和义务，将矛盾消灭在萌芽状态，如图3-11所示。

措施一 对拒不整改的侵害行为，及时上报政府主管部门

措施二 物业服务企业应创建与业主沟通的平台，如在小区公告栏内公布《物业管理条例》，举行物业服务法律、法规竞赛活动，为相互沟通创造良好的条件；增设意见箱，增加彼此间的了解，消除彼此的误会，取得彼此的信任。因此，不管是物业服务企业还是业主，都应重视和加强彼此的沟通，营造一个融洽、相互信任、和睦相处的氛围

措施三 加强与业主、物业使用人的沟通和交流，使业主、物业使用人了解物业服务费的构成。同时，安排专人及时更新业主、物业使用人的联系方式和联系地址，保证信息传递及时、准确

图3-11 将矛盾消灭在萌芽状态的措施

(三)业主、物业使用人整体拒交物业费的风险防范措施

1. 配合业主解决配套设施不完善或未按规划施工的问题

业主投诉配套设施不完善或未按规划施工的,物业服务企业应及时告知建设单位业主的诉求并协商解决方案;对于建设单位拒不完善和整改的,物业服务企业可建议业主采取法律途径或其他合法的方式解决。

(1) 物业服务企业应从早期介入阶段关注项目的设计、规划等重要环节,及时告知建设单位按照审批后的规划方案建设施工。

(2) 物业服务企业在前期介入过程中发现问题时,应书面报建设单位进行整改。短期无法整改的,要确定整改期限;属于无法整改的项目,应与建设单位协商达成一致意见并形成备忘录存档。

(3) 可借助政府主管部门的力量合理解决配套设施不完善或建设单位不按设计规划施工带来的不利影响。

(4) 充分发挥业主委员会的作用,建立业主和物业服务企业之间的信任。物业服务企业也应拓展思路,利用自身优势和项目的公共资源开展多种经营活动,利用公共资源收益来弥补配套设施的不完善。

2. 收费透明化

收费透明化的措施如图3-12所示。

措施一	物业服务企业应采取公开透明的方式在物业服务区域显著位置定期公示物业服务合同履行情况、物业服务项目收支情况、服务内容、服务标准、收费项目、计费方式、年度物业服务项目收支预算等有关事项
措施二	业主提出质询时,物业服务企业应当及时答复
措施三	业主共同决定或者业主委员会要求对服务项目收支情况进行审计时,物业服务企业应当予以配合

图3-12 收费透明化的措施

3. 借助法律手段,依法维权

在法律方面值得注意的有两个问题:

(1) 合同问题

《物业管理条例》施行后,物业管理开始全面走向市场,收费的依据主要通过合同来体现。因此,合同是收费的前提条件,不管何种收费都要以合同为法定依据。特别是在前期物业管理期间,与业主签订临时规约、前期物业管理协议尤为重要,否则难以明确开发商、业主、物业服务企业三者之间的权利与义务关系。

（2）法律诉讼时效问题

一般的诉讼时效为 2 年，中间如果发生时效中断情况，诉讼时效可重新计算。时效中断有图3-13所示的两种情况。

业主同意归还欠费，如"还款计划书"等，这时法律时效中断，重新计算

物业服务企业向业主发出"催收通知书"主张权利。物业服务企业可以每半年向欠费的业主发一次催收通知书，并要求业主签收或确认，这时法定时效中断，可重新计算。物业服务企业以此来确保合法权利不超过诉讼时效，保留随时起诉业主追讨管理费、水电费的权利

图 3-13　时效中断的情况

六、公共设施设备风险防范

（一）风险描述

物业本身及公共设备设施管理不善都可能造成业主或非业主使用人人身和财产损失，如小区电梯因维护不当而停机等。同时，物业、公共设备的多样性和分散性等特点，使风险频繁发生。

每个住宅小区都会有许多设施设备，如交通设施、供水供电供气设施、安保设施、排污设施、娱乐设施等，物业服务企业作为管理者，有义务保障这些设施完好，不对业主和使用人造成伤害。公共设施设备未达到安全要求，导致使用人受损的，受损人有权向物业服务企业索赔。

物业管理中，来自设施设备的风险相当多，仅小区游泳池，就存在水质是否达标、是否按标准配备了救生设备和救生员、更衣室地面是否防滑、是否设置了安全告示等问题，其中一项未达标，就可能构成"未尽设施设备的安全保障义务"。

（二）风险防范措施

公共设施设备风险防范措施如图3-14所示。

1.交接过程中要进行查验

物业服务企业与开发商或业主委员会签订物业服务合同时，应当对物业共用部位、共用设施设备进行查验。

物业服务企业从物业接管验收才开始正式介入物业管理工作中。物业接管验收是工程质量监控的必要措施。通过接管验收，可以明确接管双方的责、权、利关系，物

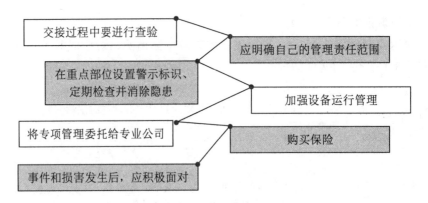

图 3-14　公共设施设备风险防范措施

业服务企业可以借此发现物业的质量缺陷和隐患，并通过及时抢修、加固，确保物业的安全，发挥物业的正常作用，满足业主的使用需要，避免和减少物业质量问题引发的纠纷；物业服务企业还可以借此摸清物业的性能和特点，制定预防性的管理措施和维修计划，并针对物业存在的缺陷，及时采取补救措施，使工程达到质量要求，以减少今后维修的工作量，确保物业管理工作正常开展。

所以，在与开发商或业主委员会、原物业服务企业进行交接的过程中，物业服务企业应对物业共用部位、共用设施设备的现状和存在的问题进行查验，了解以往出现的故障和隐患，并进行书面确认，这些记录将成为以后防范风险的参考资料。

> **提醒您**
>
> 对于交接过程中发现的重大损坏和人为因素造成的事故，应根据不同情况，确定责任和费用的承担主体。

在办理物业承接验收手续时，物业服务企业应向建设单位索要下列资料。

（1）竣工总平面图，单体建筑、结构、设备竣工图，配套设施、地下管网工程竣工图等验收资料。

（2）设施设备的安装、使用和维护保养等技术资料。

（3）物业质量保修文件和物业使用说明文件。

（4）物业管理所必需的其他资料。

在交接的过程中，向新的物业服务企业移交上述全部资料，是开发商、业主委员会和原物业服务企业应履行的法定义务和合同义务，否则，应承担相应的法律责任。

2. 应明确自己的管理责任范围

物业服务企业应明确自己的管理责任范围。建筑物基本可以分为两部分，其中属业主自己入住且由业主自己维修和养护的部分，相应的责任和费用由业主承担。如业主阳台放置的物品或者悬挂的物品坠落造成他人人身或财产损失的，应由业主承担全部赔偿责任；如果证明损害是受害人的故意行为造成的，则由受害人承担责任。物业服务企业分清上述责任，是防范自身风险的举措之一。除此之外，物业服务企业应对公共部位加强检查，确保完好，防止发生意外。

> **提醒您**
>
> 　　按照《民法典》的规定和最高人民法院的司法解释，因建筑物及其他设施或附着物、悬挂物和坠落物造成人身和财产损害的诉讼，举证责任由建筑物或设施的管理人和所有权人承担（举证倒置）。也就是说，当损害发生后，不应由受害人向法庭证明损害发生的原因，受害人只需要证明损害结果是由建筑物或设施导致的即可。而物业服务企业在法律上有义务证明自己在管理过程中没有过错或损害结果是由受害人的故意行为造成的，如果不能证明这一点，法庭将依法推定管理人和所有权人负有过错责任。

3.在重点部位设置警示标识、定期检查并消除隐患

物业服务企业应当加强对物业的养护和维修，定期检查并消除隐患；对公共区域的重点部位设置警示标识，对可能引发人身伤亡事故的部位或场所设置统一规范、文明礼貌、简明且醒目的警示标识，明确禁止行为与注意事项。重点部位警示标识的设置要求如表3-15所示。

表3-15　重点部位警示标识的设置要求

序号	重点部位	设置要求
1	水景、亲水平台	应标明水深，照明及线路应有防漏电装置
2	儿童娱乐设施、健身设备	应由生产企业在醒目位置设置使用说明标牌，注明使用方法、生产企业名称、质保承诺和维修电话
3	假山、雕塑	应标明禁止攀爬等行为
4	楼宇玻璃大门	应有醒目的防撞措施及警示标识
5	电梯	应设置含有安全使用和注意事项的标识，维修养护时应有围护措施
6	电表箱、消防箱	应保持箱体、插销、表具和器材完好，设置警示标识
7	水箱、水池	应加盖或加门并上锁
8	窨井、污水处理池	应保持盖板完好，维修养护时设置围护和警示标识
9	垃圾堆放	应规定生活和建筑垃圾分类堆放，建筑垃圾实行袋装化
10	挖沟排管	应标明施工期，设置围护和警示标识
11	脚手架	应确保稳固、警示标识明确、行人出入口有防护、底挡笆牢靠

4.加强设备运行管理

在物业管理中,设备运行管理是重要的一环,它关系到物业使用价值的体现,是支撑物业管理活动的基础。设备运行不好,不但会直接影响业主的生活质量和生活秩序,而且会严重影响管理企业的社会声誉。

(1) 建立和完善标准体系

由于各类物业的结构、设备运行和服务的对象都有不同的特点,因此,不可能有一种放之物业而皆准的设备运行标准。即使是同类型的设备,在不同的物业,运行方式、要求和参数指标也有所不同。因此,根据设备所在物业的特点和服务对象,并结合设备本身的技术要求,制定与之相适应的运行标准,是确保物业设备正常运行的首要工作。

标准的制定是一个动态的、不断完善的过程。随着设备运行时间的增加、物业服务对象的变动等,设备运行标准的补充、完善和修订将贯穿设备运行管理的全过程。因此,设备运行管理标准的制定,是以"变"求"不变"。所谓"变",是指标准修订、完善的动态过程;"不变"是通过标准的完善与贯彻执行,实现设备运行管理目标,使物业设备始终处于运行的最佳状态。

(2) 预防性措施

物业设备运行具有连续性特点,各种预防性措施(如表3-16)在物业设备运行管理中处于特别重要的地位。

表3-16 四大预防性措施

序号	措施	详细说明
1	预防性检修	(1) 实施预防性措施的基础是收集、整理、归纳和分析各类资料,有针对性地建立各类设备和管线系统运行、保养、检修档案等 (2) 对于重要的设备,如冷水机组、锅炉、电梯等,应按单台建立运行和检修档案,并建立易损零配件资料库,确定更换周期 (3) 档案建立后,对收集的资料应进行定期分析,特别是对反映设备运行状况的参数,应建立分析报表,以便通过设备状态趋势找出故障隐患,并有计划地进行维护检修,避免因故障造成停机事故
2	巡检和点检、定期保养	对于管线等系统,预防性措施的重点是巡检和点检、定期保养。楼宇管井多、管路器件多,很容易疏漏。对于管件或电路分支等易发生故障的节点,可逐步建立完善的节点台账,实行"位式"管理,主要内容是: (1) 逐件建立台账,一一对应,做到有据可查,防止疏漏 (2) 合理制定巡检路线和巡检项目,抓住重点,明确主次 (3) 制定保养周期,分批轮检,不疏不漏 (4) 张贴保养合格及期限标识,便于检查
3	预防性试验	预防性试验是设备可靠运行的保障线。预防性试验的对象是涉及安全、重要参数检测的仪表、仪器和器具,对于季节性运行的设备,在运行季节不可停机,应在停运季节维保后,运行季节到来前,进行试运行。对于楼宇自救设备,如发电机组、送排风机、消防水泵、报警系统等一直处于一级战备状态的设备,必须定期试机

续表

序号	措施	详细说明
4	突发事件处置方案	在突发事件处置方案中,最重要的是组织能力。由于物业运行后,用于突发事件的设备通常变动不大,因此,及时组织是处理突发事件最重要的保证。在组织措施中,人员培训是基本保证。由于人力是一个可变的资源,同样数量的人力资源,训练有素和毫无准备,效果天壤之别。所以,在物业设备运行管理中,有效地处理突发事件是员工考核中最基本的一个项目

（3）技改

由于受物业结构和运行条件限制,技改在物业管理中的地位不是十分突出。但随着科技产品的发展和应用,局部技改是弥补一些物业先天不足的重要方法。特别是控制和监测方式的技改,对提高物业管理整体运行水平将起到重要的作用。因此,在设备管理中,物业服务企业应大力提倡技术改革,克服物业条件限制,发挥科技的先进作用。

（4）注重人的因素

所有类型设备的运行管理都离不开人,人是最活跃的因素。因此,无论物业设备现代化水平如何,都不可以忽视员工的思想、技术、技能技巧。重视人员技术能力、思想建设和组织建设的主要方法如图3-15所示。

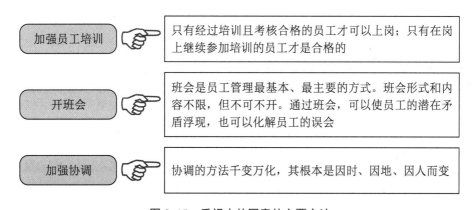

图3-15 重视人的因素的主要方法

5.将专项管理委托给专业公司

物业服务企业可将电梯、绿化、清洁等专项工作,委托给专业的公司,由其提供专业化的服务。这种发包形式也是物业服务企业防范风险的措施之一。

（1）必须审查承包公司的法人资格和专业资质。不具备专业资质的公司承包此项工作,是违反法律规定的,如果因此造成业主人身和财产损害,将承担赔偿责任。一些物业服务企业为追求更大的经济利益,在未取得相应资质的情况下,以有资质企业的名义委派企业内部人员从事电梯等设备的日常维修保养,实际上承担了巨大的法律风险。

（2）承包合同中应明确约定，专业公司在承包期间因维修保养不善造成设施损坏或给第三人造成人身或财产损失的，由专业公司承担全部赔偿责任。

6.购买保险

即树立风险意识，提前购买财产险、机损险，一旦物业设备损坏，可立即通知保险公司索赔。这样可以减轻物业服务企业的经济压力，切实保障设备正常运行。

7.事件和损害发生后，应积极面对

在公共设施设备的管理和养护过程中，如果发生事故和损害事件，物业服务企业应向有关部门报告，由相关部门进行调查，对事件和损害发生的原因进行认定。事件和损害发生后，物业服务企业应积极面对，暂时的回避是解决不了问题的，责任也是无法摆脱的。

七、公共环境风险防范

（一）风险描述

公共环境风险主要包括以下几个方面。

1.卫生清洁风险

卫生清洁是物业服务企业的基本职责，但物业服务企业在履行这一职责时往往会出现不少问题，如表3-17所示。

表3-17 卫生清洁风险

序号	问题	风险说明
1	清扫不彻底	为节约成本，有些物业服务企业往往只注重地面的清扫，而忽略了对护栏、墙面、其他公共场所以及小区标志物的清洁，因此导致护栏、墙体等公共场所脏乱情况时有发生
2	屋顶存在垃圾	主观上，屋顶垃圾的清理难度较大，清理成本较高，物业服务企业存在不愿意清理、懒得清理等思想；客观上，一些小区屋顶经过业主室内，业主不愿配合的情况普遍存在，导致清洁工人无法正常进入
3	装修垃圾清理不及时	对于业主室内装修产生的垃圾，目前物业服务企业均采取付费清运的方式。物业服务企业为节省费用，往往采取一次性或累计几次的方式来完成清运，这就造成小区公共场地装修垃圾大量堆积。由于室内装修普遍在一个月以上，装修垃圾没有及时清理直接导致了小区脏乱
4	存在"二次污染"	清洁工存在小区外乱倒垃圾的行为。个别保洁人员收集小区垃圾后，为省去麻烦，将垃圾随意丢弃、倾倒在小区外，从而造成二次污染
5	存在"乱张贴"现象	即有人进入小区，在每一栋楼的电梯口以及各个楼层的门口张贴小广告，这不但影响小区的整体环境，而且让人觉得物业服务企业管理得很乱

2. 绿化管理风险

(1) 居民在绿地及绿化设施上"晾晒",使小区整体观瞻受到影响,而且绿地及绿化设施也遭遇了"隐形危害"。

(2) 物业服务企业毁绿或者个别居民毁绿。

(3) 消杀造成居民人身和财产受损害。

3. 占道管理风险

(1) 经营户占道。经营者将部分商品堆放在小区内,或搭建简易活动棚用于员工就餐等。

(2) 物业服务企业占道。主要是物业服务企业不及时清理而造成的占道行为,如装修垃圾久未清理、小区道路修复完工未及时清理等。

4. 其他风险

除上述常见的"显性"风险外,物业服务企业还存在一些"隐性"的管理问题。

(1) "二次供水"问题。物业服务企业对蓄水池没有定期清洗或者清洗不彻底,造成二次供水的水质存在问题。

(2) 餐饮店排污问题。小区餐饮店排放的油烟使得周边业主意见很大,部分餐饮店排放的污水甚至堵塞小区的排污管,造成低层业主生活不便而投诉。

(二) 风险应对措施

1. 做好保洁绿化管理规划

(1) 保洁管理机构设置及职责划分

保洁绿化管理由物业服务企业管理部或环境部具体实施。环境部一般设部门经理(保洁/绿化主管)、技术员、仓库(保洁/绿化设备、工具与物料)保管员和保洁员、绿化员等。同时可以根据所辖物业的规模、类型、布局以及保洁绿化对象的不同而灵活设置下属班组。

规模较大的物业服务企业可以下设楼宇清洁服务班、高空外墙清洁班和公共区域清洁班、绿化班等班组,同时各班组设保洁领班和若干经过专业培训的保洁员。然后,从所辖物业和服务对象的实际情况出发,建立部门、班组、人员的岗位规范、工作流程、服务标准和奖惩办法,从而做到保洁绿化管理规范化、标准化、制度化。

(2) 配备必要的硬件设施

为了提高保洁绿化工作的有效性,物业服务企业还应配备必要的硬件设施,如在每栋楼前配置可分类的垃圾桶。

2. 建立完善的管理机制

为了将保洁绿化工作做好,物业服务企业必须有一个完善的管理机制,包括完善的员工培训机制,如员工入职培训、技能培训、管理意识培训;完善的工作制度、奖惩制度及标准等。另外,物业绿化并非只是物业服务企业的事,业主的维护与保养也是很重要的。所以，物业服务企业应在业主入住之初，与之签订小区环保公约，以此对其进行约束。

3. 建立完善的质量管理系统

为了保证管理质量，物业服务企业应建立完善科学的质量管理系统，包括操作过程的质量控制方法、检查及监控机制、工作记录等。

对于保洁绿化管理，物业服务企业可在园林绿化管理的基础上导入ISO 9001质量管理体系，建立完善的日检、周检、月检、季检及年检制度，并对检查结果记录存档，以便对管理中出现的问题进行系统分析及采取有效的整改措施。物业服务企业应将检查结果与员工或分包商的绩效考评挂钩。

4. 实行质量检查四级制

质量检查四级制（如图3-16所示）是保洁绿化质量控制的一种常用方法，也是很有效的方法，为多数物业服务企业所采用。

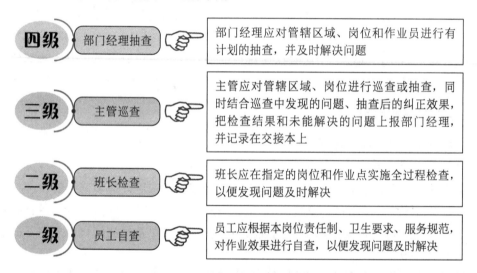

图3-16　质量检查四级制

5. 交给专业的公司

将保洁绿化等工作交给专业的公司是一种有效的风险转移方式。在选择专业承包公司时，应考察其是否具备清洁、垃圾清运、绿化养护等资质；有没有能力履行承包合同的义务与责任；有没有能力承担违约责任；社会信誉是否良好；服务价格是否合理。

对于承包公司提供的保洁服务，物业服务企业应设置专门的物管员进行管理，以确保物业小区达到预定的质量标准，具体的管理措施如图3-17所示。

 应要求承包公司制订具体的工作计划，包括岗位设置及职责、服务标准、技术要求、垃圾清运时间、责任和义务等，并在合同中约定，从而作为监督检查的依据

第三章 物业管理中的法律风险及防范 | 173

应根据实际情况制定一些工作制度和规定，如清洁绿化工作检查规程、消杀管理办法等，并监督承包公司实施

承包公司应根据要求、工作计划、合同，安排属下员工进行具体的清洁、消杀、垃圾清运、绿地养护工作，同时，物业服务企业应依据上述文件每天对各项工作进行监督检查

日常工作中，物业服务企业应要求清洁绿化工人遵守物业的有关管理规定；同时以合约的形式约定双方的行为，并附带经济责任

图 3-17 外包服务达到质量标准的措施

八、车辆管理风险防范

（一）风险描述

车辆管理中可能会发生车辆损坏灭失的风险，即在提供车辆停放服务过程中，发生车辆车身受损、车辆灭失等风险。

车辆停放服务通常是由物业服务企业接受开发商或小区业主委员会的委托而提供的，并收取车辆停放服务费。车辆停放期间可能会发生以下风险。

（1）车辆乱停乱放，造成交通堵塞。
（2）车辆外表被他人用器具划伤。
（3）车辆被其他停放车辆有意或无意碰撞而损坏。
（4）车辆在停放期间被盗窃或抢劫。

该类事件和诉讼争议也是长期以来物业服务企业面临的赔付金额较大的风险。

（二）车辆管理风险防范措施

1.加强道路交通管理

（1）人力安排

物业管理区域内的交通一般由物业服务企业管理。对于大型小区，辖区范围广、道路多，物业服务企业可以考虑设置交通指挥岗位，安排专职人员指挥交通。在交叉口交通流量不大的情况下，可由保安员指挥交通；如果交通流量较大或是特殊的交叉口，则可以利用信号灯指挥交通。使用交通指挥信号灯进行指挥，可以减少交通指挥员的劳动强度，减少交通事故，以及提高交叉口的通行能力。物业服务企业应加强对保安员的培训，让每个保安员都有指挥交通的能力。

（2）制定交通管理规定

为了确保物业管理区域内的交通畅通，物业服务企业最好组织人员制定小区交通

管理规定，对进入小区的车辆进行限制，并规范居民车辆停放、行驶等行为。小区交通管理规定一定要予以公示，可贴在小区入口或停车场（库）入口处。

2.完善停车场的管理

停车场管理措施如表3-18所示。

表3-18 停车场管理措施

序号	措施	说明
1	划出停车位	停车位分为固定停车位和非固定停车位、大车位和小车位。固定停车位的用户应办理月租卡，临时停放车辆的用户应使用非固定停车位。固定停车位应标注车号，以便车主方便停放车辆。车场的管理人员应熟记固定停车位的车牌号码，并按规定引导小车至小车位，大车至大车位，避免小车占用大车位
2	设置安全设施	设置安全设施，即保证停车场内光线充足，适合驾驶，各类指示灯、扶栏、标志牌、地下白线箭头指示清晰，在车行道、转弯道等较危险地带设立警示标语，在车场内设立防撞杆、防撞柱。车场管理人员在日常工作中应注意这些安全措施，一旦发现光线不足，要通知维修人员来处理；发现各类警示标语、标志不清楚，应及时向上级汇报，请求维护
3	建立健全车场管理制度	即使有较好的停车场（库），但没有健全的管理制度，同样不能把车辆管理好。健全的管理制度应该包括门卫管理制度、车辆保管规定等
4	制定车场各岗位工作程序	应制定停车场各岗位的工作程序，使保安员能依程序开展工作
5	对进出车辆严格控制	在停车场（库）出入口设专职人员，对进出车辆实行严格控制，负责指挥车辆进出、登记车号、办理停车取车手续等工作。进场车辆应有行驶证、保险单等，禁止携带危险品及漏油、超高等不合规定的车辆进入。在出入口处应设置停车场出入登记卡、机动车停车场出入登记表，供专职人员登记使用
6	进行车辆检查、巡视	车辆保管员应实行24小时值班制，做好车辆检查和定时巡视，以确保车辆安全，消除隐患： （1）车辆停放后，保管员应检查车况，并提醒驾驶人锁好车窗、带走贵重物品，调整防盗系统至警备状态 （2）对入场前就有明显划痕、撞伤的车辆，要请驾驶人签名确认 （3）认真填写停车场车辆状况登记表，以防日后车辆有问题时产生纠纷

3.制定停车场（库）意外事件预案

在停车场（库）内不可避免地会发生一些意外情况，如停电、车辆碰撞、火灾、收款机故障、车道堵塞、车辆相撞等，对于这些意外情况，物业服务企业应善于总结，形成正式的应急预案，并对保安员进行培训。保安员应熟知预案，并按照预案有序开展工作。

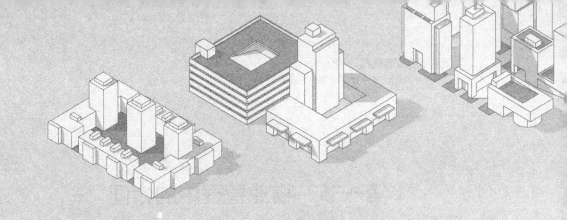

第四章
Chapter four

物业服务合规管理文书

第一节　物业管理中的合同

一、物业服务合同

 法条链接

《民法典》已为物业服务合同正名，使其从无名合同变成有名合同，物业管理行业也开启了新时代。《民法典》第三编第二十四章共设十四条，对物业服务合同的定义、形式和内容、合同效力、合同续订、解除和终止以及合同主体的权利和义务等内容作出了详细规定。

【实战范本01】▶▶▶

物业服务合同

（编号：　　　　　　）

第一章　总　则

甲方（业主委员会或履行业主大会职责的机构）：_____

地址：_____

代表人：_____　　联系电话：_____

乙方（物业服务企业）：_____

注册地址：_____

营业执照注册号：_____

法定代表人：_____　　联系电话：_____

根据法律、法规和有关规定，在自愿、平等、协商一致的基础上，双方就_____物业（以下简称"本物业"）的管理问题达成一致意见，特订立本合同，双方共同遵守。

第一条　本物业基本情况

物业名称：_____

物业类型：_____

坐落位置：_____市_____区_____路（街道）____号。

四至：东_____南_____

_____西_____北_____

占地面积：_____平方米，其中绿地面积_____平方米。

建筑面积：_____平方米，其中：

住宅_____平方米（多层_____，高层_____）。

商场_____平方米。

写字楼_____平方米。

停车场_____平方米。

工业厂房_____平方米。

别墅_____平方米。

物业管理区域范围示意图见附件1。

物业管理区域内房屋及配套的设施设备和相关场地构成细目见附件2。

第二条　甲方代表本物业业主大会签订本合同，本物业全体业主和非业主使用人均应遵守本合同；乙方为本物业业主大会选聘的物业管理企业。

第三条　本合同中涉及的币值，均指人民币。

第二章　物业服务事项

第四条　乙方向业主或非业主使用人提供以下服务内容及达到以下服务质量。

一、基本服务

（一）日常服务

1. 公共环境卫生

1.1 服务范围：物业管理区域内，业主户门以外。

1.2 人员配备：_____

1.3 服务要求及质量：

（1）有健全的保洁制度，清洁卫生实行责任制，有明确的分工和责任范围。

（2）房屋共用部位保持清洁，无乱张贴、擅自占用和堆放杂物现象。

（3）设定垃圾集纳地点，每日将服务范围内的垃圾归集到垃圾房、池，并对垃圾（专用）房、池、箱、道、桶及垃圾进行管理。

（4）按政府有关规定在服务区域内定期进行消毒灭杀。

（5）在雨季及时对区内主路、干路积水进行清扫。

（6）每日对保洁服务范围内的卫生进行____次清扫，做到服务范围内无废弃杂物。

（7）公共卫生间每天清洁____次。

（8）对楼梯间、门厅、电梯间、走廊等____日湿拖一次。

（9）对楼梯间、门厅、电梯间、走廊等的门、窗、楼梯扶手、栏杆、墙壁等，____日进行一次清洁。

（10）_____

2. 绿化与建筑小品的维修养护与管理

2.1 服务范围：物业管理区域内的中心绿地和房前、屋后、道路两侧区间绿地，包括草地、树木、色块、花卉、园林小品、绿篱等。

2.2 人员配备：_____

2.3 服务要求及质量：

（1）制定维修养护管理制度并实施。

（2）不改变使用用途。

（3）无破坏、践踏、占用现象。

（4）花草树木长势良好，修剪整齐美观。

（5）无病虫害，无折损现象，无斑秃。

（6）合理控制水肥，无杂草。

（7）应绿化地绿化覆盖率达100%，无黄土裸露现象。

（8）_____

3. 治安防范

3.1 服务范围：物业管理区域内、业主户门以外，公共区域的秩序维护和公共财产的看管。

3.2 人员配备：门岗____个共____人；巡逻岗____个共____人；大堂岗____个共____人；_____

3.3 服务要求及质量：

（1）有专业治安防范队伍，实行24小时值班及巡逻制度。

（2）制定突发事件应急方案。

（3）做到小区主要出入口全天有专人值守，车辆行驶通畅，危及人身安全处有明显标志和防范措施。

（4）看管小区公共设施设备等公共财产。

（5）夜间对服务范围内的重点部位、道路进行不少于____次的防范检查和巡逻，巡逻不少于____人，做到有计划、有记录。

（6）发生治安案件、刑事案件、交通事故时，及时报警，并配合公安部门进行处理。

（7）_____

4. 交通秩序及停车场的管理

4.1 服务范围：物业管理区域内交通秩序的维护及对车辆停放的管理。

4.2 人员配备：停车场岗____个共____人；巡逻岗____个共____人；_____

4.3 服务要求及质量：

（1）维护交通秩序，包括对机动车辆和非机动车辆的行驶方向、速度进行管理。

（2）有健全的机动车停放管理制度和管理方案。

（3）对进出本区的机动车辆进行登记。

（4）保证车辆停放有序，定时巡逻。

（5）对使用固定车位及长期停放的车辆，建立车辆档案。

（6）车辆被盗后，协助车主向当地公安机关报案。

（7）区内发生交通事故时，及时报警并保护好现场。

（8）_____

5. 装饰装修管理

5.1 人员配备：_____

5.2 服务要求及质量：

（1）有健全的装饰装修管理制度。

（2）按国家有关规定在装饰装修工程开工前查验装饰装修当事人提交的各项申报材料，与装饰装修当事人签订装饰装修管理协议。

（3）按照装饰装修管理协议实施管理。

（4）装饰装修工程竣工后，依装饰装修管理协议进行现场检查，对违反法律、法规和装饰装修管理协议的行为，责成当事人纠正；拒不改正的，及时报告有关部门，并将检查记录存档。

（5）_____

6. 消防管理

6.1 服务范围：物业管理范围内公共区域消防设施的维护和管理，包括中控室、自动喷淋系统、烟感系统、广播系统、消火栓等。

6.2 人员配备：_____

6.3 服务要求及质量：

（1）健全消防管理制度，建立消防责任制。

（2）建立消防设施设备台账。

（3）制定突发火灾的应急方案，设立消防疏散示意图。

（4）照明设施、引路标志完好，紧急疏散通道畅通。

（5）消防设施有明显标志，定期对消防设施进行例行巡视、检查和保养。

（6）定期进行消防训练，保证有关人员掌握消防基本技能。

（7）无火灾安全隐患。

（8）消防控制中心24小时值班。

（9）_____

7. 房屋建筑共用部位、共用设施设备的维修养护和管理

7.1 服务范围：物业管理区域内共用部位、共用设施设备的维修养护和管理，包括楼盖、屋顶、外墙面、承重结构、楼梯间、走廊通道、门厅、道路、垃圾道、烟囱、化粪池、沟渠、池、共用照明系统、室外排水管网、自行车棚、建筑物防雷设施、共用设施设备使用的房屋、垃圾中转站、_____。

7.2 人员配备：_____

7.3 服务要求及质量：

（1）确保本区域内房屋建筑共用部位、共用设施设备的正常使用。

（2）以上共用设施设备的日常维护。

（3）保证护栏、围墙、小品、桌、椅、楼道灯、绿化设施等公共设施设备正常使用。

（4）道路、甬道、步道、活动场地、边沟涵洞基本完好通畅。

（5）确保雨水、污水管道通畅，化粪池定期吸粪，雨水井、相关设施无破损。

（6）清洗外墙_____一次。

（7）_____

8. 生活服务设施的维修养护和管理

8.1 生活服务设施包括商业网点、文化体育娱乐场、_____、_____、_____。

8.2 人员配备：_____

8.3 服务要求及质量：

（1）商业网点管理有序，符合卫生标准。

（2）无乱设摊点、乱立广告牌和乱贴、乱画现象。

（3）＿＿＿＿＿＿＿＿＿＿＿＿＿＿＿＿＿＿＿＿＿＿＿＿＿

9. 社区文化建设

（1）制订社区文化活动计划并实施。

（2）＿＿＿＿＿＿＿＿＿＿＿＿＿＿＿＿＿＿＿＿＿＿＿＿＿

（二）定期服务

1. 服务频次

（1）＿＿＿＿＿用水清洗楼梯一次。

（2）＿＿＿＿＿清理生活垃圾一次。

（3）＿＿＿＿＿清洗水池一次。

（4）＿＿＿＿＿清疏化粪池一次。

（5）＿＿＿＿＿清疏排水系统一次。

（6）＿＿＿＿＿清洗建筑物立面一次。

（7）＿＿＿＿＿检修水泵一次。

（8）＿＿＿＿＿检修电梯一次。

（9）＿＿＿＿＿检修发电机一次。

（10）＿＿＿＿＿检修中央空调一次。

（11）＿＿＿＿＿＿＿＿＿＿＿＿＿＿＿＿＿＿＿＿＿＿＿＿

2. 服务要求及质量：＿＿＿＿＿＿＿＿＿＿＿＿＿＿＿＿＿＿＿＿

（三）综合管理：物业管理区域内涉及共用财产和公共事务的管理。

1. 全体员工统一着装，持证上岗。

2. 制订物业管理服务工作计划并组织实施。

（1）每年对房屋及设施设备进行一次安全检查。

（2）白天有管理员接待住户，处理服务范围内的公共性事务，受理业主或非业主使用人的咨询和投诉。

（3）夜间有人值班，处理急迫性报修，＿＿＿小时内到现场。

（4）协助业主委员会的筹备工作。

（5）管理制度健全，服务质量标准完善。

（6）管理与物业相关的工程图纸、业主和非业主使用人档案及竣工验收资料，物业管理档案资料齐全。

（7）公开服务标准、收费依据及标准。

（8）利用计算机系统对业主及房产档案、物业管理服务及收费情况进行管理。

（9）每____个月进行一次物业管理服务满意率调查，促进物业服务工作的改进和提高，每次征求意见的用户不低于____%，满意率不低于____%。

（10）_____

二、特约服务

（一）房屋建筑共用部位、共用设施设备的中修、大修、更新及改造

1.服务内容：共用部位包括楼盖、屋顶、外墙面、承重结构、楼梯间、走廊通道、门厅，共用设施设备包括道路、垃圾道、烟囱、化粪池、沟渠、池、共用照明系统、室外排水管理网、自行车棚、建筑物防雷设施、共用设施设备使用的房屋、垃圾中转站等。

2.服务要求及质量：

（1）编制物业年度维修计划及维修预算。

（2）建立并落实维修服务承诺制。

（3）建立维修回访记录。

（4）_____

3.费用支出方式：

（1）保修期内的费用，由物业建设单位承担。

（2）保修期后的费用，由相关产权人共同承担。

（3）_____

（二）部分共用设施设备的中修、大修、更新及改造

1.服务内容：电梯、中央空调、发电机、消防设施设备、防盗对讲系统、智能化设备、_____

2.服务要求及质量：

（1）_____

（2）_____

3.费用支出方式：

（1）保修期内的费用，由物业建设单位承担。

（2）保修期后的费用，由相关产权人共同承担。

（3）_____

（三）其他特约服务

（1）_____

（2）_____
（3）_____

三、有偿服务

业主或非业主使用人就其房屋自用部位、自用设施设备向乙方提出维修养护服务等要求，乙方认为有能力承担的，可以接受，收费标准由双方商定。

四、其他服务

（1）_____
（2）_____
（3）_____

第五条 利用物业共用部位、共用设施设备进行经营的，应符合法律、法规和有关规定，并经有关业主、业主大会同意，收益按以下方式处理。

1._____
2._____
3._____

第六条 物业管理区域内按照规划建设的公共建筑、共用设施及建筑共用部分，不得改变用途。业主依法确需改变公共建筑和共用设施用途的，应当在办理有关手续后告知乙方。乙方依法确需改变公共建筑、共用设施及建筑共用部分用途的，应当提请业主大会讨论决定后，由业主办理有关手续。

第三章 物业服务费用

第七条 本物业服务总收入包括如下项目。

1.物业服务费。

2._____
3._____
4._____
5._____

第八条 本物业服务总支出包括如下项目。

1.服务成本。

2._____
3._____
4._____
5._____

第九条 本物业采用以下第____种方式收取物业服务费或提取酬金。

1. 按每月每平方米一定标准收取物业服务费，包括共用水费、电费。乙方按每月物业服务总收入的____%，每月从物业服务总收入中提取_____元作为乙方酬金。乙方在年终决算物业服务总收入和总支出，总收入减去总支出的结余列入下一年度物业服务总收入，_____归全体业主所有。乙方每半年将物业管理计划和支出预算送甲方备案，甲方有异议的，可在收到备案资料后五个工作日内向乙方提出。

2. 按每月每平方米一定标准收取物业服务费，不包括共用水费、电费。共用水费、电费每月按各户使用量、_____另行分摊。乙方按每月物业服务总收入的____%，每月从物业服务总收入中提取_____元作为乙方酬金。乙方在年终决算物业服务总收入和总支出，总收入减去总支出的结余列入下一年度物业服务总收入，_____归全体业主所有。乙方每半年将物业管理计划和支出预算送甲方备案，甲方有异议的，可在收到备案资料后五个工作日内向乙方提出。

3. 按每月每平方米一定标准收取物业服务费，包括共用水费、电费。乙方在年终决算物业服务总收入和服务总成本，总收入减去总成本的结余归乙方。

4. 按每月每平方米一定标准收取物业服务费，不包括共用水费、电费。共用水费、电费每月按各户使用量、_____另行分摊。乙方在年终决算物业服务总收入和服务总成本，总收入减去总成本的结余归乙方。

5. _____

第十条 乙方按本合同第四条第一项约定的内容及要求提供服务，按以下标准向业主或非业主使用人收取物业服务费。

1. 住宅按建筑面积每月每平方米_____元收取；商场按建筑面积每月每平方米_____元收取；写字楼按建筑面积每月每平方米_____元收取；工业厂房按建筑面积每月每平方米____元收取；_____

2. 已竣工验收（以建设部门签发房屋建筑工程竣工验收备案表的时间为准）但尚未售出或尚未交给物业买受人的物业，由乙方按本条第1款约定的标准向建设单位全额/半价收取物业服务费。

第十一条 乙方应在本合同生效后的____年__月__日开始实施物业服务工作。并从____年__月__日起计收物业服务费，以后每次收取物业服务费的时间为_____乙方在首次收取业主或非业主使用人物业服务费时，可预收三个月。变更或终止物业服务合同时，如业主或非业主使用人不欠乙方物业服务费，乙方应在一个月内将预收的物业服务费本金退给业主或非业主使用人。

第十二条　物业服务费的调整和违约责任

1. 物业服务费收取标准在合同期内不做调整／可做调整。

2. 业主或非业主使用人逾期交纳物业服务费的，按以下第____项处理。

（1）从逾期之日起每天按_____元缴纳滞纳金。

（2）从逾期之日起每天按应交物业服务费的____‰缴纳滞纳金。

（3）_____

3. 业主或非业主使用人无正当理由连续三个月不交物业服务费的，甲方将公布名单，并督促其交费，乙方可采取_____当物业服务费收取率低于____%时，乙方可在告知甲方后____日无条件单方终止物业服务合同，退出物业管理区域，并保留对业主或非业主使用人所欠管理费的追收权和向人民法院的起诉权。

非业主使用人不履行交费义务时，由业主承担连带交费责任。

第十三条　车位使用管理费或停车保管费由乙方按下列标准向车位使用人收取。

一、车位管理费及车位使用管理费（已购买车位的，收取车位管理费；未购买车位的，收取车位使用管理费）

（一）露天车位

1. 车位管理费

小型车辆_____元／月。

中型车辆_____元／月。

大型车辆_____元／月。

摩托车_____元／月。

2. 车位使用管理费

小型车辆_____元／月。

中型车辆_____元／月。

大型车辆_____元／月。

摩托车_____元／月。

3. 临时停车的，每小时每次收取_____元。

4. _____

（二）车库或停车场

1. 车位管理费

小型车辆_____元／月。

中型车辆_____元/月。

大型车辆_____元/月。

摩托车_____元/月。

2.车位使用管理费

小型车辆_____元/月。

中型车辆_____元/月。

大型车辆_____元/月。

摩托车_____元/月。

3.临时停车的，每小时每次收取_____元。

4._____

二、停车保管费

1._____元/月。

2._____

车主已交纳停车保管费的，乙方与车主应另行签订车辆保管合同并约定保管责任。发生车辆损坏或车辆丢失事故的，由责任方按约定承担相应责任。

第十四条　物业管理有关收费，按规定需报价格主管部门核准的，由乙方负责。

第十五条　本物业按以下第____种方式筹集专项维修资金（可多种方式同时使用）。

1._____

2._____

3._____

第十六条　专项维修资金的使用与管理，由甲乙双方按照法律、法规和有关规定另行约定。

需要使用专项维修资金时，专项维修资金已筹集部分不足以支付的，经业主大会同意，按工程预算向全体业主进行一次性筹集，业主应当按其业权建筑面积的比例分摊。在紧急情况下，甲方可决定临时一次性筹集专项维修资金，以工程预算为基数，业主应当按其业权建筑面积的比例分摊。

第十七条　业主自用物业存在安全隐患，危及公共利益及他人合法权益的，责任人应当及时维修养护，其他有关业主应当给予配合。存在安全隐患的业主不履行维修养护责任的，经业主大会同意可委托乙方负责维修养护，费用由该业主承担。造成公共利益或他人合法权益受损的，责任人应当承担相应赔偿责任。

第十八条　本物业区域内新增设公共设施设备的费用由全体业主按其业权建筑

面积的比例分摊。

第十九条 本物业按以下第____种方式筹集物业共用部位、共用设施设备的保险费用。

1. 由乙方代办，保险费用由全体业主按各自业权建筑面积比例分摊。

2. 由乙方代办，保险费用从物业服务总收入中支出，计入成本。

3._____

具体投保的保险险种为_____

附加险险种为_____

业主或非业主使用人的家庭财产与人身安全保险，由业主或非业主使用人自行办理。

第四章 双方责任

第二十条 甲乙双方责任

一、甲方责任

1. 履行本合同约定的甲方责任，按照法律、法规和有关规定及本合同约定，协助乙方做好物业管理工作。

2. 向业主公布管理规约，督促业主或非业主使用人遵守。非业主使用人不履行管理规约的，由业主承担连带责任。

3. 审议乙方制定的各项物业管理制度，没有异议的，应当督促业主或非业主使用人遵守。

4. 交给乙方管理的房屋、设施、设备应当符合国家规定的验收标准。如存在质量问题，双方应当以书面形式确认并按以下第____种方式处理。

（1）由甲方负责维修。

（2）委托乙方维修，由甲方支付全部返修费用。

（3）_____

维修后由双方共同验收，并以书面形式确认。

5. 在合同生效之日起____日内向乙方提供物业管理用房，建筑面积____平方米；保安宿舍，建筑面积____平方米，由乙方按下列第____项约定使用。

（1）无偿使用。

（2）_____

6. 负责收集、整理物业管理所需图纸、档案、资料，并于合同生效之日起____日内向乙方移交。

前款所述的资料包括：

（1）竣工验收资料，包括物业竣工总平面图；单体建筑、结构、设备竣工图；配套设施、地下管网工程竣工图等。

（2）技术资料，包括设施设备安装、使用和维护保养等资料。

（3）物业质量保修文件和物业使用说明文件。

（4）物业管理所必需的其他资料。

因甲方提供的资料不完整导致乙方无法履行物业服务合同的，乙方不承担违约责任。

7.业主或非业主使用人不按合同约定交纳物业服务费的，甲方应当催收并____
_____

8.协调、处理本合同生效前发生的物业管理遗留问题：

（1）_____
（2）_____
（3）_____

二、乙方责任

1.履行本合同约定的乙方责任，按照法律、法规和有关规定及本合同的约定，制定物业管理制度，开展物业管理活动。

2.将制定的物业管理制度送甲方审议，有异议的，应当进行协商。

3.编制物业年度维修养护计划及维修预算，送甲方审定后组织实施。

4.告知业主或非业主使用人物业使用的有关规定；业主或非业主使用人装饰装修物业时，告知其有关禁止行为和注意事项，与装饰装修当事人签订装饰装修管理协议，并实施管理。

5.按本合同第九条第1种或第2种方式收费的，每____个月向业主或非业主使用人公布一次物业服务总收入和总支出账目。

6.可将物业管理的专项服务委托给专业公司，但不得将物业管理整体服务内容一并转让或委托给第三方。

7.不得擅自占用物业的共用设施或改变其使用功能。

8.本合同终止时，应当向甲方移交各种用房及物业的全部档案资料，清理与业主或非业主使用人发生的债权债务，与新的物业服务公司妥善交接，按时退出物业管理区域。业主或非业主使用人欠交物业服务费等费用的，乙方可依法追讨，甲方应当予以协助，但乙方不得以此为由不移交物业管理权和退出物业管理区域。

9._____

第二十一条 乙方未能履行本合同的约定，导致业主或非业主使用人人身、财产安全受到损害的,业主或非业主使用人可依法向法院提起诉讼,由法院裁定乙方应承担的责任。

第五章 违约责任

第二十二条 甲方违反本合同第二十条第一项约定的,乙方有权要求甲方在合理的期限内整改;逾期未整改的,乙方有权终止合同;造成乙方经济损失的,甲方应给予经济赔偿。

第二十三条 乙方违反本合同第四条和第二十条第二项约定的,甲方有权要求乙方在合理的期限内整改;逾期未整改的,甲方有权终止合同;造成甲方经济损失的,乙方应给予经济赔偿。

第二十四条 乙方违反本合同第三章约定,擅自增加收费项目或提高收费标准的,甲方有权要求乙方清退多收的费用;造成甲方经济损失的,乙方应给予经济赔偿。

第二十五条 甲方根据第二十三条或乙方根据第二十二条行使终止合同权利的,应当书面通知另一方;终止合同通知书在送达另一方时生效,双方应当对物业管理有关事项进行交接。

第二十六条 甲乙任何一方无正当理由提前终止合同的,应向对方支付违约金_____元;给对方造成经济损失超过违约金的,还应对超过部分给予赔偿。

第二十七条 在本合同执行期间,如遇到不可抗力致使合同无法履行时,甲乙双方应当按照法律、法规及有关规定协商处理。

第二十八条 业主或非业主使用人违反法律、法规和有关规定及业主规约的,甲方应当制止,乙方也可根据情节轻重,采取批评、规劝、警告、制止、提请有关部门处理、_____等措施。

第二十九条 物业管理区域内如发生煤气泄漏、漏电、火灾、水管破裂、强台风、暴雨、救助人命、协助公安机关执行任务等突发事件,乙方为维护公众、业主或非业主使用人的人身和财产安全,在迫不得已的情况下因采取紧急措施造成业主或非业主使用人财产损失的,双方按有关法律、法规和规定处理。

第三十条 因房屋建造质量、设施设备质量或安装质量等原因,使物业或者物业的一部分达不到使用功能,双方按有关法律、法规和规定处理。

第六章 服务期限

第三十一条 服务期限为____年,自____年__月__日起至____年__月__日止。

第三十二条 合同期满,甲乙双方如有意向续签合同,应当在合同期满____日前向对方提出书面要求，协商达成一致意见的续签合同。一方书面提出续签合同的申请，另一方没有给出明确书面答复的，合同继续有效。

第七章　附则

第三十三条　本合同签订后，甲乙双方需要变更合同条款或有其他事项需要补充的，应当协商一致后以书面形式签订补充协议。

第三十四条　本合同履行中如发生争议，双方可以通过协商解决，协商不成的，双方同意按以下第____种方式解决。

1. 向_____仲裁委员会申请仲裁。
2. 依法向人民法院起诉。

第三十五条　本合同连同附件共____页，一式____份，具有同等法律效力。本合同由甲方存____份，乙方存____份。

第三十六条　本合同自双方代表人签字并加盖公章之日起生效。

甲　方（签章）：_____　　　乙　方（签章）：_____
代表人（签名）：_____　　　法定代表人（签名）：_____
　　　____年__月__日　　　　　　　　　　　____年__月__日

二、前期物业服务合同

《物业管理条例》第二十一条　在业主、业主大会选聘物业服务企业之前，建设单位选聘物业服务企业的，应当签订书面的前期物业服务合同。

【实战范本02】▶▶▶

前期物业服务合同

物业建设单位（甲方）：_____
营业执照注册号：_____
法定代表人：_____　联系电话：_____

委托代理人：_____　　联系电话：_____
通信地址：_____
邮政编码：_____

物业服务企业（乙方）：_____
营业执照注册号：_____
法定代表人：_____　　联系电话：_____
委托代理人：_____　　联系电话：_____
通信地址：_____
邮政编码：_____

根据《中华人民共和国民法典》《物业管理条例》等有关法律、法规的规定，在自愿、平等、协商一致的基础上，甲方以_____方式（公开招标方式、邀请招标方式、协议方式）选聘乙方对_____（物业名称）提供前期物业服务，特订立本合同。

第一条　本合同所涉及的物业基本情况_____
物业名称：_____
物业类型：_____（住宅、别墅、商务写字楼、医院、学校、商业、工业、车站、码头、机场、其他类型物业）。
坐落位置：_____市_____区（县、市）_____街道（乡、镇）_____路（街、巷）_____号。
物业管理区域四至：
东至_____
南至_____
西至_____
北至_____
占地面积：_____平方米。
总建筑面积：_____平方米，其中，住宅_____平方米，非住宅_____平方米。
物业构成明细见附件1，物业管理区域划分意见书见附件2。

第二条　物业服务用房
甲方应于_____（具体时间）向乙方提供物业服务用房（物业服务

用房应在项目首批交房15日前交付乙方）。物业服务用房建筑面积____平方米，位于_____。

物业服务用房属全体业主所有，乙方在本合同期限内无偿使用，但不得改变其用途。

第三条 物业专有部分的专有部位、专有设施设备损坏时，业主、物业使用人可以向乙方报修，也可以自行维修。由乙方维修的，维修费用由业主、物业使用人承担。

第四条 乙方提供的物业公共服务事项和质量应符合下列约定。

（一）物业共用部位及共用设施设备的管理和维护（物业共用部位明细详见附件3，物业共用设施设备明细详见附件4，物业共用部位及共用设施设备的管理和维护详见附件5）。

（二）公共绿化的维护（详见附件6）。

（三）公共区域的环境卫生维护（详见附件7）。

（四）公共区域的安全防范和秩序维护（详见附件8）。

（五）物业使用中对禁止性行为的管理措施（详见附件9）。

（六）综合服务（详见附件10）。

第五条 物业管理服务费

（一）乙方根据下述约定，按建筑面积（不含附属间）向业主收取物业服务费，具体标准如下。

多层住宅每月_____元/平方米，物业服务标准____级。

高层住宅每月_____元/平方米，物业服务标准____级。

别墅每月_____元/平方米。

酒店式公寓每月_____元/平方米。

低密度联排高档住宅每月_____元/平方米。

办公楼每月_____元/平方米。

商业物业每月_____元/平方米。

_____物业每月_____元/平方米。

（二）实行物业服务费用包干制的，物业服务费包括物业服务成本、法定税费和物业服务企业的利润。

（三）实行物业服务费用酬金制的，预收的物业服务资金包括物业服务支出和物业服务企业的酬金。

（四）物业服务成本或物业服务支出一般包括以下部分。

（1）服务人员的工资、社会保险和按规定提取的福利费等。

（2）物业共用部位、共用设施设备的日常运行、维护费用及公共能耗费用。

（3）物业管理区域清洁卫生费用。

（4）物业管理区域绿化养护费用。

（5）物业管理区域秩序维护费用。

（6）办公费用。

（7）物业服务企业固定资产折旧。

（8）为物业共用部位、共用设施设备办理财产一切险及公众责任保险的费用。

（9）经业主同意的其他费用_____

（五）本条约定的物业服务费不含物业保修期满后物业共用部位、共用设施设备大修、中修和更新、改造的费用。上述费用应通过专项维修资金予以列支，专项维修资金的使用根据相关文件的规定执行。

第六条　物业承接查验

甲方将物业交付业主30日前，应会同乙方对物业共有部分及相应档案进行查验，并按规定向乙方移交物业服务所必需的相关资料。

甲乙双方办理物业查验、移交手续，对查验、移交中发现的问题及相应解决办法应采用书面方式予以确认（具体内容详见附件13）。

第七条　自本合同生效之日起至物业出售并交付物业买受人之前发生的物业服务费（含车位管理费），由甲方承担；自物业交付物业买受人之日起至本合同终止之日发生的物业服务费，由物业买受人承担。

纳入物业服务范围的已竣工但尚未出售的物业，或者因甲方原因未按时交付给买受人的物业，由甲方依照本合同第五条约定的标准向乙方交纳物业服务费。

业主与物业使用人约定由物业使用人交纳物业服务费的，从其约定，业主负连带交纳责任。业主与物业使用人之间的交费约定，业主应及时书面告知乙方。

第八条　前期物业服务期间，乙方按下述第____种收费形式确定物业服务费。

（一）包干制。由业主向乙方支付本合同第五条约定的物业服务费用，盈余或者亏损均由乙方享有或者承担。

（二）酬金制。由乙方在本合同第五条约定的预收的物业服务资金中按下述第____种方式提取酬金，其余全部用于前期物业服务合同约定的支出，结余或者不足均由业主享有或者承担。

1. 每_____（月／年）在应收的物业服务资金中按____%的比例提取酬金。

2. 每____（月／年）在应收的物业服务资金中提取_____元的酬金。

第九条　物业服务费用属本合同第八条第二项或者第三项约定的，物业服务资金中按实结算的部分年终结余或不足的处理方式：

（一）年度结算结余部分，按以下第____种方式处理。

1. 转入下年继续使用。

2. 直接纳入物业专项设施维修资金。

3._____

（二）年度结算不足部分，按以下第____种方式处理。

1. 由业主于次年第一个月月底之前，按照其专有部分占建筑物总面积的比例追加补足。

2._____

第十条　物业服务费（物业服务资金）按____（月、季度、半年、年度）进行交纳的，业主应在_____（每次交费的具体时间）履行交纳义务。物业服务费也可预收，但预收期限不得超过6个月。空置房的物业服务费由甲方按季度支付给乙方。

业主或物业使用人逾期交纳物业管理费的，从逾期之日起按每日____‰收取滞纳金。

第十一条　物业服务实行酬金制方式计费的，乙方应向全体业主公布物业管理年度计划和物业服务资金年度预决算，每年____次于_____（公布的具体时间）向全体业主公布物业服务资金的收支情况，并接受专业机构审计监督。

对物业服务资金收支情况有争议的，甲乙双方同意采取以下方式解决。

（一）_____

（二）_____

第十二条　停车场停车收费

1. 停车服务费收费标准按价格部门的规定执行。

2. 场地使用费：对物业管理区域公共场地停放车辆收取场地使用费的，由乙方在管理区域公示后实施；属于甲方所有或业主私人所有的用以出租的车位，场地使用费收费标准由车位所有者与承租人另行约定（不得违反××市指导价的规定）。

公安、消防、抢险、救护、环卫、邮递、执法等特种车辆在执行公务时免收停车服务费；业主搬家车辆、临时送货车辆不得收取停车服务费。

第十三条　乙方应与停车场车位使用人签订书面的停车服务协议，明确双方在车位使用及停车服务等方面的权利与义务。乙方应当建立健全车辆停放服务及收费的内部管理制度，做好车辆进出管理与停车场保洁、照明、巡视（或监视）等工作，并对停车场及设施设备进行维修养护，保障其正常使用。

第十四条 本物业管理区域内按规划配建的停车场，由乙方进行管理和维护；乙方应当按照有关规范设置相关标识，并按照相关规定做好停车场的照明、消防、环境卫生等工作（具体内容详见附件11）。

第十五条 本物业专项维修资金的缴存、管理、使用和筹集均依照相关法律、法规及××市政府部门的相关规定执行。

使用物业专项维修资金时，乙方应当按照规定提出物业专项维修资金使用方案。

乙方应当将物业专项维修资金使用方案、所需金额、列支范围、工程进展以及资金划拨等情况在物业管理区域内向全体业主或者相关业主公布。

第十六条 业主应按照规定向供水、供电、供气、通信、有线电视等专业单位交纳水、电、气、通信、有线电视等费用。

乙方接受供水、供电、供气、通信、有线电视等专业单位的委托代收水、电、气、通信、有线电视等费用的，可以向委托单位收取代办手续费，但不得向业主收取手续费等额外费用。

第十七条 乙方应当协助业主配合有关部门、单位做好物业管理区域内装饰装修管理、治安、环境维护、计划生育、流动人口管理等工作；相关部门进入本物业管理区域内监督检查、行政执法的，乙方、业主、物业使用人不得阻挠。

第十八条 甲方相关的权利与义务：

（一）负责制定临时管理规约和前期物业服务费收费标准，提供住宅使用说明书、住宅质量保证书，并将其作为物业买卖合同的附件。

（二）物业销售前，在其制定的临时管理规约中向业主明示物业装饰装修管理要求等事项；甲方未尽此义务而给乙方或业主、物业使用人造成损失的，应承担赔偿责任。

（三）授权乙方对业主、物业使用人违反临时管理规约的行为，进行劝阻、制止。

（四）保证本物业管理区域内附属设施设备符合法定的交付使用条件，并完善本物业管理区域内的其他配套设施设备，包括物业的安全防范和消防设施、标识系统、公共垃圾桶、垃圾中转站、垃圾房等。

（五）向乙方提供符合规定面积的物业服务用房。

（六）在乙方承接物业时，应向乙方移交下列资料。

1. 竣工总平面图、单体建筑、结构、设备竣工图、配套设施、地下管网工程竣工图等竣工验收资料。

2. 共用设施设备的安装、使用和维护保养等技术资料。

3. 物业质量保修文件和物业使用说明文件。

4. _____

（七）按照法定的保修期限、范围，承担物业的保修责任。

（八）审定乙方制定的物业服务方案，监督和协助乙方履行物业服务合同。

（九）当业主、物业使用人不按规定交纳物业服务费用时，协助乙方催收。

（十）协助乙方做好物业服务工作和宣传教育、文化活动。

（十一）不得干涉乙方依法、依本合同约定所进行的物业服务活动。

（十二）按规定向政府物业行政主管部门或者街道办事处提出成立业主大会的书面报告，并提供业主产权清册、物业建筑面积、物业出售并交付使用等文件资料。

（十三）法律、法规规定的其他权利与义务。

第十九条　乙方相关的权利与义务：

（一）设立专门机构负责本物业的日常物业服务工作，并委派相应专业的物业服务人员履行本合同。

（二）在业主大会成立前，配合甲方制定本物业管理区域内物业共用部位和共用设施设备的使用、公共秩序和环境卫生维护等方面的规章制度。

（三）根据法律、法规的有关规定和本合同的约定，开展各项物业服务活动，但不得侵害业主、物业使用人及他人的合法权益，不得利用提供物业服务的便利获取不当利益。

（四）根据有关法律、法规的规定和本合同的约定，向业主或物业使用人收取物业服务费（物业服务资金），通过合法有效的方式解决拖欠物业服务费的问题。

（五）按照相关规定，建立健全"办事制度、办事纪律、收费项目和标准"等信息公开制度。对小区内所有收费项目均按价格部门的相关规定在收费场所实行明码标价。

（六）接受甲方、业主和物业使用人的监督，定期向甲方、业主报告物业服务合同履行情况，及时向全体业主通告本物业管理区域内的重大事项，及时处理业主和物业使用人的投诉。

（七）结合本物业的实际情况，编制物业服务方案、年度服务计划、年度维修养护计划、年度费用预算和决算报告。

（八）可选聘专业公司承担本物业的_____专项服务，并对专业公司的服务承担连带责任，但不得将本物业整体委托第三方管理。

（九）维护本物业管理区域内的公共秩序，按照法律、法规的有关规定，提供质价相符的服务，保证小区的安防力量，采取各种有效的安全防范措施，通过人防、技防、物防相结合的办法，做好物业管理区域内的安全防范工作。发生安全事故时，及时采取应急措施，并向有关行政管理部门报告，协助其做好救助工作；同时，要协助公安机关做好流动人口和出租房屋登记报备管理工作，对不履行义务的业主，及时向公安机关报告，由公安机关依法进行处罚；协助有关部门制止违法、违规的行为。

（十）提前将房屋装饰装修的禁止行为和注意事项书面告知业主，并按规定与业主签订房屋装饰装修管理协议。

对业主或物业使用人违反临时管理规约的行为，根据情节轻重采取告知、规劝、制止、向有关部门报告并申请强制执行等措施。

（十一）不得擅自占用和改变本物业管理区域内共有部分的用途；如需在本物业内改扩建或完善配套项目，与甲方协商并经专有部分占建筑物总面积2/3以上的业主且占总人数2/3上的业主同意后，报有关部门批准方可实施。

（十二）本合同依法解除、协商解除、单方解除或者期满终止时，乙方应当按照有关规定和本合同约定退出本物业管理区域，并办理移交手续和项目退出手续。

（十三）法律、法规规定的其他权利与义务。

第二十条　在提供物业服务过程中发生下列事由，乙方不承担责任。

（一）因不可抗力导致物业服务中断的。

（二）因维修养护物业共有部分需要且事先已告知业主、物业使用人，暂时停水、停电、停止附属设施设备使用等造成损失的。

（三）因非乙方责任出现供水、供电、供气、通信、有线电视及其他附属设施设备运行故障而造成损失的。

（四）因甲方或业主、物业使用人未及时交纳水、电、气、通信、有线电视等费用而导致服务中断或受到影响的。

（五）业主、物业使用人违反临时管理规约和物业管理规章制度的行为，经乙方采取规劝、制止、向有关部门报告等措施后，仍未解决，其行为对其他业主、物业使用人产生妨碍和影响的。

（六）物业管理区域内发生刑事、治安案件或第三人行为造成的损害，但一方有过错的除外。

（七）甲方自己的行为造成损害的。

（八）乙方已履行本合同约定的义务，但因物业本身固有瑕疵造成损失的。

第二十一条　甲方违反本合同约定的义务，致使乙方不能完成本合同第四条约定的服务事项的，乙方有权依法解除本合同；甲方应以本合同剩余期限物业服务总费用为基数向乙方支付＿＿＿＿违约金，并赔偿由此给乙方、业主、物业使用人造成的损失。

第二十二条　乙方未按照本合同的约定做好公共区域的安全防范和秩序维护工作，造成业主、物业使用人人身、财产损害的，应当依法承担相应的法律责任（具体内容详见附件12）。

第二十三条　乙方违反本合同的约定，擅自提高物业服务收费标准的，对超出标准的部分，业主和物业使用人有权拒绝支付。

第二十四条　甲方拒绝或拖延履行物业保修义务的，业主、物业使用人可以自行维修或委托乙方维修，维修费用及造成的其他损失由甲方承担。

第二十五条　乙方违反本合同约定的义务，或者发生法律、法规规定的不得继续从事物业服务活动的其他情形，致使不能完成本合同第四条约定的服务事项的，甲方应依法解除本合同，乙方预收的物业服务资金或物业服务费用应当返还给相关业主、物业使用人；造成业主、物业使用人经济损失的，乙方应给予经济赔偿。

甲方解除本合同的，应当在合同终止90日前书面告知乙方；乙方应当在合同终止之日起10日内退出本物业管理区域，并与甲方依法选聘或全体业主依法选聘的新物业服务企业或其他管理人完成交接手续。

第二十六条　双方协商一致，可解除本合同，并按规定办理交接手续。

第二十七条　本合同对其他相关违约责任的约定：

（一）＿＿＿＿＿＿＿＿＿＿＿＿＿＿＿＿＿＿＿＿＿＿＿＿＿＿＿＿＿

（二）＿＿＿＿＿＿＿＿＿＿＿＿＿＿＿＿＿＿＿＿＿＿＿＿＿＿＿＿＿

（三）＿＿＿＿＿＿＿＿＿＿＿＿＿＿＿＿＿＿＿＿＿＿＿＿＿＿＿＿＿

（四）＿＿＿＿＿＿＿＿＿＿＿＿＿＿＿＿＿＿＿＿＿＿＿＿＿＿＿＿＿

（五）＿＿＿＿＿＿＿＿＿＿＿＿＿＿＿＿＿＿＿＿＿＿＿＿＿＿＿＿＿

第二十八条　本合同未尽事宜，双方可另行以书面形式签订补充协议。

第二十九条　补充协议及本合同的附件与本合同具有同等法律效力。

本合同、本合同附件及补充协议中未规定的事宜，遵照有关法律、法规和规章执行。

第三十条　本合同正本连同附件共____页，一式____份，甲、乙双方各执____份，并由乙方持一份合同样本向政府物业行政主管部门备案。

第三十一条　本合同履行期间，遇不可抗力致使合同无法履行的，双方应按有关法律规定及时处理。

第三十二条　本合同在履行中如发生争议，由双方协商解决；协商不成的，双方可选择以下第____种方式处理。

（一）向_____仲裁委员会申请仲裁。

（二）向人民法院提起诉讼。

第三十三条　本合同为期____年，自____年__月__日起至____年__月__日止。

本合同期限未满，若业主委员会代表业主与业主大会依法选聘的物业服务企业或其他管理人签订的物业服务合同生效的，本合同自动终止。

第三十四条　本合同期限届满前____月，业主大会尚未成立的，甲、乙双方应就延长本合同期限达成协议；双方未能达成协议的，乙方应在本合同期限届满后____月内继续履行本合同，甲方或全体业主应在此期间依法选聘新的物业服务企业或其他管理人。

第三十五条　本合同终止时，乙方应将物业服务用房、物业服务相关资料等属于全体业主所有的财物及时完整地移交给业主委员会；业主委员会尚未选举产生的，移交给甲方或_____代管，并按照《物业承接查验办法》《××省物业管理条例》等相关规定办理移交和项目退出手续。

第三十六条　本合同自_____起生效。

甲方签章：_____　　　乙方签章：_____

法定代表人：_____　　法定代表人：_____

委托代理人：_____　　委托代理人：_____

　　　　____年__月__日　　　　　　　　____年__月__日

附件1：物业构成明细

类型	栋数	套（单元）数	建筑面积/平方米
高层住宅			
多层住宅			
别墅			
商业用房			
工业用房			
办公楼			
车库			
会所			
学校			
幼儿园			
用房			
合计			
备注			

附件2：物业管理区域划分意见书

附件3：物业共用部位明细

1. 房屋承重结构。

2. 房屋主体结构。

3. 公共门厅。

4. 公共走廊。

5. 公共楼梯间。

6. 内天井。

7. 户外墙面。

8. 屋面。

9. 传达室。

10. _____

11. _____

附件4：物业共用设施设备明细

1. 绿地_____平方米。

2. 道路_____平方米。

3. 化粪池_____个。

4. 污水井_____个。

5. 雨水井_____个。

6. 垃圾中转站_____个。

7. 水泵_____个。

8. 水箱_____个。

9. 电梯_____部。

10. 信报箱_____个。

11. 消防设施_____

12. 公共照明设施_____

13. 监控设施_____

14. 避雷设施_____

15. 共用天线_____

16. 机动车库_____个，_____平方米。

17. 露天停车场_____个，_____平方米。

18. 非机动车库_____个，_____平方米。

19. 共用设施设备用房_____平方米。

20. 物业服务用房_____平方米。

21. _____

附件5：物业共用部位及共用设施设备的管理和维护

该项服务人员配置：____人。乙方应根据《××市住宅小区物业服务收费管理实施细则》的有关规定，按照住宅小区物业管理服务等级标准提供相对应的物业服务。

项目	服务内容	运行、保养、维修服务标准
共有部位	房屋主体承重结构部位	
	门厅	
	户外墙面、顶面、地面	
	楼梯间、水泵间、电表间、电梯间、电话分线间	
	走廊通道	
	其他	
共有设施设备	上下水管道、落水管、水箱、水泵等供水、排水系统	
	天线、供电、燃气线路	
	消防设施设备	
	中央空调	
	电梯	
	避雷装置	
	道路、场地、路灯	
	沟渠、池、井	
	休闲椅、凉亭、雕塑、景观小品、水景	
	健身设施、儿童乐园等公益性文体设施	
	路标、安全标志	
	共有设施设备房	
	电子防盗、监控、报警系统	
	楼宇对讲、电子巡更系统	
	物业服务用房	
	其他	

附件6：公共绿化的维护

该项服务人员配置：____人。乙方应根据《××市住宅小区物业服务收费管理实施细则》的有关规定，按照住宅小区物业管理服务等级标准提供相对应的物业服务。

项目	服务内容	养护标准
草坪	修剪	
	清杂草	

续表

项目	服务内容	养护标准
草坪	补栽、补种	
	施肥	
	灌、排水	
	病虫害防治	
	其他	
树木	修剪	
	中耕除草、松土	
	施肥	
	病虫害防治	
	扶正加固	
	其他	
花坛、盆景、绿篱	布置	
	灌、排水	
	修剪	
	补栽、补种	
	施肥	
	病虫害防治	
	其他	

附件7：公共区域的环境卫生维护

该项服务人员配置：＿＿＿人。乙方应根据《××市住宅小区物业服务收费管理实施细则》的有关规定，按照住宅小区物业管理服务等级标准提供相对应的物业服务。

项目	服务内容	服务标准
楼内公共区域	地面和墙面	
	楼梯扶手、栏杆、窗台	
	消火栓、指示牌等公共设施	
	天花板、公共灯具	
	天台、屋顶	

续表

项目	服务内容	服务标准
楼内公共区域	门窗等的玻璃	
	垃圾收集	
	电梯轿厢	
楼外公共区域	道路地面、绿地	
	沟渠、池、井	
	公共灯具、宣传栏、路标、标志	
	雕塑、景观小品等	
	水景	
	垃圾箱（房）	
	果皮箱、垃圾桶	
	消毒灭害	
其他		

附件8：公共区域的安全防范和秩序维护

该项服务人员配置____人。乙方应根据《××市住宅小区物业服务收费管理实施细则》的有关规定，按照住宅小区物业管理服务等级标准提供相对应的物业服务。

服务内容	服务标准
人员要求	1.按照小区物业服务收费等级标准配备相应的门岗和巡逻岗等安防人员，其中门岗____人、巡逻岗____人、消防监控岗____人、车辆停放服务岗____人 2. 3.
门岗	1.门岗整洁，设专人24小时值勤 2.对进出小区的装修、家政等劳务人员实施有效管理
巡逻岗	1.对小区重点区域、重点部位每____小时至少巡逻一次 2. 3. 4.
技防设施和救助（监控岗）	1.配备安全电子监控设施的，实施24小时监控并及时记录，发现问题____小时内有专人到现场处理 2. 3.

续表

服务内容	服务标准
车辆管理	1.引导进出小区的车辆有序通行、停放 2. 3. 4. 5.
火灾、治安、公共卫生等突发事件	1.对火灾、治安、公共卫生等突发事件有应急预案，事发时及时告知相关业主（物业使用人），并报告有关部门，同时协助采取相应措施 2. 3.
其他	1.乙方应自觉接受当地公安机关对小区安全防范工作的指导和督导 2.乙方应积极配合业主大会推进小区监控系统接入公安专网工作

附件9：物业使用中对禁止性行为的管理措施

附件10：综合服务

乙方应根据《××市住宅小区物业服务收费管理实施细则》的有关规定，按照住宅小区物业管理服务等级标准提供相对应的物业服务。

服务内容	服务要求
物业服务中心设置	
服务人员要求	
服务时间	
日常服务	
其他	

附件 11：按规划配建的停车场的管理和维护

┌───┐
│   │
│   │
│   │
│   │
│   │
└───┘

附件 12：人身、财产损害赔偿责任

乙方不按照法律、法规规定和物业服务合同约定做好安全防范工作，导致业主人身、财产安全受到损害的，应当依法承担相应的法律责任。

（一）_____

（二）_____

（三）_____

附件 13：物业服务承接验收确认书

甲方：_____

法定代表人：_____

委托代理人：_____

地址：_____

联系电话：_____

乙方：_____

法定代表人：_____

委托代理人：_____

地址：_____

联系电话：_____

根据《物业管理条例》《物业承接查验办法》及《××省物业管理条例》的相关规定，甲乙双方就乙方承接_____（物业名称）[坐落位置：××市_____区（县、市）_____街道（乡镇）_____路（街、巷）_____号]前期物业服务，办理物业服务承接验收手续等事宜，共同确认如下。

一、物业共有部分及相应档案的查验内容

甲方已于____年__月__日会同乙方对物业下述共有部分及相应档案进行了查验。

1.＿＿＿＿＿＿＿＿＿＿＿＿＿＿＿＿＿＿＿＿＿＿＿＿＿＿＿＿＿＿＿＿

2.＿＿＿＿＿＿＿＿＿＿＿＿＿＿＿＿＿＿＿＿＿＿＿＿＿＿＿＿＿＿＿＿

3.＿＿＿＿＿＿＿＿＿＿＿＿＿＿＿＿＿＿＿＿＿＿＿＿＿＿＿＿＿＿＿＿

二、物业共有部分及相应档案的查验结论（在□中打√）

□经乙方查验，甲方确认，上述物业共有部分及相应档案完好，乙方同意承接验收。

□经乙方查验，甲方确认，上述物业共有部分及相应档案中存在的问题如下。

1.＿＿＿＿＿＿＿＿＿＿＿＿＿＿＿＿＿＿＿＿＿＿＿＿＿＿＿＿＿＿＿＿

2.＿＿＿＿＿＿＿＿＿＿＿＿＿＿＿＿＿＿＿＿＿＿＿＿＿＿＿＿＿＿＿＿

3.＿＿＿＿＿＿＿＿＿＿＿＿＿＿＿＿＿＿＿＿＿＿＿＿＿＿＿＿＿＿＿＿

经甲乙双方协商一致，就存在的问题确定如下解决办法。

1.＿＿＿＿＿＿＿＿＿＿＿＿＿＿＿＿＿＿＿＿＿＿＿＿＿＿＿＿＿＿＿＿

2.＿＿＿＿＿＿＿＿＿＿＿＿＿＿＿＿＿＿＿＿＿＿＿＿＿＿＿＿＿＿＿＿

3.＿＿＿＿＿＿＿＿＿＿＿＿＿＿＿＿＿＿＿＿＿＿＿＿＿＿＿＿＿＿＿＿

三、物业服务用房、物业服务相关资料的移交

甲方已于____年__月__日向乙方移交了物业服务用房，并提供和移交了下列物业服务相关资料（具体清单另附）。

1.竣工验收资料，包括物业管理区域内建设工程规划总平面图、竣工总平面图、单体建筑、结构、设备竣工图、配套设施、地下管网工程竣工图、竣工验收合格证等资料。

2.技术资料，包括水、电、气、有线电视、通信等的使用合同（协议），消防设施合格证，电梯准用证，机电设备出厂合格证和保修卡、保修协议，设备设施的安装、使用和维护保养等资料。

3.物业质量保修文件和物业使用说明文件。

4.业主名册，包括业主及产权面积清册等。

5.物业服务所必需的其他资料，如物业规划、建设有关资料，有关房屋产权权属的资料，工程验收的各种签证、记录、证明等。

6.＿＿＿＿＿＿＿＿＿＿＿＿＿＿＿＿＿＿＿＿＿＿＿＿＿＿＿＿＿＿＿＿

甲方签章：＿＿＿＿＿＿＿＿＿＿　　乙方签章：＿＿＿＿＿＿＿＿＿＿

法定代理人：＿＿＿＿＿＿＿　　　法定代理人：＿＿＿＿＿＿＿

委托代理人：＿＿＿＿＿＿＿　　　委托代理人：＿＿＿＿＿＿＿

　　　＿＿年＿月＿日　　　　　　　　　＿＿年＿月＿日

三、专项服务委托合同

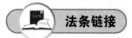 法条链接

《物业管理条例》第三十九条　物业服务企业可以将物业管理区域内的专项服务业务委托给专业性服务企业，但不得将该区域内的全部物业管理一并委托给他人。

《中华人民共和国民法典》第三编第二分编典型合同中的第二十三章 委托合同：

第九百一十九条　委托合同是委托人和受托人约定，由受托人处理委托人事务的合同。

第九百二十条　委托人可以特别委托受托人处理一项或者数项事务，也可以概括委托受托人处理一切事务。

第九百二十一条　委托人应当预付处理委托事务的费用。受托人为处理委托事务垫付的必要费用，委托人应当偿还该费用并支付利息。

第九百二十二条　受托人应当按照委托人的指示处理委托事务。需要变更委托人指示的，应当经委托人同意；因情况紧急，难以和委托人取得联系的，受托人应当妥善处理委托事务，但是事后应当将该情况及时报告委托人。

第九百二十三条　受托人应当亲自处理委托事务。经委托人同意，受托人可以转委托。转委托经同意或者追认的，委托人可以就委托事务直接指示转委托的第三人，受托人仅就第三人的选任及其对第三人的指示承担责任。转委托未经同意或者追认的，受托人应当对转委托的第三人的行为承担责任；但是，在紧急情况下受托人为了维护委托人的利益需要转委托第三人的除外。

第九百二十四条　受托人应当按照委托人的要求，报告委托事务的处理情况。委托合同终止时，受托人应当报告委托事务的结果。

第九百二十五条　受托人以自己的名义，在委托人的授权范围内与第三人订立的合同，第三人在订立合同时知道受托人与委托人之间的代理关系的，该合同直接约束委托人和第三人；但是，有确切证据证明该合同只约束受托人和第三人的除外。

第九百二十六条　受托人以自己的名义与第三人订立合同时，第三人不知道受托人与委托人之间的代理关系的，受托人因第三人的原因对委托人不履行义务，受托人应当向委托人披露第三人，委托人因此可以行使受托人对第三人的权利。但是，第三人与受托人订立合同时如果知道该委托人就不会订立合同的除外。

受托人因委托人的原因对第三人不履行义务，受托人应当向第三人披露委托人，第三人因此可以选择受托人或者委托人作为相对人主张其权利，但是第三人不得变更选定的相对人。

委托人行使受托人对第三人的权利的，第三人可以向委托人主张其对受托人的抗辩。第三人选定委托人作为其相对人的，委托人可以向第三人主张其对受托人的抗辩以及受托人对第三人的抗辩。

第九百二十七条　受托人处理委托事务取得的财产，应当转交给委托人。

第九百二十八条　受托人完成委托事务的，委托人应当按照约定向其支付报酬。

因不可归责于受托人的事由，委托合同解除或者委托事务不能完成的，委托人应当向受托人支付相应的报酬。当事人另有约定的，按照其约定。

第九百二十九条　有偿的委托合同，因受托人的过错造成委托人损失的，委托人可以请求赔偿损失。无偿的委托合同，因受托人的故意或者重大过失造成委托人损失的，委托人可以请求赔偿损失。

受托人超越权限造成委托人损失的，应当赔偿损失。

第九百三十条　受托人处理委托事务时，因不可归责于自己的事由受到损失的，可以向委托人请求赔偿损失。

第九百三十一条　委托人经受托人同意，可以在受托人之外委托第三人处理委托事务。因此造成受托人损失的，受托人可以向委托人请求赔偿损失。

第九百三十二条　两个以上的受托人共同处理委托事务的，对委托人承担连带责任。

第九百三十三条　委托人或者受托人可以随时解除委托合同。因解除合同造成对方损失的，除不可归责于该当事人的事由外，无偿委托合同的解除方应当赔偿因解除时间不当造成的直接损失，有偿委托合同的解除方应当赔偿对方的直接损失和合同履行后可以获得的利益。

第九百三十四条　委托人死亡、终止或者受托人死亡、丧失民事行为能力、终止的，委托合同终止；但是，当事人另有约定或者根据委托事务的性质不宜终止的除外。

> 第九百三十五条　因委托人死亡或者被宣告破产、解散，致使委托合同终止将损害委托人利益的，在委托人的继承人、遗产管理人或者清算人承受委托事务之前，受托人应当继续处理委托事务。
>
> 第九百三十六条　因受托人死亡、丧失民事行为能力或者被宣告破产、解散，致使委托合同终止的，受托人的继承人、遗产管理人、法定代理人或者清算人应当及时通知委托人。因委托合同终止将损害委托人利益的，在委托人作出善后处理之前，受托人的继承人、遗产管理人、法定代理人或者清算人应当采取必要措施。

【实战范本03】▶▶▶

绿化养护承包合同

甲方：_____（物业服务企业，以下简称甲方）

乙方：_____（以下简称乙方）

甲乙双方经友好协商，根据《中华人民共和国民法典》及《物业管理条例》等相关法律、法规，确定由乙方承包甲方管理的____的绿化管理、养护工作（以下简称承包项目），双方就此达成如下协议。

一、承包范围

甲方委托乙方管理的绿化养护范围为：_____小区（红线范围内养护面积约_____万平方米，实际绿化养护面积以现场接管验收面积为准）的公共绿化维护、清洁、花坛维护，含浇水、除草、松土、施肥、防治病虫害、整形剪修、绿化垃圾清运、绿化设施维护、防台风等工作。

二、承包期限

本合同的承包期限自____年__月__日起至____年__月__日止。

三、承包方式

1. 本合同项下的事项采取全部包干的方式承包，即甲方按本合同第九条的约定向乙方支付承包费用，除此之外甲方不再承担任何其他费用，乙方自行承担绿化管理、养护工作所发生的一切人工、材料及税费等。

2. 本合同禁止以任何形式转包或者分包。否则，甲方有权随时单方终止本合同，并不向乙方作出任何形式的补偿。同时，甲方有权扣除合同年总费用的5%作为违约赔偿金。

四、承包服务的工作内容

1. 乔木养护及修剪。

2. 灌木养护及修剪。

3. 草坪养护及修剪。

4. 水肥管理。

5. 病虫害防治。

6. 绿地清洁。

7. 绿化清洁。

8. 绿化垃圾的清理、清运。

9. 台风前对植物的加固防护。

10. 除人为破坏或人力不可抗拒因素造成的苗木缺失的补种。

五、承包项目的服务质量标准

乙方提供的绿化管理、养护工作应当符合_____法律文件及养护级别（甲方根据实际情况填写）_____的标准。

六、甲方的权利和义务

1. 甲方有权对乙方拟制的绿化管养服务工作计划、管理文件进行审核，对于不合理或者不恰当的内容，有权要求乙方调整。

2. 甲方对乙方的绿化管养服务工作质量有权提出整改意见。对于甲方提出的情节较严重的管养服务质量问题，乙方在合理的时间内（双方确定）仍不改进的，甲方有权延迟支付服务费或扣减相应部分的服务费。超过一个月仍未改进的，甲方有权书面通知乙方终止本合同，并有权追究乙方的违约责任。

3. 甲方有权拒绝不符合相关服务标准的乙方工作人员进入服务区，有权对乙方不称职的工作人员提出改进工作的要求或提出撤换的建议。

4. 甲方有权派遣专人进行定期和不定期检查，监督乙方的工作及有关制度的执行情况。

5. 甲方无偿提供绿化管养服务工作所需的水、电，以及修缮非乙方工作人员损坏的绿地所需的工具。

6. 发现问题及时知会乙方，协调解决乙方服务过程中的困难。

七、乙方的权利和义务

1. 乙方必须具有有效的从业资质，并将资质复印件交甲方备案。

2. 乙方在合同期内除了安排项目经理负责不定期检查、经常向甲方负责人征询意见、及时处理有关问题外，还必须选派具有一定经验及管理能力的人员监督及组织绿化管养工作。

3. 乙方必须选派素质高、服务态度好的人员负责绿化管养服务工作，并督促在职员工遵纪守法，避免违法违纪行为。如存在违法或严重违纪行为，后果由乙方负责。

4. 绿化管养服务人数应该保持固定，如调整或更换，应充分尊重甲方意见并提前一天知会。每月__日前需提交上月人员档案及现场绿化管养服务人员考勤报告。

5. 乙方应按照合同约定的绿植养护标准对服务区域的绿植进行养护，如出现因养护不当而造成的绿植死亡或养护不达标等情况，乙方除应在最短时间内及时补救和纠正外，还应承担由此引起的一切损失。

6. 乙方入场工作的员工必须统一着装，佩戴出入证。

7. 教育所属人员严格遵守国家有关安全作业规定，如发生安全事故，由乙方自行负责，甲方不承担任何责任和费用。

8. 乙方保证所有劳动用工行为均符合《中华人民共和国劳动法》《中华人民共和国劳动合同法》等法律规定，如发生劳动纠纷，与甲方无关。

9. 乙方自行负责绿化管养用具和消耗品的购买、保管、维修、保养，并保证绿化管养用具的配置满足要求。

10. 及时、高质量地提供甲方管理所需的绿化管养文档、专项绿化年度作业计划表、上月的工作总结及下月的工作计划、年度工作总结及计划报告等。

11. 及时提交各类重大和突发事件处理报告，特别是台风等恶劣天气来临时的应急预案及恶劣天气结束后的工作汇报等。

12. 病虫害防治工作要遵从ISO 14001环境管理体系和ISO 45001职业健康安全管理体系要求，使用国家有关部门允许的药物，保证效果和环境、人身安全；喷洒药物前应提前通知，并做好相关的防护措施。

八、违约责任

1. 乙方达不到甲方的服务质量考核指标，每违反一条，甲方从当期应支付的绿化管养服务承包费中扣除人民币一千元整（¥1000.00），作为违约金。如当期应付费用不足以支付扣款，甲方将从下一期费用中扣除。

2. 甲方不能无故拖延支付绿化管养服务承包费，否则每逾期一天，乙方有权要求甲方按承包费用的万分之二点一支付滞纳金。如乙方迟延提供或不能提供合法发票，则甲方有权推迟付款且不承担违约责任，由此引起的全部损失由乙方承担。

3. 在合同期内，任何一方无正当理由提出解除本合同的，应支付对方一个月的绿化管养服务承包费作为补偿。

4. 如甲方发现乙方将绿化垃圾放入小区生活垃圾房（池）或垃圾桶内的，乙方应无条件负责连同生活垃圾一起清运，同时甲方保留对乙方进行处罚的权利。对于垃圾清运，乙方必须严格执行行业规范要求，不得违法违规私自倾倒、掩埋、焚烧或处置。

5. 因乙方管理原因（不可抗力因素除外）而导致管理区域内的物业、设备损坏时，乙方应全额赔偿。

6. 如因乙方原因，造成甲方重大事故或严重影响甲方正常运行，甲方有权书面要求乙方在规定时间内整改和补救，并由乙方负责赔偿甲方经济损失。情节严重的，甲方有权单方终止本协议，并追究乙方的违约责任。

7. 乙方或乙方员工在履行本合同过程中，给甲方或第三方造成人身、财产损害的，乙方应承担全部赔偿责任。

九、承包费用及支付方式

1. 本合同承包服务费（不包含水费）为每月人民币_____元（大写人民币_____元）。每月的承包服务费由甲方凭乙方次月10日前开具的有效发票在30个工作日内支付给乙方。

2. 当月发生的乙方应扣款项，甲方有权从下月支付给乙方的承包费中扣除。

3. 当承包费用金额在合同期内保持不变，因不可预测因素导致成本上涨时，双方可另行协商解决。对于可能导致增加费用的服务，乙方必须提前通知甲方，并详细列出可能增加的费用，经甲方书面批准后方可实施，否则，任何服务的增加或变更均不能构成费用增加的理由。

4. 承包费每月应经管理中心负责人签字确认后付款。

十、合同的变更或解除

1. 甲乙双方对本合同条款提出更改或补充意见，经双方协商一致后，以书面形式签订补充协议。补充协议与本合同具有同等的法律效力。

2. 由于不可抗拒因素导致本合同不能履行时，双方协商一致可解除本合同，并互不承担责任。

3. 本合同履行期间，如甲方与业主单位签订的物业服务合同终止，则本合同自动终止，双方均不需承担任何责任。

十一、送达地址

下列地址视为双方确认的发送地址，文件以通知的方式邮寄到下列地址的，视为邮件送达。

甲方预留的寄送书面通知的地址为＿＿＿＿＿＿＿＿＿＿＿＿＿＿＿＿

乙方预留的寄送书面通知的地址为＿＿＿＿＿＿＿＿＿＿＿＿＿＿＿＿

十二、其他事项

1. 本项目的招投标文件和本合同具有同等的法律效力，如与本合同及附件内容相抵触，则以本合同及附件为准。

2. 本合同期满，在同等条件下乙方有优先续约的权利。

3. 本合同在履行中如发生争议，在不影响管养工作的前提下，双方协商解决。如协商不成，可提请上级主管部门调解；若调解不成，由合同履行地即承包项目所在地法院裁决。

4. 合同附件

（1）绿化月成本表。

（2）人员岗位分布记录。

（3）绿化物料清单。

（4）机械折旧费用表。

（5）绿化完好率考核记录。

（6）月度绩效考核办法。

（7）礼仪基本要求。

5. 本合同一式＿＿份，甲方执＿＿份，乙方执＿＿份，均具有同等法律效力。

甲方：＿＿＿＿＿＿＿＿＿　　　　乙方：＿＿＿＿＿＿＿＿＿

甲方代表：＿＿＿＿＿＿＿　　　　乙方代表：＿＿＿＿＿＿＿

＿＿年＿月＿日　　　　　　　　　＿＿年＿月＿日

【实战范本04】▶▶

物业清洁服务承包协议

甲方：＿＿＿＿＿＿＿＿＿（物业服务企业，以下简称甲方）

乙方：＿＿＿＿＿＿＿＿＿（以下简称乙方）

甲乙双方经友好协商，根据《中华人民共和国民法典》及《物业管理条例》等相关法律、法规，确定由乙方承包甲方管理的_____的清洁、保养工作（以下简称承包项目），双方就此达成如下协议。

一、承包范围

甲方委托乙方承包的清洁保养范围为：_____小区红线范围内所有公共场所、公共设备设施、走火楼梯及会所等的日常清洁、循环保洁、定期清洗、拖洗等工作。

二、承包期限

本合同的承包期限自____年__月__日起至____年__月__日止。

三、承包方式

1. 本合同项下的事项采取全部包干的方式承包，即甲方按本合同第十条的约定向乙方支付承包费用，除此之外甲方不再承担任何其他费用，乙方自行承担日常清洁保养工作所发生的一切人工、材料及税费等。

2. 本合同禁止以任何形式转包或者分包。否则，甲方有权随时单方终止本合同，并不向乙方作出任何形式的补偿。同时，甲方有权扣除合同年总费用的5%作为违约赔偿金。

四、承包工作的质量要求

（一）小区清洁

1. 外围的清洁内容

（1）保安亭：擦拭所有可视位置并用拖把洗净地面。

（2）凉亭、小区展示品：每月用水冲洗一次凉亭瓦片、展示品的表层、游乐园的玩具及周边区域。

（3）道路、行人径：每天清扫3遍地面，40分钟循环保洁。每月用水冲洗一次地面，保持无垃圾、无浮尘、无油污、无积水、无泥沙、无堆积物、无卫生死角。

（4）花池、绿化带、果皮箱：每天清扫两次，保持无垃圾、无堆积物、无大量枯叶，发现有生活垃圾应及时清理，倒净箱内垃圾并抹净表面。

（5）污水井、排洪沟、明沟、雨水井、沙井：每周将明沟、沙井清理一次；每月将污水井、排洪沟、雨水井用水冲洗一次，保持无垃圾、无堆积物。

（6）人工湖、水景：每日清捞2次，40分钟循环清捞，每月刷洗一次，保持池水清澈，无漂浮物、无沉淀物、无明显苔藓。

（7）标识牌、信报箱、公示栏等：每天清抹两次，保持无灰尘、无乱贴乱画。

（8）外围雨污井、沙井、排水沟等：每月清掏并用水冲洗一次，保持无杂物、无淤塞。

2.地库清洁内容

（1）地面：每天扫净地面一次，循环保洁；每月用水冲洗一次，保持无垃圾、无堆积物。

（2）排污井、下水明沟：每月打开明沟及井盖，清理内积垃圾及淤泥一次，保持无垃圾、无积聚淤泥。

（3）出入口：每天清扫地面一次，循环保洁；每周清理一次，保持无垃圾。

（4）消防管道：每周用鸡毛扫把打扫所有管道上灰尘一次，保持无灰尘。

3.大堂清洁内容

（1）大理石地面：每天用尘推布拖抹大理石地面一次，并循环保洁；每月用起渍水清洗及拖洗一次地面，保持无污渍、光洁明亮。

（2）大理石墙壁：每天用毛巾抹净墙壁面一次，每月用绿水清洗一次，保持无手印、无污渍。

（3）电梯按钮、门框：每天两次用毛巾抹净，循环保洁，每周用不锈钢油上油一次，每月用清洁剂清理油渍一次，保持无手印、无污渍。

（4）信箱、风口、指示牌、花盆、开关、插座板、烟灰筒：每天用毛巾擦拭花盆周边、开关、插座板表层一次。烟灰筒内的垃圾不能超过筒身1/2，及时清理垃圾并保持烟灰筒洁净。每周用毛巾抹净信箱、风口、指示牌一次，保持无手印、无灰尘。

4.电梯轿厢清洁内容

（1）地面：每天拖洗两次，循环保洁，每半月清洗一次，保持无垃圾、无污迹。

（2）墙壁：每天两次用毛巾抹净，循环保洁，每周用清洁剂清洗一次，保持无污渍。

（3）各层按钮：每天两次用毛巾擦净，循环保洁，每周用不锈钢油上油一次，保持无手印、无污渍。

（4）不锈钢部分：每天两次用毛巾抹净，循环保洁，每周用不锈钢油上油一次，保持无手印、无污渍。

5.电梯前室清洁内容

（1）门及门套：每天一次用毛巾抹净，循环保洁，每周对不锈钢部分上油一次，保持无手印、无污渍。

（2）地面：每天拖洗一次，保持无污渍。

(3)墙壁:每天检查,发现污渍马上清理,保持无污渍。

(4)电梯按钮:每天用毛巾擦拭一次,循环保洁,每周对不锈钢部分上油一次,保持无污渍。

6.走火楼梯清洁内容

(1)地面:每天拖洗地面一次,保持无垃圾、无污渍。

(2)墙面:每周清理蜘蛛网一次,保持无蜘蛛网、无垃圾。

(3)消防箱、开关板、指示牌、防火门、灯具:每天检查,发现污渍马上清理,每周一次用毛巾擦拭干净,保持无灰尘、无垃圾、无蜘蛛网。

(4)玻璃窗:每天用毛巾擦拭内层的玻璃窗,保持无手印、无污渍。

7.其他清洁内容

(1)天面:每天发现垃圾马上清理干净,每周全面清理一次,保持无垃圾。

(2)垃圾桶:每天将垃圾清运到指定的清运点,每周对垃圾桶进行彻底清洁并消毒。

(3)放置垃圾桶地面:每天彻底清洗2次,保持地面无杂物、无污水、无异味。

(二)会所清洁

1.大堂、通道大理石地面:每天用地抹布循环拖抹,晚上用清洁剂拖净地面,每月用起渍水清洗一次,每季度用大理石处理浆及粉做晶面处理,保持无污渍、无水渍、无痰渍、无杂物、无烟头、光洁明亮。

2.木地板地面:每月用水拖洗一次,保持无污渍。

3.地毯地面:每天晚上吸尘一次,每月清洗一次,保持无污渍。

4.玻璃:每天循环清抹,每月用玻璃清剂清洗一次,保持无手印、无污渍。

5.不锈钢:每晚用毛巾配合不锈钢清洁剂清抹一次,每周五晚上擦拭不锈钢油一次,保持无手印、无污渍。

6.咨询台、桌、椅:每晚抹净,保持干净。

7.烟灰筒、废纸筒:每天清倒垃圾、循环抹净,每周上不锈钢油一次,保持无污渍、无痰渍。

8.镜子:每晚清抹干净,保持无手印、无污渍。

9.花盆、花槽:每天捡净盆内垃圾及枯叶,每周清抹花盆周边,保持干净。

10.装饰品:每周用毛巾清抹一次,保持干净。

11.胶地毯:每天检查,发现垃圾马上清理,每晚吸尘一次,保持干净。

12.卫生间:每天循环拖洗;每晚冲洗一次并清洁所有洁具,清抹镜子、洗手液盒、门；每周用洁厕剂全面清洗一次，保持干净、无异味。

13. 指示牌、指示灯：每周清抹一次，保持无灰尘。

（三）喷水池及其他水池的管理

1. 喷水池的处理：发现喷水池或者其他水池内有树叶、杂物等，应及时用捞网捞起，再按水质变化的程度进行水质处理。

2. 水池清洗等带电工作，必须填写临时用电申请表，2人以上，做好安全防护工作，如设立标识牌、穿上防护雨鞋等。

（四）消杀工作

1. 春、夏季组织人员，搞好小区环境卫生，清理卫生死角和蚊蝇滋生地。对花、草地进行消杀时，用配制好的溶液适度喷洒，同时做好防护措施，应在顺风处喷洒，避免与行人直接接触，选择行人稀少的时间作业。

2. 应掌握好辖区范围内的鼠情，每月投放灭鼠药两次。所放的消杀药物，必须在12小时内巡视一次，如有缺少及时进行补药，剩余部分在7天内收回。

3. 消杀人员必须严格按照"投放鼠药注意事项"进行操作。对每次投放药物情况，应认真记录在"消杀药物投放情况记录表"上，投放药物前需告知物业管理中心，并在投放处放置警示标识。

4. 每月全面消杀蚊蝇四次。

5. 应使用国家规定的消杀药品，即购即用，用剩的药品，乙方应指派专人妥善保管。如在本小区保管，必须放在铁皮柜内，做好标识，钥匙由现场主管一人管理。

6. 在实施消杀前，应至少提前2天通知物业管理中心张贴消杀通知，告知业主和客户做好自我防范，避免意外发生。

五、甲方的权利和义务

1. 甲方根据本单位的具体情况，制定有关的卫生守则，要求双方所有员工遵守，共同维护室内外环境卫生。

2. 甲方需设置适量的果皮箱、垃圾桶。

3. 甲方定期对乙方的服务进行考评，并记录在保洁工作检查考核表中。清洁合格率暂定为95%，如考评低于95%，甲方应开出整改通知单，要求乙方整改。同时，甲方按考评结果对乙方进行相应的处罚，处罚标准为：每月约定的保洁费用×（95%－考评合格率）。若连续两个月，甲方对乙方的考评合格率在85%以下或乙方未按甲方要求的时间和质量完成整改，甲方有权立即单方解除合同，并无须为此支付任何补偿费用。乙方现场人员应对考核表进行确认，乙方现场人员的确认视为乙方确认。

4. 甲方负责无偿为乙方提供清洁用水、用电和工具存放间，以便于乙方操作和管理。但乙方应秉持节约不浪费的原则，并对自己人员的人身、财产安全负责。甲方不对乙方的人员伤害、物品遗失、被盗或损毁而承担任何责任。

5. 甲方收到乙方开具的清洁服务费发票，且乙方对甲方考核表已完成确认，同时甲方书面确认乙方上一个月的保洁服务工作为满意，支付上一个月的费用给乙方，清洁服务费的支付方式为银行转账支票或银行委托支付。甲方如不能按约支付上述费用，按应付未付部分每天万分之三支付违约金（乙方服务不能获得甲方满意或甲方按清洁违约标准扣除相应款项，不属于此款约定范畴）。

6. 乙方应遵守甲方的各项纪律和制度，在甲方对乙方进行相应考核时，如乙方违反甲方的各项纪律和制度，甲方可以按照规定对乙方进行相应的处罚。乙方保洁服务不能达到合同约定的标准且拒不整改或按第五条第3款之约定整改不到位的，或者乙方严重违反甲方各项规定产生严重后果的，甲方可以单方解除合同并无须为此支付任何补偿费用；如给甲方造成损失的，乙方应予赔偿。

7. 乙方应按保洁工作计划完成保洁各项工作，如发生保洁工作应完成而未完成，且未得到甲方主管认可的，每发生一项，甲方有权扣除当月合同款的2%作为违约金。如连续两个月乙方未完成合同约定的保洁工作内容，且经甲方督促拒不整改的，甲方有权立即单方解除合同，并无须为此支付任何补偿费用；给甲方造成损失的，乙方应予赔偿。

8. 甲方在定期实施的品质检查中发现保洁工作不合格的，对每个不合格点应相应扣除当月保洁合同款的1%作为违约金。

9. 本合同对乙方的违约金扣款实行分别计算后再累加的方法。

六、乙方的权利和义务

1. 乙方必须遵守《中华人民共和国劳动法》及《中华人民共和国劳动合同法》的规定，保证用工合法，选派素质高、服务态度好的经过培训的员工进驻承包项目工作。承包项目的保洁员工要保持相对的稳定性，如需适当调整，必须经过甲方同意。

2. 乙方员工必须统一着装（乙方自备），必须佩戴铭牌，并接受客户的监督，以提高服务质量。

3. 乙方工作人员必须文明操作，不擅自进出与保洁范围不相关的场所（经甲方主管同意的除外）。

4. 乙方工作人员在工作中发生事故或作出违法行为，后果由乙方承担。

5. 乙方负责教育所属人员严格遵守有关的安全作业规定，必要的时候，在保洁区域设置明显的警示标志。

6. 乙方必须按照合同附件规定的考核项目，实施各项工作计划，甲方根据计划实施监督检查。

7. 如遇相关部门和机构卫生检查，乙方承包的范围全部或部分被认定为不符合卫生标准要求，或受到罚款时，有关甲方承担的责任和罚款、整改费用等全部由乙方承担。

8. 为确保工作质量，乙方需确保现场清洁设备的正常使用，如损坏，乙方应及时更换或修理，所产生的费用由乙方承担。

9. 如发生突发事件（包括但不限于台风、暴雨等灾害性天气），乙方应在接到甲方通知后一小时内安排充足的人员参加抢险清洁的工作，以确保承包项目能正常运营。

七、承包项目的乙方人员安排

1. 乙方应按合同约定派出经专业培训的项目经理及保洁员工共____名，作为承包项目的保洁专职人员，其中，现场主管____名，现场班长____名。除去正常休息人数，乙方每天现场工作人数不得低于____人。

甲方有权根据项目实际情况以双方书面确认的形式对保洁人员数量进行调整，乙方需在每月25日前向甲方提供下月的员工岗位排班计划表，以便甲方检查。

2. 对乙方员工的具体要求
（1）无重大疾病，身体健康，持有健康证或体检合格表。
（2）年龄控制在50岁以内。
（3）会说普通话，具备简单的沟通能力。
（4）必须通过本岗位现场培训及考核。

3. 乙方管理人员应不定时抽查承包项目的保洁质量。

4. 乙方应根据保洁标准的要求，制订培训计划，定期对员工进行业务、技术培训。

5. 乙方应加强员工的服务意识，配合甲方做好物业管理工作，并指定项目经理为承包项目的执行人。乙方项目执行人不配合甲方工作时，甲方有权要求更换；乙方应在5个工作日内完成更换，如超时未更换的，甲方可解除合同。

八、合法用工及安全责任

1. 乙方必须具有相应的从业资质，并将资质复印件交甲方备案。

2. 乙方必须严格遵守国家及乙方注册地、本合同履行地的劳动法律、法规的规定，合法用工。

3. 乙方应为其派到甲方工作的人员办理合法的劳动用工手续。乙方应与其派到甲方工作的所有员工签订劳动合同，为员工购买社会保险，发放劳动保护用品。

4. 乙方应向员工按时足额发放工资（包括加班工资）及法定福利，确保员工工资不低于合同履行地政府部门颁布的最低工资标准。

5. 乙方要在工作中采取一切必要的安全防护措施，保障员工的劳动安全。

6. 乙方应依法或根据员工自愿申请，安排员工加班工作。

7. 乙方必须严格管理所属人员，教育所属人员严格遵守国家有关的安全作业制度和规定，按照安全操作规程作业。乙方工作人员作业时，应使用合格的安全防护器具，在施工现场应设置安全警示标识。从业人员必须持有有效上岗证（包括特殊作业人员操作上岗证）。属高空作业的，乙方应为作业者购买高空作业保险。相关上岗证、保险单据，应复印后报甲方备案。

8. 乙方必须保证所提供的全部资料和信息是真实可靠的，因乙方提供虚假信息和资料给甲方造成的损失，全部由乙方承担。如果乙方所提供的资料中含有虚假资料，甲方有权单方解除合同，乙方应向甲方支付人民币＿＿＿＿元的违约金。

9. 乙方应对所属员工的安全负责，乙方工作人员在工作中如发生安全事故或作出违法违章行为，后果由乙方自行负责，甲方不承担任何责任和费用；乙方在履行合同过程中，给甲方或第三方造成人身或财产损失的，由乙方承担全部的赔偿责任。

10. 甲方有权对乙方合同履行情况进行检查，检查中发现问题的，视情节轻重以口头或书面提出整改意见，要求乙方限期整改；如整改后仍无法达到约定标准的，甲方有权要求提前终止合同，并要求乙方承担违约责任。

九、承包项目的清洁用品

乙方每月应向甲方提供合同约定的由甲方付款购买的各项清洁用品的清单，以便甲方对所付款项进行监控。

乙方使用的清洁用品由乙方自行保管，甲方有权随时抽查。

乙方使用的清洁药剂应符合国家规定，用剩的药剂由乙方回收并按国家规定处置。

十、承包费用

1. 单价

根据承包项目日常清洁保养的服务内容和范围，甲方按照乙方参与保洁项目的人数支付有关费用。经协商，每人每月核定为￥＿＿＿＿＿＿元（大写人民币＿＿＿＿＿＿＿＿元）。

2. 月度费用小计

乙方派出经专业培训的项目经理及保洁员工共____名，因此，承包项目的每月合计费用为¥_____元（大写人民币_____元）。

3. 实际人数核定

甲方根据现场实际考勤记录，按月结算费用。

4. 包干价含义

上述费用属于包干价，即甲方核算费用时以实际提供服务的人员数目为根据。甲方核算承包费用时已经充分考虑了乙方承包项目的合理成本，包括了所有人工费（包括但不限于加班费、各种津贴）、社会保险费、服装费、员工福利、工具、设备、药剂辅材、餐费、人员住宿费及其他一切税费。因此，甲方不在包干价以外承担任何费用。

乙方自行核算承包项目的成本，并不得以任何理由要求增加上述费用。

如果国家或合同履行地最低工资或社保金发生调整，应由双方协商解决。

保洁、清洗设备由乙方自行配备，乙方的保洁、清洗设备按5年折旧，折旧完毕后，乙方应更新相应设备（即乙方的清洗设备使用期限超过5年，应更新，更新费用由乙方自理）。

十一、其他

1. 乙方对每周、每月、每季、每年的清洁工作做好记录，并由甲方管理人员签字，作为对工作的确认。

2. 在本合同期内，任何一方终止合同，需提前一个月书面通知对方，并无须向对方作出任何经济赔偿。

3. 附件：合同附件为本合同的一部分，与合同具有同等法律效力。

（1）清洁月度成本表。

（2）人员岗位分布记录。

（3）清洁剂及物品清单。

（4）机械折旧费用表。

（5）清洁保洁率考核记录。

（6）月度绩效考核办法。

（7）礼仪基本要求。

（8）清洁频次及标准。

（9）保洁质量标准与检查方法。

4.下列地址视为双方确认的发送地址,文件以通知的方式邮寄到下列地址的,视为邮件送达。

　　甲方预留的寄送书面通知的地址为_____

　　乙方预留的寄送书面通知的地址为_____

5.因本合同引起的任何争议,由双方协商解决;如协商不成,应将争议提交合同履行地即承包项目所在地法院裁决。

6.本合同一式__份,甲方执__份,乙方执__份。

甲方:_____　　　乙方:_____
甲方代表:_____　　　乙方代表:_____
　　___年__月__日　　　　　　　___年__月__日

【实战范本05】▶▶▶

保安服务外包合同

甲方:_____(以下简称甲方)
地址:_____
乙方:_____(以下简称乙方)
地址:_____

　　根据《民法典》及相关法律、法规,本着诚实信用、平等互利的原则,甲乙双方经友好协商,就乙方为甲方管理的_____项目提供保安服务事宜达成一致意见,特签订本合同。

一、服务的形式、内容、管理方式及期限

1.服务形式:根据甲方需要,乙方负责向甲方提供保安服务,甲方向乙方支付服务费及本合同约定的其他费用。甲方与乙方派驻的保安人员之间不具有《中华人民共和国劳动法》《中华人民共和国劳动合同法》规定的劳动关系。

2.服务内容及委托事项:

(1)消防及安全管理

认真贯彻预防为主、防消结合的方针,制定安全防范措施,杜绝安全隐患,做好防范与应急管理,确保楼道内与园区消防通道、紧急出入口、地下车库及安全门保持畅通，保证消防设施完好，保证全体人员和区域内财物的安全。

（2）防盗窃管理

在岗人员牢记保安职责，对进出小区的车辆进行严格管控，对进出小区的人员、物品等做好详细记录，加强园区巡逻，按照规定打点签到，防止和打击盗窃等犯罪活动，确保园区内人身、物品的安全，对发生在执勤区域的刑事案件、治安案件和治安灾害事故，及时处理并报告甲方和当地公安机关，采取措施保护案发现场，协助公安机关侦查各类治安刑事案件，依法妥善处理职责范围内的其他突发事件。

（3）灾害防范管理

掌握小区内业主的生活规律及特点，加强重点岗位的安全防范，对来访人员按照相关制度礼貌接待，严禁无关人员携带易燃易爆物品进入小区，并掌握当地政府有关安全警告的通知，及时做好防范措施。

（4）突发事件处置

包括火灾、偷盗窃、电梯困人、交通事故等突发事件，应按照相应规章制度执行。

（5）监控系统值班管理

熟练掌握闭路监控和消防监控设施操作规程，对值班过程中发现的问题能及时处理并上报，及时跟踪了解事件的发展进程，对出现的可疑人员进行跟踪，并联系相关人员进行处理。对发生的消防报警及时派人检查，与巡逻人员、物业工程人员等积极沟通，排除误报等事件。发生火灾时，按照预案处理。

（6）地下停车管理

地下车库安排专人值班巡逻，保证业主方便停取车辆，有序指导业主停放车辆。

（7）其他服务

根据甲方要求，协助甲方对小区内违章装修、圈占绿地等不文明行为进行管理，配合甲方做好其他服务。

3. 管理方式

保安人员受甲乙双方双重管理，但组织领导以乙方为主。甲乙双方指定一名领导负责派驻保安人员的管理，传达上级的指示要求，安排部署工作任务，并进行定期、不定期的查岗、考勤，发现问题及时解决。

4. 服务期限

____年__月__日至____年__月__日。

二、甲方权利与义务

1. 甲方按照国家的法律、法规以及本单位的有关管理制度，对派驻保安人员的保安服务提出要求。

2. 乙方派驻保安人员时，必须由甲方参与审查，形象、气质佳的人员优先上岗，年龄在40至50岁之间，形象岗年龄应在30至40岁之间，且持有上岗证，乙方向甲方提供保安人员个人档案、意外伤害人身保险单、健康查体证明及人员变更申请表备案后，保安人员方可上岗。

3. 甲方严格按照本单位相关管理办法、考核制度以及与乙方约定的考核管理办法对乙方派驻的保安员进行管理和考核，并对保安人员实行打点签到制度；每月对违纪行为进行登记汇总，经甲方与保安人员双方签字后，交乙方处理，并对乙方进行相应处罚。

4. 甲方有权将不能胜任的保安人员退回乙方，书面提供保安人员不符合使用条件（录用条件）的证明依据，并要求乙方调整更换，乙方应在一个星期内配备其他人员。

5. 甲方有权对乙方所派驻的保安人员进行规章制度、人身安全等内容的培训，并对其日常劳动纪律进行监控。定期（由甲乙双方协商确定）对保安人员的工作绩效、业务技能、工作态度等表现进行考核，考核结果将作为保安人员及保安服务的表现评定。

6. 甲方有权按本单位依法制定的相关管理规定对违纪保安人员进行批评教育。对于严重违纪违规的保安人员，甲方可根据单位规定停止其工作，交由乙方进行处理；情节严重并造成甲方经济损失的，甲方有向乙方主张赔偿或追究责任人责任的权利。

7. 乙方派驻的保安人员在工作时间辱骂、殴打用户或来访人员并造成恶劣影响的，甲方有权将其退回并要求更换，且产生的后续责任（包括住院、医疗等费用）全部由乙方承担；对于给甲方造成的社会负面影响，甲方有权要求乙方给予相应的经济赔偿和公开道歉（如媒体）等。

8. 甲方应为保安人员提供必需的工作条件，协助乙方做好与政府机关的沟通工作。

三、乙方的责任与义务

1. 乙方指派的保安人员应严格履行规定的岗位职责，遵守甲方的各项规章制度，恪尽职守，保质保量地完成规定的工作内容。

2. 乙方必须具有国家认定的保安服务资质，并经地方劳动管理部门审核批准，在工商管理部门登记注册。同时提供营业执照副本原件、资质证书原件、法定代表人或负责人证明书等资料供甲方审查。

3. 负责按合同条款规定派驻符合条件的保安人员到甲方开展保安工作。对于甲方按合同相关条款退回乙方的保安人员，乙方应予接收，并处理后续工作，不得对甲方的正常工作造成不利影响。

4. 乙方派驻到甲方的保安人员必须是与乙方签订正式劳动合同的人员，乙方负责提供劳务派驻人员的人事档案、劳动关系、上岗人员查体证明、人员无犯罪记录证明及各项社会保险证明，并将签订合同的花名册和劳动合同文本提供给甲方备案。

5. 负责配合甲方做好保安人员的日常管理工作；加强对保安人员的在岗培训、监督和管理，确保安全服务优质高效。

6. 负责保安人员基本养老、工伤、失业、医疗等社会保险账户的建立和管理，及时足额交纳保安人员的社会保险费用。

7. 负责出具甲方支付保安人员薪酬和社会保险等费用的劳务发票。

8. 负责保安人员工伤事故的处理和因病医疗等各类事项的办理。

9. 发生在执勤区域内的刑事案件、治安案件和治安灾害事故，乙方应及时处理并报告甲方和当地公安机关，采取措施保护发案现场，协助公安机关侦查各类治安刑事案件，依法妥善处理责任范围内的其他突发事件。

10. 为派驻的保安员配备制服等基本保安装备，树立良好的保安形象。

11. 乙方指派的保安员负责管理区域内的执勤巡逻、设备设施安全，严防被盗和意外事件的发生，协助物业人员完成甲方要求的工作。

12. 乙方要每月月底按时足额发放保安人员工资，若超7个工作日仍未发放或不足额发放的，甲方有权单方面终止合同。

13. 乙方负责管理区域内与政府有关部门的沟通协调工作。

四、保安人员的日常管理（服务标准及考核办法见附件）

1. 保安人员必须遵守着装管理规定和要求，甲方有权要求保安人员统一着装。

2. 保安人员必须遵守甲方的规章制度、劳动纪律和考核制度，服从工作安排。对违反规章制度和劳动纪律或业绩考核不符合公司要求的保安人员，甲方随时退回乙方，由乙方负责退回人员的后续安排。

3. 保安人员因个人原因需要提前结束服务期的，应提前30日向甲方和乙方同时提出书面申请。待批准并办理完与甲方的工作移交手续后方可离职，其相关手续由乙方负责办理。

4. 保安人员在甲方工作期间，因病或非因工受伤请假5个工作日以上的，甲方有权将保安人员退回乙方，乙方负责调派其他保安人员。

5. 保安人员请事假2个工作日以内的，向甲方申请；2个工作日以上的，必须向甲方和乙方同时提出书面申请，经双方批准后方可休假。保安人员未请假脱岗2天以上的，甲方有权将其退回乙方。

6. 保安人员在工作岗位上受伤、致残、死亡等，由乙方按照意外伤害人身保险程序为保安人员办理索赔。

7. 保安人员工作期满或因各种原因终止甲方工作的，乙方应配合保安人员办理工作移交手续，协助甲方收回保安人员使用的劳动防护用品、标志、证件等。

五、劳动纠纷的处理

1. 保安人员的劳动合同关系与乙方建立，乙方应明确告知保安人员劳务派驻协议的内容。

2. 乙方全面负责保安人员的法律事务管理和劳务纠纷处理，负责保安人员涉及劳动合同管理、工伤和医疗问题的处理及劳动仲裁与法律诉讼的所有事宜。

3. 乙方派驻的保安人员应严格遵守国家的法律、法规，不得从事违法犯罪活动。

六、保安人员费用

1. 项目保安人员配置____人，每人_____元/月，甲方向乙方支付的费用标准为人民币_____元/月（该标准包含乙方提供服务的所有费用，包括但不限于员工工资、福利待遇、保安器材、服装等），其中甲方将提取_____元作为考核保安人员的费用，乙方按照甲方提供的名单发放给个人。

2. 服务费用由乙方按照每月考核进行计算。付款前，乙方必须开具符合国家税法规定且满足甲方财务管理要求的发票；不开具或开具不符合国家税法规定发票的，甲方有权拒绝付款并不承担任何责任，同时不影响合同其他条款的继续履行。因开具虚假发票造成甲方损失的，即使合同其他条款已经履约完成，乙方仍然必须无条件承担一切责任和甲方损失（包括补交税金、罚款、滞纳金等）。

3. 乙方的账户信息如下。

开户行：_____

账户名称：_____

账号：_____

甲方付款前，乙方应向甲方确认账户信息。乙方如需改变其账户信息，应提前10日书面通知甲方。乙方未按本合同约定通知或确认信息而使甲乙双方遭受损失的，由乙方承担。

4. 甲方每月对乙方保安人员的工作情况进行考核汇总，相关费用在结算费用中扣除。

5. 乙方有赔偿损失和／或支付违约金的责任的，甲方有权从应支付的任何一笔款项中扣除相应金额。

6. 对于本合同涉及的所有税费，均应按照税收法律规定，由双方各自承担，但本合同总额中包含的甲方应交纳的税费仍由乙方代为交纳。

七、合同变更、解除、终止和续订

1. 甲乙双方应共同遵守本合同的各项条款，未尽事宜，由双方协商解决。经双方协商一致对本合同进行修改、补充的，补充合同与本合同具有同等法律效力。

2. 本合同期满即终止。甲乙任何一方如拟变更本合同内容或提前终止本合同，都应提前一个月书面通知对方，并协商解决。

3. 合同履行过程中发生的争议，双方协商解决；如协商不成，可向当地人民法院起诉。

4. 有下列情形之一的，经甲乙双方协商一致，可以变更合同的相关内容，并填写劳务派驻合同变更书。

（1）合同订立时所依据的法律、法规、规章和政策发生变化时，应变更合同相关内容。

（2）乙方派驻到甲方的保安人员发生增减变化，应对人员名单进行变更。

（3）法律、法规规定的其他情况。

5. 本合同订立时所依据的法律、法规发生重大变化，导致合同内容无法履行时，本合同应终止。

6. 经甲乙双方协商一致，本合同可以终止执行。

7. 本合同期满30日前，甲乙双方应就本合同是否终止或重新签订进行协商，并按协商结果办理终止或重新签订手续。

8. 在合同有效期内单方提出终止合同的，应向对方支付两个月的服务费用作为违约赔偿金。

八、违约责任

本合同履行期间，因乙方或乙方派驻保安人员的过错违反本合同约定，给甲方造成经济损失的，甲方有权追究乙方及其保安人员的责任，乙方对其保安人员给甲方造成的经济损失承担相应的连带责任。

九、其他

1. 乙方承诺：乙方的相关资质均符合国家的法律、法规及行业的相关规定。因乙方资质原因造成的法律及经济责任，由乙方全权承担，包括相关费用。

2. 本合同一式两份，甲方一份，乙方一份，经双方盖章签字后生效。

十、合同附件

附件一：管理成本构成及测算一览表（略）

附件二：保安服务标准（略）

附件三：保安服务考核标准（略）

附件四：营业执照、保安服务许可证（略）

甲方（盖章）：_____　　　乙方（盖章）：_____

签字：_____　　　　　　　签字：_____

日期：___年__月__日　　　　　日期：___年__月__日

【实战范本06】▶▶▶

公共机电设备维修保养合同

合同编号：_____

委托方（以下简称甲方）：_____

受委托方（以下简称乙方）：_____

根据《中华人民共和国民法典》《××市住宅区物业管理条例》等国家、地方物业管理法律、法规和政策，在平等、自愿、协商一致的基础上，双方就_____（物业名称）公共机电设备委托乙方进行维修保养，特制定本合同。

第一条　物业基本情况

坐落位置：_____

物业类型：_____

占地面积：_____平方米。

建筑面积：_____平方米，其中，住宅_____平方米；商场_____平方米；写字楼_____平方米；地下室_____平方米。

第二条　委托维修保养服务项目、内容、范围

1. 日常维护保养、一级保养、二级保养、故障维修、中修、大修以设备工作手册定义为准。

2. 日常维护保养、一级保养、二级保养、中修、大修周期以设备工作手册规定的周期为准。

3. 日常维护保养、一级保养、二级保养标准应不低于设备工作手册所规定的标准。

4. 委托维修保养服务项目、级别、范围等内容见合同附表"委托维修保养服务内容、范围一览表"。

5. 本合同委托服务内容不包含设备的中修、大修及更新改造，若甲方有需求，另行签订委托合同。

第三条　合同期限

本合同期限为＿＿年，自＿＿年＿月＿日起至＿＿年＿月＿日止。

第四条　甲方权利、义务

1. 除合同第二条已明确委托乙方负责的工作外，其他工作均由甲方管理处负责。

2. 甲方及甲方管理处有根据本公司标准对乙方服务过程及效果进行监督、检查、评分的权利，也有检查乙方工作人员工作态度、劳动纪律、仪容仪表等是否符合本公司标准的权利。若乙方达不到本公司标准，甲方有要求乙方整改返工、扣减乙方服务费直至解除合同的权利。

3. 甲方有向乙方提供设备技术资料的义务。

4. 甲方有审核、批准乙方分包特殊分项的权利。

5. 甲方管理处有向乙方无偿提供必要用水、用电接驳点及梯子、台钻、冲击钻等大型工具的义务。

6. 甲方有按时支付维修保养费用的义务。

7. 甲方管理处有为乙方开展工作给予适当、必要配合的义务。

8. 乙方维修养护过程中若需更换设备配件，且配件由甲方支付费用，则甲方管理处有权对此项工作进行审批、验证。

第五条　乙方权利、义务

1. 乙方负责本合同第二条约定的维修养护内容，并不无偿承担合同以外的服务内容。

2. 经甲方同意后，乙方有将部分特殊分项分包的权利。

3. 乙方有提供不低于甲方标准服务的义务。

4. 乙方有要求甲方给予适当、必要配合的权利。

5. 乙方有权要求甲方管理处按期付款。

6. 乙方有就服务范围内的保养、维修工作制订保养计划、做好维修保养记录的义务。

第六条 质量安全要求

1. 乙方服务质量符合公司物业服务等级标准，楼检评分（服务范围内的得分率）应达到____分以上。

2. 乙方服务质量满足市优、省优、国优考评要求。

3. 乙方必须保证维修保养(第三条规定的)工作期间乙方人员及第三方人员的安全。

第七条 维修养护费用

1. 本合同约定范围内的公共机电设备维修养护费按甲乙双方核定的设备维修养护单价逐项计费，按月支付，每月合计_____元（详见"委托维修保养服务内容、范围一览表"）。

2. 乙方在维修养护工作中所耗用辅材（不构成设备实体的材料，如清洗用的汽油、黄油、棉纱等）的费用已包含在本合同价款内，甲方不再支付。

3. 维修养护过程中更换的配件，单件价格低于_____元的，由乙方支付（费用已包含在本合同价款内）；单价高于_____元的，由甲方支付。

4. 本合同约定范围内的公共机电设备维修养护费调整应另行签订协议。

第八条 违约责任

1. 因乙方原因造成甲方管理处服务质量未达标或引起业主投诉的，一经证实，甲方有权要求乙方限期整改，并扣减乙方服务费。

2. 因甲方管理处负责范围内的维修养护工作不到位而引发乙方服务质量不达标的，由甲方负责。

3. 如因甲方配合不利等原因造成乙方损失，乙方有权要求甲方给予经济补偿。

4. 如双方发生纠纷不能协商一致，可提请仲裁。

第九条 其他事项

1. 本合同未尽事宜，双方可协商解决。若对本合同条款进行修订、更改或补充，应签订书面补充协议，补充协议与本合同具有同等效力。

2. 合同规定的服务期满，本合同自然终止，双方如续订合同，应在合同期满三个月前向对方提出书面意见。

3. 本合同执行期间，如遇不可抗力致使合同无法履行时，双方均不承担违约责任。

4. 本合同的附件均为合同有效组成部分；本合同及附件内，空格部分填写的文字与印刷文字具有同等效力。

5.本合同一式三份，甲、乙方及甲方管理处各执一份，具有同等法律效力。

6.本合同自双方代表签字之日起生效。

甲方签章：_____　　　乙方签章：_____
代 表：_____　　　　代 表：_____
　　　____年__月__日　　　　　　　　____年__月__日

【实战范本07】▶▶

楼宇对讲管理系统维护合同

甲方：_____　　乙方：_____

甲乙双方经友好协商达成以下协议。

一、由乙方为甲方小区内的楼宇对讲管理系统提供硬件故障排查、硬件维护服务，详细内容见合同附件。

二、服务的年费用为_____元。

三、结算方式：费用分两次支付，即合同生效后的七日内由甲方按合同总额的50%向乙方支付_____元；剩下的50%即_____元，待全年维保服务结束后____个工作日内向乙方支付。

四、合同有效时间：合同自____年____月____日止，有效时间为____年。在此期间，甲乙双方解除合同的，应提前一个月通知对方，在合同终止之前，甲乙双方必须完成合同约定的所有工作。

五、乙方与甲方签订合同后，将在一个星期内完成对系统硬件的熟悉工作。

六、乙方不承担硬件超过自然寿命期而失效或人为破坏造成事故的后果及维保责任。在正常情况下，只承担50元以内小部件的费用支出（单次购买），50元以上（单购）的支出由甲方负责。

七、乙方保证严守甲方楼宇系统设备布局的秘密，严防外界人员恶意侵犯。

八、本合同一式三份，甲方执两份，乙方执一份，均具有同等法律效力。

九、如在合同执行期间，双方有异议，可协商解决，协商不成的，可向甲乙双方所在地的人民法院提起诉讼。

甲方：_____ 乙方：_____
地址：_____ 地址：_____
联系电话：_____ 联系电话：_____
开户行：_____ 开户行：_____
账号：_____ 账号：_____
代表：_____ 代表：_____
签订日期：_____ 签订日期：_____

合同附件：

一、对楼宇门禁对讲管理系统硬件设备进行一次性逐户故障排查及维护（不含入户排查及维护），如果故障由用户引起，则应将此用户线路拔掉（待用户处理好之后方可恢复），并做好记录。

二、建立系统维护档案，内容包括所有硬件配置及变动记录，以保证维护人员对该系统有清晰全面的了解。

三、为楼宇门禁对讲管理系统提供智能化升级，并对智能化系统的优化、运行状态检测等提供专业的建议、方案和服务。

四、硬件系统在正常使用的情况下发生故障时，负责故障的诊断、排除及恢复。

1. 当现场不能维修时，负责将损坏的设备送修，并承担运费及交通费；超出50元的维修材料费，由甲方承担。

2. 如果设备彻底损坏或厂家已无法修理，超出50元的，由甲方购买同类产品进行更换。

3. 进行硬件设备、配件等更新/升级/采购时，向甲方作出书面报告，包括提出合理化建议并要求甲方给予技术帮助和支持。

五、服务方式及形式，派1~2名技术人员进行跟踪服务。

【实战范本08】▶▶

电梯保养外包合同

甲方：_____（发包人，以下简称甲方）
乙方：_____（承包人，以下简称乙方）

为了加强电梯维保水平，提高电梯维保质量，确保电梯安全运行，根据《中华人民共和国民法典》《特种设备安全监察条例》及其他有关规定，本着"谁承包，谁负责"的原则，结合本项目的具体情况，甲乙双方遵循平等、自愿、公平和诚实信用原则，就电梯日常维护保养的承包事宜进行协商，特订立本合同。

第一条　项目概况

1. 项目名称：_____
2. 项目地点：_____
3. 电梯数量：_____
4. 承包期限：20___年__月__日至20__年__月__日。

第二条　承包范围

乙方负责_____地区所有甲方签订电梯维保合同的电梯日常维护工作。

第三条　日常维护保养标准

进行日常维护保养后的电梯应当符合《电梯维修规范》的相关规定。甲方有权对乙方的维保质量进行检查、监督、指导。乙方必须使维修后的电梯质量达到合格标准，并保证电梯技术资料齐全、准确。

第四条　安全生产，文明施工

乙方维修电梯时必须严格执行国家安全生产相关规定，配置安全标志、安全设施，按安全操作规程开展工作；维修人员必须持证上岗，严禁使用童工和隐形病患者，严禁酒后上岗。

第五条　承包方式

1. 承包方式：乙方对承包项目实行"三包"，即包日常维修、包电梯安全运行质量、包电梯日常维保。
2. 分成方式：电梯零配件更换和大修改造项目的收入扣除所有费用后，纯利润部分按三七比例分成（即发包方获得纯利润的70%，承包方获得纯利润的30%）。

第六条　分包价格设定

根据电梯楼层高度、路程远近设定电梯维修承包价格如下：

1. 每台电梯起步价格为_____元/月。
2. 楼层在20层以内的，每台为_____元/月；20层以上的，每台为_____元/月。
3. 甲方需为乙方免费提供工作服及人身意外险。甲方根据乙方实际情况，按照分成方式，在乙方应得金额范围内按月支付乙方人员工资。

第七条　甲方权利、义务

（一）权利

1. 有权监督乙方按照合同约定履行维护保养义务、发出故障通知或提出建议。

2. 有权要求乙方保障电梯的正常运行。

（二）义务

1. 应当对每台电梯建立完整的安全技术档案，以便乙方查询。

2. 配合乙方协调政府相关部门，完成电梯年检及其他乙方无法协调的事宜。

3. 根据乙方提供的零配件更换目录，进行零配件的询报价。

4. 应当建立电梯安全运行巡查制度。

5. 在巡查电梯运行过程中发现故障或异常情况时，应当立即通知乙方。

6. 除乙方无法解决的情况需要甲方提供技术支持外，必要时需要工程师到现场，未经乙方许可，不允许非乙方人员从事与电梯维护保养有关的工作。

7. 应当在电梯安全检验合格证有效期届满前 1 个月，向电梯检验检测机构提出定期检验申请。

第八条　乙方权利、义务

（一）权利

1. 有权要求甲方提供维护保养所需的相关资料及故障检测仪器。

2. 有权拒绝甲方提出的影响电梯安全运行的要求。

（二）义务

1. 应当具备特种设备安全监督管理部门核发的相应许可证。

2. 接到故障通知后，应当立即赶赴现场进行处理，电梯困人时，应当在 30 分钟内（不得超过 30 分钟）抵达现场。

3. 现场作业人员应当取得相应的特种设备作业证。

4. 作业中应当落实现场安全防护措施，保证作业人员安全。

5. 在向电梯使用方提供零部件使用情况、易损件更换情况及电梯更换修理情况时，应向甲方提供所更换零配件的详细书面目录。

6. 对所维护保养电梯的安全运行负责，保障设备整机及零部件完好无损。

7. 应当配合电梯检验检测机构对电梯进行定期检验，确保年检一次性合格，并参与电梯安全管理活动。

8. 应当妥善保管电梯图纸及相关资料，并在合同终止后交给甲方。

第九条 工程费用

每月结束后5天内,甲方需支付乙方上月的维保费用,采取现金支付或银行走账方式向乙方付款。

第十条 违约责任

(一)一方当事人未按约定履行义务给对方造成直接损失的,应当承担赔偿责任。

(二)一方当事人无法继续履行合同的,应当及时通知另一方,并由责任方承担解除合同造成的损失。

(三)甲方无正当理由未按照约定期限支付费用的,每延误一日,应当向乙方支付延误部分费用____%的违约金。

(四)甲方违反约定允许非乙方人员从事电梯维护保养工作的,应当按照标准支付违约金。

第十一条 免责事项

(一)由于不可抗力(如水灾、火灾、地震等自然灾害)造成的损失,双方免除赔偿责任。

(二)电梯使用方使用非乙方指定的配套产品装置而造成电梯故障的,与甲乙双方无关。

(三)因电梯使用方使用不当、疏忽或人为损坏导致电梯发生意外所引起的经济及法律责任,与甲乙双方无关。

第十二条 合同的解除

(一)甲乙双方协商一致,可以解除合同。

(二)任何一方严重违约导致合同无法继续履行的,另一方可以解除合同。除此之外,任何一方不得单方解除合同。

第十三条 争议解决方式

本合同在履行过程中发生争议的,由双方当事人协商解决,或向有关部门申请调解;协商、调解不成的,可启动相应的法律程序。

第十四条 其他约定

每台电梯均应当建立独立的维护保养记录。维护保养记录一式两份,甲乙双方各保存一份,保存时间为4年。普通维修、重大维修、改造与抢修记录均应当与维护保养记录一并保存。

第十五条 附则

本合同自20____年__月__日生效。合同生效后，双方对合同内容进行变更或补充的，应当采取书面形式，并经双方签字确认，作为本合同的附件。附件与本合同具有同等的法律效力。

本合同一式____份，甲方执____份，乙方执____份。

甲方名称：_____　　乙方名称：_____
甲方盖章：_____　　乙方盖章：_____
法定代表人签字：_____　　承包方代表签字：_____
　　　____年__月__日　　　　　　　　　____年__月__日

第二节　物业管理中的文书

一、管理规约

法条链接

《物业管理条例》第十七条　管理规约应当对有关物业的使用、维护、管理，业主的共同利益，业主应当履行的义务，违反管理规约应当承担的责任等事项依法作出约定。

管理规约应当尊重社会公德，不得违反法律、法规或者损害社会公共利益。

管理规约对全体业主具有约束力。

【实战范本09】▶▶▶

小区业主管理规约

第一章　总　　则

第一条　为了维护_____（小区名称）全体业主和物业使用人的合法权益，保障物业安全，共同维护小区公共秩序，根据《中华人民共和国民法典》《物业管理条例》《××市物业管理条例》《××市业主大会和业主委员会指导细则》等法律、法规，制定本管理规约（以下简称本规约）。

第二条　本规约经物业管理区域内全体业主表决通过，对全体业主和物业使用人均具有约束力。

业主应当约定物业使用人在物业管理活动中的权利与义务。物业使用人违反物业管理法律、法规和本规约的规定，有关业主应当承担连带责任。

第三条　业主、物业使用人应当按照合法合理、公平公正等原则，正确使用和维护物业管理区域内的专有部分及共用部位、共用设施设备，依法依规并按照公序良俗处理物业管理区域内各种相邻关系，积极参与垃圾分类、文明饲养宠物等活动，共同建设管理有序、服务规范、秩序良好、文明和谐的小区环境。

第四条　业主可以请求_____街道办事处撤销或责令限期改正业主大会、业主委员会违反法律、法规的决议，或者依法请求人民法院撤销业主大会、业主委员会侵害业主合法权益的决定。

第二章　物业基本情况

第五条　本物业管理区域基本情况如下。

1. 物业管理区域名称：_____

2. 物业管理区域四至：

　　东_____

　　南_____

　　西_____

　　北_____

3. 本物业管理区域采用以下第____种方式进行管理。

（1）委托物业服务企业进行管理。

（2）委托其他管理人进行管理。

（3）自行管理。

第六条　本物业管理区域内的共用部位、共用设施设备如下。

（一）共用部位：_____

（二）共用设施：_____

（三）共用设备：_____

前款所称共用部位，是指一栋房屋内部由业主、使用人共同使用的门厅、楼梯间、水泵间、电表间、管道井、电梯井、电梯前庭、锅炉房、发电间、配电间、线路分线间、电梯机房、走廊通道、传达室、内天井、房屋承重结构（包括房屋的基础、承重墙体、梁柱、楼板、屋顶等)、室外墙面等部位；共用设施是指住宅区内由业主、使用人共同使用的道路、场地、喷泉、雕塑、小品、桌、椅、凳、绿地、花草树木、停车场库、照明路灯、文化体育器械（包括各种体育器械、宣传栏、广播及背景音乐设施等)、连接房屋内部的线路、供水管道、排水管道和窨井、化粪池、垃圾箱（房）、供水房、配电间及小区门楼、围栏、监控报警系统、车辆进出管理系统等设施；共用设备是指一栋房屋内部由业主、使用人共同使用的供水管道、排水管道、落水管、照明灯具、垃圾通道、电视天线、各种线路、水箱、水泵、电梯、锅炉、发电机、配电系统、中央空调、供暖管道、防盗门、楼宇对讲系统、快递信报箱（群)、避雷装置、消防器具等设备。

本物业管理区域的物业服务用房为_____（栋号、房号），面积____平方米；业主基本公共活动用房和生活服务用房为_____（栋号、房号），面积____平方米。

第三章 业主及物业使用人的权利与义务

第七条 本物业管理区域设立业主大会，全体业主通过业主大会会议表决，行使共同管理事项的决定权。

业主和物业使用人应当积极行使物业管理权利，履行物业管理义务。业主和物业使用人不得以未行使物业管理权利为由，不履行物业管理义务。

第八条 业主应当积极行使以下物业管理权利。

（一）参与业主大会会议投票表决，并提出有关建议。

（二）参选业主委员会、业主监督委员会。

（三）监督业主委员会的工作。

（四）监督共用部位、共用设施设备的使用。

（五）监督公共收益的来源、使用与分配。

（六）监督物业专项维修资金的管理和使用。

（七）接受物业服务企业提供的服务。

（八）法律、法规规定的其他权利。

第九条 业主和物业使用人应当积极履行以下义务。

（一）遵守本规约和业主大会议事规则。

（二）遵守物业管理区域内物业共用部位和共用设施设备的使用、公共秩序和环境卫生的维护等方面的规章制度。

（三）执行业主大会的决定和业主大会授权业主委员会作出的决定。

（四）配合物业服务企业开展物业管理服务活动。

（五）按照规定交纳物业专项维修资金。

（六）按时交纳物业服务费、停车服务费及其他有偿服务费用。

（七）法律、法规规定的其他义务。

第十条 业主和物业使用人应当依照物业服务合同对物业管理区域内的以下事项进行监督，并将相关情况和意见、建议告知物业服务企业或者业主委员会、业主监督委员会。

（一）消防与安防人员到位情况、措施落实情况、监控设施使用情况，以及消防、安防和人民防空工程维护管理情况。

（二）清扫保洁、垃圾清运、环境卫生情况。

（三）物业共用部位、共用设施设备养护、维修情况。

（四）24小时值班及应急预案、突发事件处理情况。

（五）公共水电费及分摊情况，物业档案资料和有关财务账册的保管及免费查询情况，酬金制物业服务成本、利用共用部位和共用设施设备进行经营的各项收支的详细情况。

（六）物业专项维修资金用于共用部位、共用设施设备维修更新改造情况。

（七）_____

第十一条 业主和物业使用人接受业主委员会对以下事项进行监督管理。

（一）监督业主和物业使用人遵守管理规约。

（二）督促业主交纳物业服务费及其他相关费用。

（三）监督专项维修资金的筹集和使用。

（四）对业主和物业使用人实施的物业管理区域内禁止行为予以劝阻、制止；劝阻、制止无效的，及时报告有关行政主管部门依法处理。

（五）依法获得业主转让或者出租物业的相关信息。

第四章 小区公共管理

第十二条 业主对物业专有部分享有占有、使用、收益和处分的权利，但不得妨碍其他业主正常使用自己所拥有的物业。

业主或者物业使用人应当按照有关法律、法规、政策、本规约及住宅使用说明书使用物业，行使房屋安全使用权利，履行房屋安全管理义务。

业主因特殊情况需要改变物业规划用途的，应在征得有利害关系的业主书面同意后，报有关行政主管部门批准，并告知物业服务企业、业主委员会。

第十三条 业主对房屋安全承担下列责任。

（一）不擅自破坏房屋的抗震性和结构安全性；不擅自影响房屋共有部分及毗邻房屋的安全使用。

（二）定期、不定期检查房屋；在房屋出现法律、法规规定的应当进行安全鉴定的情形时，委托房屋安全鉴定单位进行安全鉴定。

（三）及时治理房屋安全隐患，对经鉴定的危险房屋采取治理措施；危及公共安全的，还应当及时设置明显的警示标志，采取有效的安全防护措施，并及时拆除、迁移妨碍危险房屋治理的设施。

（四）存在应当由建设、勘察、设计、施工、监理等单位承担房屋安全责任的情形时，应要求其承担责任，并配合其对危险房屋采取治理、抢险措施。

（五）发现房屋出现白蚁等危害时，及时灭治、处理。

（六）不在室内超荷载存放物品，不在危险房屋内从事经营等活动。

（七）不出租危险房屋，并督促承租人加强对出租房屋的安全监督管理。

（八）对其他业主或者物业使用人影响房屋安全的行为进行投诉、举报。

（九）法律、法规及本规约规定的其他责任。

业主的房屋被鉴定为危险房屋且有垮塌危险、危及公共安全的，应当立即将人员迁出，并接受市人民政府、房屋安全主管部门、街道办事处采取的应急抢险措施。

第十四条　物业使用人应当按照法律、法规的规定以及合同约定，承担相应的房屋安全使用责任，并配合业主或者政府有关部门对危险房屋采取治理、抢险措施。

房屋使用过程中，物业使用人发现安全隐患或者险情的，应当及时通知业主进行处理，或者报告当地房屋安全主管部门；可能影响公共安全的，应当停止使用。

第十五条　业主或者物业使用人装饰装修房屋，应当事先告知物业服务企业，并与装饰装修单位、物业服务企业一起签订协议。业主或者物业使用人、装饰装修单位应当按照装饰装修协议的约定和物业服务企业提供的装修须知进行房屋装饰装修，并接受物业服务企业的现场巡查和监督。

（一）晚间＿＿＿时至次日上午＿＿＿时和法定节假日，不得从事敲、凿、锯、钻等产生严重噪声、粉尘污染的施工。施工期间应采取有效措施，减轻或避免对相邻业主或者物业使用人的日常生活造成影响。

（二）合理使用水、电、气、通信、环卫、＿＿＿＿＿＿等共用设施设备。

（三）使用电梯搬运装饰装修材料时，应遵守相关规定，接受物业服务企业的指引和监督。

（四）安装空调时，应当按照房屋设计预留的位置安装；未预留位置的，按照有关规定或者物业服务企业确定的位置安装；安装时应当使用不易锈蚀的材料，确保安装牢固、安全；冷凝水应当接入统一管道，不得随意滴漏。

（五）楼道使用，_____

（六）阳台封闭，_____

（七）晒衣架、遮阳篷安装，_____

（八）防盗门窗安装，_____

（九）太阳能热水器安装，_____

（十）运输装饰装修材料车辆的停放点及装饰装修材料的堆放地点应当符合相关规定，不得占用共有部位。

（十一）装饰装修房屋造成物业共有部位、共用设施设备损害以及侵害相邻业主合法权益的，应及时停止侵害、恢复原状，造成人身、财产损失的，应承担相应的赔偿责任。

（十二）法律、法规的其他规定。

第十六条 业主或者物业使用人装饰装修房屋，禁止下列行为。

（一）未经原设计单位或者具有相应资质的设计单位提出设计方案，变动建筑主体、承重结构，或者改变排水排污管道及检修口、门窗位置。

（二）将没有防水要求的房间或者阳台改为卫生间、厨房间；或者将卫生间改到下层房屋客厅、厨房、卧室、书房的上方。

（三）扩大承重墙上原有门窗的尺寸，拆除连接阳台的砖、混凝土墙体。

（四）损坏房屋原有节能设施，降低节能效果。

（五）其他影响建筑结构和使用安全的行为。

第十七条 业主或者物业使用人装饰装修房屋，下列行为应当经相关行政主管部门批准，并经原勘察、设计、施工、验收等单位进行勘察、设计、施工、验收。

（一）搭建建筑物、构筑物。

（二）拆改具有房屋抗震功能的非承重结构。

（三）改变住宅外立面，在非承重外墙上开洞。

（四）拆改供暖管道和设施。

（五）拆改燃气管道和设施。

（六）其他法律、法规规定的行为。

第十八条 业主或者物业使用人出入小区，应当遵守下列规定。

（一）安全驾驶，举止文明。

（二）携带门禁卡（钥匙等）。

（三）配合物业服务企业工作人员核实访客身份，必要时到小区出入口接送访客。

（四）_____

第十九条　业主和物业使用人应当将车位、车牌号等信息告知业主委员会和物业服务企业。

在小区内行车、停车时，业主和物业使用人应当服从秩序维护人员的指挥，不得强行冲卡或堵门闹事。

车辆在小区内发生交通事故，由当事人承担相应法律责任。

第二十条　业主和物业使用人在小区内停车，应当遵守以下规定。

（一）遵守物业管理区域的停车管理规定以及车位使用规定。

（二）按交通标志（车位线）规范停放，不得乱停乱放，不得占用其他私家车位，不得堵塞消防通道。

（三）漏油、漏水的车辆及报废、弃置的车辆不得停放在小区公共车位内。

（四）开放的车位不得放置其他物品。

（五）机动车停放好后，上锁关窗，并带走车内贵重物品；车辆长时间停放期间，关闭防盗报警器。

（六）交纳停车服务费的，应当当场索要发票。

（七）摩托车、电动自行车应当按要求停放在指定位置，不得占用他人或者公共的小车停车位。

（八）_____

第二十一条　物业管理区域内，业主和物业使用人应当遵守下列消防安全管理规定。

（一）遵守小区消防责任书的要求。

（二）学习消防安全知识，遵守消防安全管理规定，积极参与消防、救生演练。

（三）不得擅自拆改具有防火功能的非承重结构；不得损坏和擅自拆除、改造、停用消防设施设备与器材。

（四）保持楼道、消防通道、安全出口畅通。

（五）不得擅自打开楼层防火门，不得将顶层楼梯门、天台、楼层防火门等擅自封闭或者上锁。

（六）在物业管理区域内不得存放易燃易爆危险物品；不得燃放烟花爆竹、祭祀烧纸。

（七）动用明火应提前报批，并做好安全防范措施；及时制止小孩玩明火玩具或者游戏。

（八）遵守安全用电管理规定，使用符合国家安全标准的电器、材料；禁止超负荷用电，禁止私拉乱接电线、开关、插座。

（九）遵守安全用气管理规定，管理好燃气用具，做到人离燃气断。

（十）不在电梯内吸烟；发生火警时，不得使用电梯。

（十一）法律、法规及本规约关于消防安全的其他规定。

第二十二条　本物业管理区域推行生活垃圾分类制度，业主或者物业使用人应当配合物业服务企业、业主委员会做好生活垃圾分类管理工作，并遵守以下规定。

（一）在家中滤出厨余垃圾水分，采用专用容器盛放，减少塑料袋使用。将生活垃圾分别按照有害垃圾、可回收物和其他垃圾三类投放至指定收集点的收集容器内，不得随意倾倒、抛撒、焚烧或者堆放垃圾。

（二）将体积大、整体性强或需拆分再处理的大件垃圾，投放至指定的投放点，或者预约有关单位上门收集。

（三）装饰装修垃圾应当投放至指定的临时堆放点。

（四）禁止将工业固体废物、建筑废弃物、医疗废物、动物尸体混入生活垃圾。

（五）_____

第二十三条　业主、物业使用人饲养犬只的，应当依法饲养、文明饲养，不得损害他人的合法权益，并配合物业服务企业和有关部门实施监督管理。

第二十四条　业主、物业使用人饲养宠物应当遵守以下规定。

（一）每户（含拥有本物业管理区域内多个专有部分的业主、物业使用人）饲养犬数量不得超过____只，且不得饲养猎犬、狼犬等身形较大、性情较凶猛的动物。

（二）饲养宠物不得妨碍他人正常生活，宠物吠叫影响他人正常生活、工作和休息时，应当采取有效措施予以制止。

（三）为宠物申领饲养许可证，且饲养许可证不得冒用、涂改、伪造和买卖。

（四）按照当地宠物饲养主管部门的要求办理相关登记和检疫手续，并为宠物注射疫苗。

（五）宠物在公共区域活动时，应佩戴由当地宠物饲养主管部门统一制作的圈、牌、链、套，以防伤人。

（六）做好宠物卫生清洁工作，防止其在小区共用部位随处便溺；在小区内共用部位便溺的，业主及物业使用人应当自行清除。

（七）不得携带宠物进入小区商场、会所等室内公共场所，导盲犬除外。

（八）宠物伤人的，业主及物业使用人应当立即将伤者送至专门机构（名称：_____；地址：_____；电话：_____）接受诊治，全部费用由业主及物业使用人承担。

（九）犬类宠物如有狂犬病嫌疑，业主及物业使用人应当及时将该宠物送至当地防疫站检验；确认有狂犬病的，应当立即报告当地疾控部门。

（十）_____

第二十五条　业主出租物业，应当遵守相关法律、法规的规定，尊重社会公德，不得危及物业的安全，不得损害其他业主的合法权益。

业主或物业使用人不得有以下行为。

（一）对房屋进行分割后按单间或者床位出租。

（二）将厨房、卫生间、客厅等改成普通房间出租。

（三）擅自改变房屋使用性质出租。

（四）出租不符合消防要求。

（五）将房屋出租给他人从事违法活动。

（六）_____

第二十六条　业主出租物业的，应遵守以下规定。

（一）与承租人签订房屋出租合同，并按照相关规定办理合同备案手续。

（二）告知承租人房屋使用说明书、质量保证书、业主手册、前期管理规约或管理规约、前期物业服务协议或物业服务合同等物业使用的有关内容，以及小区管理各项规章制度。

（三）承担水电费、物业服务费及其他相关费用的连带支付责任。

（四）在租赁合同签订后，及时将承租人及其联系方式、租赁期限、物业服务费交纳约定等情况书面告知业主委员会和物业服务企业。

（五）租赁终止时，到场协助承租方搬离小区。

（六）承租人转租房屋的，应当及时告知业主委员会和物业服务企业。

第二十七条　业主转让物业专有部分的，对共有部分享有的共有和共同管理的权利一并转让，转让时应遵守以下规定。

（一）结清物业服务费，提醒并协助受让人办理物业专项维修资金过户手续。

（二）移交房屋使用说明书、质量保证书、业主手册、临时管理规约或者管理规约，以及前期物业服务协议或者物业服务合同。

（三）自转让合同签订之日起 15 日内将转让事项告知业主委员会和物业服务企业。

（四）_____

第二十八条　本物业管理区域内禁止下列活动。

（一）打架斗殴、赌博、吸毒、传播淫秽物品。

（二）邪教活动。

（三）传销、电信诈骗、非法集资等活动。

（四）_____

第五章　公共收益管理

第二十九条　物业管理区域内，以下方式获得的收益为公共收益。

（一）业主共用停车场地的使用费。

（二）利用共用部位、共用设施设备投放广告的收益。

（三）其他利用共用部位、共用设施设备经营所得的收益。

（四）根据物业服务合同约定，所得的违约金、赔偿金。

（五）物业管理区域内征收的土地补偿金。

（六）其他属于公共收益的资金。

未经法定程序签订委托合同，物业服务企业不得利用业主共用部位、共用设施设备进行经营，不得侵占或者擅自使用、处分业主共有财产和依法归业主所有的收益。

委托物业服务企业利用共用部位、共用设施设备经营的，应当在物业服务合同中约定经营收益的具体分配比例；未约定的，业主委员会应当与物业服务企业签订补充协议进行约定。

第三十条　公共收益应当存入业主大会确定的结算账户，由业主委员会统一管理。业主委员会应当对公共收益实行严格的管理，建立健全财务管理制度。

公共收益的使用按照以下方式进行审批。

（一）使用金额为_____元以上时，由业主大会会议决定。

（二）使用金额为_____元至_____元时，由业主委员会会议决定。

（三）使用金额为_____元以下时，由业主委员会主任和副主任共同审批。

（四）使用金额为_____元以下时，由业主委员会主任审批。

第三十一条　公共收益可以用于业主大会会议开支、业主委员会办公经费，以及业主委员会委员津贴、执行秘书薪资及补贴；也可以按照业主大会会议的决定使用,但不得超出下列范围。

(一)补充物业专项维修资金。

(二)直接用于共用部位、共用设施设备的维修更新改造。

(三)用于业主委员会工作经费。

(四)帮助本物业管理区域内经济特别困难的业主交纳物业服务费或者水电费。

(五)按照专有部分建筑面积的比例分配给业主。

(六)物业管理方面的其他需要。

业主、物业使用人、业主委员会、业主委员会委员、物业服务企业均不得侵占、擅自处分公共收益。有以下情形的业主,应暂停其公共收益分配,待该情形纠正后再予以分配。

(一)拒交物业服务费的。

(二)拒交首次物业专项维修资金的。

(三)拒绝续交或者补交物业专项维修资金的。

(四)＿＿＿＿＿＿＿＿＿＿＿＿＿＿＿＿＿＿＿＿＿＿＿＿＿＿＿

第三十二条　业主委员会应当于每年三月底前公布上一年度公共收益的具体收支情况,公示期不少于30日。

业主可以查询业主大会结算账户明细、业主委员会财务管理制度、财务收支账册等资料。

第六章　物业专项维修资金管理

第三十三条　本物业管理区域的维修资金现由＿＿＿＿市设立的＿＿＿＿＿＿维修资金管理中心代管(以下简称代管机构)。维修资金存储于＿＿＿＿银行,维修资金专户为:＿＿＿＿＿＿＿＿＿＿＿＿＿＿＿＿＿,专户下根据房屋门户号设立业主分户账。

第三十四条　维修资金属于业主所有,专项用于物业保修期满后物业共用部位、共用设施设备的维修更新改造,不得挪作他用。

业主应当定期、不定期查询分户账内维修资金的余额及增值情况,对自己分摊范围内的维修项目,积极投票表决,并监督与维修项目相关的下列内容。

(一)维修方案是否可行,预算是否合理。

(二)维修过程是否与维修方案一致。

(三)维修工程质量是否符合相关标准。

(四)竣工验收是否符合相关规定。

（五）维修资金支付程序是否符合相关规定。

（六）分摊金额是否准确。

（七）_____

第三十五条 以下使用维修资金的情形采用异议表决方式投票。

（一）计划使用。

（二）一般使用。

（三）应急使用。

异议表决是指持反对意见的业主"双三分之一"以下，视为表决通过。采用异议表决的，在表决期限届满且初步表决结果公示后，再给予15日的催告期，未提出反对意见的业主在催告期内提出反对意见的，计入反对票总数；最终表决结果以催告期届满时的票数为准。

第三十六条 以下维修项目属于计划使用维修资金。

（一）共用设施设备的防锈工程。

（二）警示标志、道路标线工程。

（三）_____

（四）_____

此条规定的工程预算费用应当在____万元以内，且计划使用总金额不超过本物业管理区域维修资金交存总额的5%（共_____万元）；计划使用期限不超过____年（限5年以内）；计划使用的维修资金由全体业主按照专有部分建筑面积的比例分摊。

第三十七条 根据计划使用方式使用维修资金的，按照下列程序进行。

（一）物业服务企业根据房屋和设施设备的使用年限、维修保养和损耗等情况，以及本规约确定的计划使用维修资金的维修项目、费用额度，编制维修资金使用计划，并报业主委员会同意。

（二）业主委员会将维修资金使用计划提交维修资金代管机构备案。

（三）物业服务企业按照经备案的维修资金使用计划，编制维修方案并进行公示。

（四）公示到期无异议的，物业服务企业组织维修；维修工程完工并经验收合格后，物业服务企业公示相关材料。

（五）公示到期无异议的，业主委员会向维修资金代管机构申请支付。

（六）维修资金代管机构通知维修资金管理银行将维修费用款项划转到物业维修单位。

第三十八条 物业管理区域内部分业主受益、临时发生并需要在较短时间内完成的物业维修工程，采用一般使用的方式使用维修资金。

第三十九条 根据一般使用方式使用维修资金的，按照下列程序进行。

（一）业主或者物业服务企业向业主委员会提出报修申请。

（二）业主委员会到场核实。

（三）业主或者物业服务企业编制包括涉及户数、分摊方案（协议分摊方案）在内的维修资金使用方案。

（四）业主委员会组织有利害关系的业主投票表决；表决通过后，将维修资金使用方案提交维修资金代管机构备案；备案通过后，将维修资金使用方案及业主投票表决形成的决议进行公示；公示无异议的，选聘物业维修单位。维修费用超过＿＿＿万元的，还应当选聘工程造价咨询机构；维修费用超过＿＿＿＿万元的，还应当选聘工程监理、工程验收单位。前述单位、机构应当尽可能从维修资金代管机构定期公布的名单中选择。

（五）业主委员会公示拟选聘的单位、机构，以及工程预算、维修工期起止时间、保修期限等事项。

（六）公示到期无异议的，被选聘的单位、机构编制相应的工程方案，并报业主委员会同意。

（七）被选聘的单位、机构完成各自的工程，有必要的，按照有关规定完成竣工验收备案。

（八）业主委员会公示维修方案、工程审价报告、工程竣工验收合格证明等材料。

（九）公示到期无异议的，业主委员会向维修资金代管机构申请支付。

（十）维修资金代管机构通知维修资金管理银行将维修费用款项划转到物业维修单位。

第四十条 以下情形采用应急使用的方式使用维修资金。

（一）屋面、外墙防水严重损坏。

（二）消防、电力、供水、排水、供气系统出现功能障碍或者部分设备严重损坏，以及其他重大安全隐患或者紧急情况。

（三）电梯故障。

（四）建筑外立面装饰和公共构件严重脱落松动。

（五）玻璃幕墙炸裂。

（六）其他危及人身安全、房屋使用安全和公共安全的紧急情形。

发生这些情况后，未按规定实施维修的，由＿＿＿＿＿＿街道办事处组织代修，维修费用直接从相关业主维修资金分户账中列支。

第四十一条 根据应急使用方式使用维修资金的，按照下列程序进行。

（一）物业服务企业或业主向业主委员会提出报修申请，业主委员会到场核实后，向维修资金代管机构提出申请。

（二）维修资金代管机构到场勘察；需要质监、消防、电力、通信、住房城乡建设等部门进行认定的，维修资金代管机构通知其到场认定，并尽快或者现场出具认定意见。

（三）业主委员会选聘物业维修单位，物业维修单位应当从维修资金代管机构定期公布的名单中选择。

（四）维修资金代管机构通知维修资金管理银行将核实的维修费用的50%划转到维修单位；维修单位立即组织抢修。

（五）业主委员会公示工程竣工验收合格证明等材料；公示到期无异议的，向维修资金代管机构申请支付剩余款项。

（六）维修资金代管机构通知维修资金管理银行将维修费用剩余款项划转到物业维修单位。

第四十二条 使用维修资金应当符合本市物业管理主管部门或者维修资金管理机构制定的具体办法和操作流程，并使用其提供的示范文本。

第四十三条 尚未交存首期维修资金的业主，应当按照本市的相关规定补交首期维修资金。业主的维修资金余额不足首期交存额30%的，应当及时续交。

业主应当按以下方式补交、续交维修资金。

（一）一次性足额交存至维修资金分户账内。

（二）逐月等额交存至维修资金分户账内。

（三）与物业服务费一同交存，同时告知业主委员会或者维修资金管理机构。

（四）按照业主委员会的要求交存。

（五）按照维修资金管理机构的要求交存。

（六）_____

业主补交、续交维修资金的，应当自本规约通过之日的下个月起____月内足额交存到位；期间维修资金被动用的，应按照同样的方式在下一个年度内补足，往后依此递延。

第七章 专有部分及共用部位、共用设施设备使用管理

第四十四条 业主或者物业使用人应当文明使用建筑物专有部分，在建筑物专

有部分不得有下列行为。

（一）高空抛物。

（二）制造异味，影响毗邻住户。

（三）窝藏赃物或者违法犯罪人员。

（四）在门口、阳台、窗户等临边位置放置物品。

（五）不及时修复室内堵塞、渗漏的供水或排水系统。

（六）擅自改变窗户玻璃颜色，粘贴反光膜或者广告。

（七）晾晒衣物、浇灌花草、擦洗窗户，使用空调时，水珠高空滴溅。

（八）使用电视、音响时音量过大，或者举办聚会、舞会时喧闹过度。

（九）使用外机噪声超标的空调。

（十）_____

第四十五条　在物业管理区域内共用部位、共用设施设备所在的空间，业主或者物业使用人不得有下列行为。

（一）乱写乱画、乱贴乱挂、乱破坏乱开孔。

（二）乱躺乱卧、随地吐痰、乱扔杂物。

（三）乱设摊点、跨门营业、跨门放置杂物等。

（四）放养或圈养鸡、鸭、鸽子等家禽或其他动物。

（五）种植蔬菜、植物等。

（六）擅自堆放个人物品。

（七）擅自架设、占压、迁移、拆改水、电、气、通信线缆、管道、设备。

（八）擅自改变房屋外貌。

（九）擅自安装充电桩。

（十）擅自改变车棚、车库的使用性质。

（十一）擅自设置广告牌、粘贴广告材料。

（十二）擅自在外墙、天台安装遮篷、花架、晾衣架等。

（十三）擅自在屋顶安装太阳能热水器、电视接收器、通信设备发射天线和监控摄像头等设施设备。

（十四）弃置共享单车、共享电动自行车。

（十五）其他侵占、擅自处分或者改作他用的行为。

（十六）危害公共利益、侵害其他业主合法权益的行为。

（十七）法律、法规、规章、政策禁止的其他行为。

第四十六条　业主或者物业使用人应当遵守下列环境卫生、污染防治的有关规定：

（一）不得乱撒传单、乱丢果皮纸屑、乱弃杂物。

（二）不得随意排放污水。

（三）不得露天焚烧杂物，排放有毒、放射性物质。

（四）不得制造超标噪声、振动、光源、电磁等污染。

（五）不得违规燃放烟花爆竹。

（六）不得让小孩随地大小便。

（七）法律、法规、规章、政策禁止的其他行为。

第四十七条　业主和物业使用人在物业管理区域内的公园、广场、道路等场所进行公共活动时，不得侵扰其他业主和物业使用人，且应当遵守下列规定：

（一）练习声乐，时间段为：＿＿＿＿＿＿＿＿＿＿＿＿＿＿＿＿＿。

（二）跳广场舞，时间段为：＿＿＿＿＿＿＿＿＿＿＿＿＿＿＿＿。

（三）＿＿＿＿＿＿＿＿＿，时间段为：＿＿＿＿＿＿＿＿＿＿＿＿。

（四）经审批临时占用或者挖掘的，要在规定的期限内恢复原状。

（五）＿＿＿＿＿＿＿＿＿＿＿＿＿＿＿＿＿＿＿＿＿＿＿＿＿＿＿。

第四十八条　业主和物业使用人在物业管理区域内的绿地、草坪，不得有下列行为：

（一）违规占用、踩踏、损坏绿地、草坪。

（二）将公共花草盆景据为己有，或剪枝、折花、移植。

（三）在绿地、草坪内设置晾衣架或拉绳晾晒衣服。

（四）爬树、攀枝、摘花、摇果，或者在树木上剥皮、刻划，伤害树木。

（五）损害花槽（栏）、建筑小品等景观及绿地、草坪浇灌设施设备。

（六）擅自占用、挖掘绿地、草坪；经审批临时占用、挖掘的，要在规定的期限内恢复原状。

（七）随意停车，或者故意碾压花草树木。

（八）＿＿＿＿＿＿＿＿＿＿＿＿＿＿＿＿＿＿＿＿＿＿＿＿＿＿＿。

第四十九条　经业主大会决定，并报有关部门批准，可以利用架空层及其他可以利用的共用部位设置下列功能性用房：

（一）业主健身、阅读、娱乐等活动的场所。

（二）业主委员会、业主监督委员会、小区党支部的办公场所。

（三）物业管理区域内业主及物业使用人的养老服务场所。

（四）其他用于出租、经营的场所。

第五十条　业主和物业使用人乘坐电梯时，应当遵守下列规定。

（一）爱护电梯及电梯内设备，文明礼让，礼貌乘梯。

（二）不得刮划电梯、暴力使用按钮，不得在轿厢内擅自张贴、涂画。

（三）不得擅自使用电梯运载体积过大的物品；不得超载使用电梯；电梯使用繁忙时段不得携带宠物乘坐电梯。

（四）不得在轿厢内吸烟。

（五）老弱病残乘坐电梯，需有成年人陪同；电梯内不得嬉戏打闹、乱蹦乱跳、乱按按钮；不得在电梯内有手掰梯门或将身体倚靠在梯门上等危险动作或者其他粗暴行为。

（六）保持电梯内地面清洁，不得随意放置、丢弃物品、垃圾；携带湿物乘坐电梯时，应当防止水渗入井道内。

（七）乘坐电梯时发生异常，不要惊慌，按紧急呼叫按钮，并拨打紧急救援电话；发生地震时，不得搭乘电梯。

（八）监督电梯定期检测情况，提醒电梯管理人及时对电梯进行维护保养。

（九）劝阻、制止他人违章使用电梯、损坏电梯的行为。

（十）法律、法规、规章、政策的其他规定。

第五十一条　业主和物业使用人使用水、电、气，应当遵守下列规定。

（一）爱护水电气表、二次供水设施、变压器等设施设备，不得擅自拆改水电、气、线路。

（二）及时购买水、电、气，根据通知做好停水、停电、停气的准备。

（三）改动水表和供水管道、安装大功率电器需提前向物业服务企业或者供水、供电公司咨询，并接受其指导。

（四）室内水、电、气线路出现故障，要及时安排检修，必要时请求物业服务企业或者供水、供电、供气公司人员到场勘查，配合物业服务企业或者供水、供电、供气公司进行检修。

（五）监督物业服务企业及水质检测机构对二次供水设施定期进行清洗维护和水质检测，保证饮用水的安全。

（六）不得私拉电线搭接公共电源，乱接用电设备。

（七）法律、法规、规章、政策的其他规定。

第五十二条 业主和物业使用人使用小区内公建配套设施,应当遵守下列规定。

(一)自行车、电动自行车及摩托车应当停放在停车棚或者专门设置的停车设施内,不得随意停放或者充电。

(二)不得独占、暴力使用快递设施。

(三)爱护文体娱乐设施、标识标牌及垃圾转运等设施。

(四)不得占用弱电井、管道井、_____等部位,不得在弱电井、管道井、_____等部位堆放杂物。

(五)支持5G等通信设施及_____等其他共用设施设备的改造升级。

(六)_____

第八章 违约责任

第五十三条 业主、物业使用人违反本规约,业主、业主委员会、物业服务企业有权要求其改正;拒不改正的,应承担以下违约责任。

(一)停止侵害。

(二)消除危险。

(三)排除妨害。

(四)赔偿损失。

(五)向全体业主或相应业主支付违约金。

(六)由受侵害的业主向法院提起诉讼。

(七)_____

第五十四条 业主、物业使用人违反本规约,业主委员会及物业服务企业有权劝阻、制止;制止不了的,及时向有关主管部门报告。有关主管部门责令限期整改但其仍拒不改正的,可以采取下列措施。

(一)限制参选业主委员会或者业主监督委员会。

(二)由业主委员会在物业管理区域内公示该业主、物业使用人的姓名及违约事实。

(三)_____

第五十五条 业主未按照物业服务合同的约定交纳物业服务费的,业主委员会应当配合物业服务企业督促其限期交纳;业主逾期仍不交纳的,物业服务企业可以通过下列方式催收。

(一)按照物业服务合同约定的方式催收。

(二)在本物业管理区域内公布物业服务费收取情况,注明欠交费用的业主房号。

（三）依法提起诉讼或仲裁。

（四）＿＿＿＿＿＿＿＿＿＿＿＿＿＿＿＿＿＿＿＿＿＿＿＿＿＿

第五十六条 业主之间发生纠纷，可协商处理；协商不成的，可请求业主委员会或物业所在地街道办事处、乡镇人民政府、居（村）民委员会进行调解；调解不成的，应当通过下列方式解决。

（一）向人民法院提起诉讼。

（二）向仲裁委员会申请仲裁。

第五十七条 物业使用人在物业管理活动中违反本规约，由相关业主承担连带责任。

第九章 附 则

第五十八条 本规约所称业主，是指房屋的所有权人，即房屋所有权证或者房屋不动产权证书中载明的权利人。

尚未依法办理房屋所有权登记，但符合下列情形之一的人，在物业管理活动中享有业主权利、承担业主义务。

（一）因人民法院、仲裁委员会的生效法律文书或者人民政府征收决定等取得房屋所有权的人。

（二）因继承或者受遗赠取得房屋所有权的人。

（三）因合法建造等事实行为取得房屋所有权的人。

（四）基于与建设单位之间的商品房买卖民事法律行为已经合法占有建筑物专有部分的人。

（五）法律、法规规定的其他情形。

已经达到交付使用条件但尚未出售或虽已出售但尚未向物业买受人交付专有部分的，建设单位为业主。

第五十九条 本规约自首次业主大会会议表决通过之日（＿＿＿年＿月＿日）起生效，未尽事项由业主大会会议补充。

本规则及业主大会会议补充事项若与法律、法规和相关规定相抵触，按法律、法规和相关规定执行。

本规约由业主委员会根据业主大会的决议提出修改。修改后的规约自业主大会会议表决通过之日起生效。

物业的所有权发生变更时，规约的效力及于物业的继受人。

第六十条 本规约由业主委员会报送＿＿＿＿＿＿＿市物业管理行政主管部门和＿＿＿＿

＿＿＿＿＿＿街道办事处备案，并送＿＿＿＿＿＿＿＿居民委员会存档。

业主委员会应当在本规约生效后七日内，在物业管理区域内持续公示，直至本规约被业主大会修改生效。

业主大会（盖章）
＿＿＿年＿＿月＿＿日

二、业主大会议事规则

 法条链接

《物业管理条例》第十八条　业主大会议事规则应当就业主大会的议事方式、表决程序、业主委员会的组成和成员任期等事项作出约定。

【实战范本10】▶▶▶

业主大会议事规则

为了规范业主大会和业主委员会的议事活动，维护业主的合法权益，根据《中华人民共和国民法典》《物业管理条例》《业主委员会和业主大会指导规则》等法律、法规的规定，经本物业区域业主大会会议表决通过，制定本规则。

第一章　业主大会

第一条　本规则是本物业区域全体业主在物业管理活动中对业主大会宗旨、组织方式、机构设置、议事程序等内容进行约定的文件，是本物业区域内全体业主、业主大会、业主委员会开展物业管理活动需遵守的基本准则。

第二条　本业主大会（以下简称业主大会）由本物业区域全体业主（以下简称全体业主）组成。业主大会代表和维护本物业区域内全体业主在物业管理活动中的合法权益，保障物业的合理与安全使用，维护本物业区域内的公共秩序，共同创造和谐、安宁、整洁、文明的居住环境。

第三条　业主应积极参与物业管理，依法行使自己的表决权和监督权，维护广大业主的共同利益。业主大会、业主委员会应当依法履行职责，不得作出与物业管理无关的决定，不得从事与物业管理无关的活动；业主委员会不得直接从事经营活动，并接受____城区物业主管部门、街道办事处和____社区居民委员会的监督和指导。

第四条　本物业区域业主大会选举业主委员会，执行业主大会的决定事项。

第五条　本物业管理区域基本情况

（一）业主大会名称：_____

业主委员会办公地址：_____

（二）物业类型：_____（多层住宅、高层住宅、别墅、办公、商业、其他类型物业）

（三）物业管理区域范围（四至及附图）：

东至_____

南至_____

西至_____

北至_____

（四）物业管理区域概况：占地面积____平方米，房屋总建筑面积____平方米，其中，住宅____平方米，____套；非住宅____平方米，____套。

第二章　议事内容

第六条　业主大会会议应当对以下事项进行表决。

（一）制定和修改业主大会议事规则。

（二）制定和修改管理规约。

（三）选举业主委员会或者更换业主委员会委员。

（四）制定物业服务内容、标准以及物业服务收费方案。

（五）选聘和解聘物业服务企业。

（六）筹集和使用专项维修资金。

（七）改建、重建建筑物及其附属设施。

（八）改变共有部分的用途。

（九）利用共有部分进行经营以及所得收益的分配与使用。

（十）法律、法规或者管理规约确定应由业主共同决定的事项。

第七条　业主委员会应当履行下列职责。

（一）选举产生业主委员会委员，按时组织召开业主大会定期会议和临时会议，公告物业服务情况。

（二）与业主大会选聘的物业服务企业签订物业服务合同。

（三）及时了解业主、物业使用人的意见和建议，监督和协助物业服务企业履行物业服务合同。

（四）监督管理规约的实施。

（五）督促业主交纳物业服务费及其他相关费用。

（六）组织和监督专项维修资金的筹集和使用。

（七）调解业主之间因物业使用、维护和管理产生的纠纷。

（八）配合社区居委会做好本物业区域内的社区建设工作。

（九）业主大会赋予的其他职责。

第三章 业主投票权的确定

第八条 业主大会作出筹集和使用专项维修资金，改建、重建建筑物及其附属设施的决定，应当经专有部分占建筑物总面积2/3以上的业主且占总人数2/3以上的业主同意。

业主大会制定和修改业主大会议事规则，制定和修改管理规约，选举业主委员会或者更换业主委员会委员，制定物业服务内容、标准以及物业服务收费方案，选聘和解聘物业服务企业，改变共有部分的用途，利用共有部分进行经营以及所得收益的分配与使用，法律、法规或者管理规约确定应由业主共同决定的事项，应当经专有部分占建筑物总面积过半数的业主且占总人数过半数的业主同意。

第九条 业主大会会议召开前，应确定_____（项目名称）的总投票权数（即专有部分建筑物总面积和业主总人数）。

第十条 业主的投票权数，按照业主拥有的专有部分建筑面积和业主人数共同确定。

（一）专有部分面积和建筑物总面积的认定

1. 专有部分面积按照不动产登记簿记载的面积计算；尚未进行登记的，暂按测绘机构的实测面积计算；尚未进行实测的，暂按房屋买卖合同记载的面积计算。

2. 建筑物总面积，按照前项的统计总和计算。

（二）业主人数和总人数的认定

1. 业主人数，按照专有部分的数量计算，一个专有部分按一人计算。但建设单位尚未出售和虽已出售但尚未交付的部分，以及同一买受人拥有一个以上专有部分的，按一人计算。

2. 总人数，按照前项的统计总和计算。

（三）业主身份的认定

1.业主身份，按房屋登记簿记载的所有权人确定；房屋竣工并已交付使用但尚未办理房屋登记的，按照房屋买卖合同载明的买受人认定。

无民事行为能力或限制民事行为能力的业主，由其法定监护人代理参加业主大会会议。

公司等非自然人业主可以由法定代表人参加业主大会会议，也可以委派其他人代理，但应出具法人盖章或法定代表人签字的授权委托书。

一个专有部分有两个以上所有权人的，应当推选一人行使表决权，但共有人所代表的业主人数为一人。

2.业主因故不能参加业主大会会议的，可以书面委托代理人参加业主大会会议。

业主既不亲自参加业主大会会议，也不委托他人参加业主大会会议的，视为自动放弃表决权。

3.物业管理区域内业主人数较多的，可以栋、单元、楼层为单位，推选一名业主代表参加业主大会会议。业主代表应当于参加业主大会会议3日前，就业主大会会议表决的事项，书面征求其所代表业主的意见。业主赞同、反对及弃权的具体表决内容经业主本人签字后，由业主代表送达业主大会会议投票表决。

【说明】（1）业主大会应当在业主大会议事规则中约定车位、摊位等特定空间是否计入用于确定业主投票权数的专有部分面积。

（2）未参与表决的业主，其投票权数是否可以计入已表决的多数票，由管理规约或者业主大会议事规则规定。

第十一条 业主行使投票权的，在填好选票（表决票）后，应持本人的有效身份证件、物业产权证明文件（房屋所有权证、购房发票、购房合同、商品房合同备案证明等）到指定的投票点投票。相关人员应有效管理选票和业主信息，严禁对外泄露。

第十二条 业主委托代理人行使投票权的，应提供业主的书面委托书、业主身份证明、业主物业产权证明、代理人身份证明等，代理人在授权范围内行使投票权。

第四章 议事方式

第十三条 业主大会会议分为定期会议和临时会议。定期会议每年召开____次，于每年____月份召开。

遇到下列情况时，召开业主大会临时会议。

（一）经专有部分占建筑物总面积20%以上且占总人数20%以上的业主提议。

（二）突发重大紧急物业管理事情需要业主共同决定的。

（三）＿＿＿＿＿＿＿＿＿＿＿＿＿＿＿＿＿＿＿＿＿

第十四条　业主大会选举产生业主委员会后，由业主委员会作为召集人组织召开业主大会会议。

（一）业主委员会未按业主大会议事规则的规定组织召开业主大会定期会议，或者发生应当召开业主大会临时会议的情况，业主委员会不履行组织召开会议职责的，物业所在地的区、县房地产行政主管部门或者街道办事处、乡镇人民政府可以责令业主委员会限期召开；逾期仍不召开的，可以由物业所在地的居民委员会在街道办事处、乡镇人民政府的指导和监督下组织召开。

（二）按照业主大会议事规则的规定或者1/3以上委员提议，应当召开业主委员会会议的，业主委员会主任、副主任无正当理由不召集业主委员会会议的，物业所在地的区、县房管行政主管部门或者街道办事处、乡镇人民政府可以指定业主委员会其他委员召集业主委员会会议。

【说明】1.首次业主大会会议筹备组由业主代表、建设单位代表、街道办事处或乡镇人民政府代表和居民委员会代表组成。筹备组成员人数应为单数，其中，业主代表人数不低于筹备组总人数的一半，筹备组组长由街道办事处或乡镇人民政府代表担任。

2.筹备组中业主代表的产生，由街道办事处、乡镇人民政府或者居民委员会组织业主推荐，并应当将成员名单以书面形式在物业管理区域内公告。业主对筹备组成员有异议的，由街道办事处、乡镇人民政府协调解决。

第十五条　业主大会议事采用以下第＿＿＿种方式。

（一）采用集体讨论方式的，按照以下程序进行。

1.业主委员会主任委员就业主大会会议召开的目的、召集情况及业主到会情况等进行说明。

2.业主委员会主任委员就本次会议需要表决的事项进行说明。

3.参加会议的业主投票表决，会议召集人计收选票。

4.业主委员会公布投票结果，并依据有关规定对投票结果的合法性、有效性作出说明，宣布表决事项是否通过。

5.业主委员会就表决事项的执行作出说明。

（二）采用书面方式征求意见的，应向业主送达书面征求意见书，并收集业主反馈的意见。

业主委员会公布书面征求意见的结果,并说明其合法性、有效性,明确表决事项是否通过。

第十六条　征求、回收业主意见

(一)设投票箱:在_____(项目名称)公共场所内分设____个投票箱(放置在_____),由业主自行将个人意见投入意见箱内,经业主大会统计汇总后进行表决。

(二)业主在规定的时间内不反馈意见或不提出赞同、反对意见的,视为弃权。

(三)业主本人应当按照征求意见书中要求的内容和形式反馈意见。不符合要求的,不视为有效反馈意见。

第十七条　业主委员会的议事方式

(一)业主委员会由业主大会选举产生,是业主大会的执行机构,对业主大会负责。

(二)业主委员会委员由业主大会在业主中选举产生。业主委员会应当自选举之日起7日内召开首次会议,推选业主委员会主任和副主任。

(三)本物业区域业主委员会人数为____人(不少于5人,且为单数),任期为____年(不超过5年),可连选连任。其中,业主委员会设主任委员1名,副主任委员____名,由业主委员会全体委员选举产生。

(四)应当在每次业主委员会会议召开____日前,通知全体业主委员会委员并送达有关材料。

(五)业主委员会会议决议采取少数服从多数的原则。业主委员会会议必须有过半数委员出席,并做好会议记录。业主委员会作出的决定应经全体委员人数半数以上同意,不同意见应当记录在案。会议进行表决时,每位委员有一票表决权。

第五章　会议程序

第十八条　业主大会会议的程序

(一)会议的筹备工作。召集人做好开会前的各项准备工作,即确定会议的议题、形式、确定表决的方式和时限,草拟相关议案,制作表决票,核实业主情况等,并将召开业主大会会议的通知和有关材料告知物业所在地的区、县房地产行政主管部门和街道办事处、乡镇人民政府。

(二)发布公告。业主大会召开会议前15日,召集人应当将召开会议的时间、地点、内容、形式等以书面形式公告全体业主。

(三)议事表决。召集人发放征询意见表和选票,书面征询全体业主意见。

业主按业主大会会议通知的要求在表决的时限内依法进行表决，表决的时限不超过 10 天。

召集人按要求回收业主的表决意见，并进行统计。

（四）通报大会决议。召集人在业主大会会议结束后第____日内将大会的决议以书面形式在_____（项目名称）内公告，并将有关材料送城区房管部门。

召集人应当将业主大会会议召开的情况做好书面记录并存档。

第十九条　业主委员会的议事程序

（一）业主委员会会议由主任召集、主持，主任因故缺席时，由副主任召集、主持。

（二）业主委员会会议有定期会议和临时会议；定期会议按照业主大会议事规则的规定及业主大会的决定每____至少召开一次；经 1/3 以上业主委员会委员提议，应当在 7 日内召开临时会议。

（三）发布公告。业主委员会应当于会议召开 7 日前，在物业管理区域内公告业主委员会会议的内容和议程，并告知社区居民委员会，听取其意见和建议。

（四）议事内容。业主委员会在业主大会授权范围内行事。

（五）业主委员会会议应有过半数的委员出席，每名委员拥有一票表决权，作出的决定必须经全体委员半数以上同意。

【说明】业主委员会委员不能委托代理人参加会议，其因故不能参加会议的，应提前一日向召集人说明情况。

（六）业主委员会会议应当进行书面记录并存档，业主委员会会议作出的决定，应当有参会委员的签字确认，并自作出决定之日起 3 日内在物业管理区域内公告。

（七）执行决定。业主委员会执行会议决定。

（八）业主委员会作出的决定侵害业主合法权益的，受侵害的业主可以向相关部门投诉，也可以请求人民法院予以撤销。

第二十条　业主委员会委员选举、补选、变更程序

业主委员会委员由业主大会会议民主选举、补选、终止资格。

业主委员会委员候选人从单元代表／楼层代表／栋代表中推选，代表的产生要经相应区域内持 1/2 以上投票权的业主书面同意。

候选人基本情况在正式选举 15 日前张榜公示。

业主大会会议选举业主委员会委员，实行差额选举，经与会业主所持投票权 1/2 以上通过，且得票多的当选。候选人得票相等不能排位当选的，应对得票相等的候选人再次选举。已选出的业主委员会委员人数少于规定人数的，采用下列第____款

的办法确定。

（一）在当选之外的其他候选人中再次选举确定。

（二）按得票多少排序，从比缺额数多2名的已当选外的其他得票较多的候选人中再次选举确定。

业主委员会委员因故缺额时，在下一次业主大会会议召开时予以补选。缺额人数超过1/4的，应及时召开业主大会会议补选，补选的委员任期随本届业主委员会届满终止。

业主委员会或者享有20%以上业主投票权数的业主，认为有必要变更业主委员会委员的，由业主大会会议作出决定，并以书面形式在物业管理区域内公告。

第二十一条　业主委员会委员资格中止与终结

（一）有下列情形之一的，业主委员会委员资格自动中止。

1. 因物业转让、灭失等原因不再是业主的。
2. 丧失民事行为能力的。
3. 依法被限制人身自由的。
4. 法律、法规以及管理规约规定的其他情形。

（二）有下列情况之一的，由业主委员会1/3以上委员或者持有20%以上投票权数的业主提议，业主大会或者业主委员会根据业主大会的授权，可以决定是否终止业主委员会委员资格。

1. 以书面方式提出辞职请求的。
2. 不履行委员职责的。
3. 利用委员资格牟取私利的。
4. 侵害他人合法权益的。
5. 因其他原因不宜担任业主委员会委员的。

业主委员会委员变更或资格终止的，应当自终止之日起3日内将其保管的资料移交业主委员会。

第二十二条　业主委员会换届

业主委员会任期届满前3个月，应当组织召开业主大会会议，进行换届选举，并书面告知物业所在地区（县）房管部门、街道办事处、乡镇人民政府。

（一）正常换届的，原业主委员会应当自任期届满之日起10日内，将其保管的档案资料交给新业主委员会。

（二）因客观原因未能选举产生业主委员会或者业主委员会委员人数不足总数

的 1/2 的，在新一届业主委员会产生之前，可以由物业所在地的居民委员会在街道办事处、乡镇人民政府的指导和监督下，代行业主委员会的职责。

第二十三条　印章的管理与使用

业主大会印章和业主委员会印章由业主委员会主任负责管理。主任辞职的，由指定的副主任负责管理。使用业主大会印章，应当符合业主大会议事规则的规定或者业主大会会议的决定；使用业主委员会印章，应当符合业主委员会会议的决定。

违反规定使用印章，造成经济损失或者不良影响的，由责任人承担相应的法律责任。

第二十四条　业主大会及业主委员会活动经费

业主大会及业主委员会开展日常活动的经费由本物业区域内全体业主承担。费用预算经业主大会会议表决通过，由业主委员会收取，用于下列开支。

（一）业主大会、业主委员会会议开支，_____元／年。

（二）必要的日常办公等费用，_____元／月。

（三）有关人员津贴，共计_____元／月，具体支付：

1._____，费用_____。

2._____，费用_____。

（四）其他

经费来源于下列方式。

1.每一位业主每____（季／半年／年）每平方米建筑面积交纳_____元。

2.从共用部位、共用设施设备经营收益提取，合计_____元／年。

3.其他。

经费收支账目由_____管理，每____（月／季度）在物业区域内公布一次，接受业主的监督。

第六章　附则

第二十五条　本规则的修订、补充，应当经业主大会会议表决通过。

未尽事项由业主大会会议协商确定，并作为本规则的组成部分。

第二十六条　本规则由业主大会会议解释。本规则中与现行法律、法规相抵触的条款无效，但不影响其他条款的效力。

第二十七条　本规则业主大会执一份，业主委员会保存三份，物业所在地区（县）房管部门、街道办事处、乡镇人民政府、社区居民委员会各执一份。

_____区/市/县_____（项目名称）业主大会

　　　　　　　　　　　　　　　　____年__月__日

三、临时管理规约

 法条链接

《物业管理条例》第二十二条　建设单位应当在销售物业之前，制定临时管理规约，对有关物业的使用、维护、管理，业主的共同利益，业主应当履行的义务，违反临时管理规约应当承担的责任等事项依法作出约定。

建设单位制定的临时管理规约，不得侵害物业买受人的合法权益。

【实战范本11】▶▶

临时管理规约

第一章　总则

第一条　××××是全体业主共同的家园。为维护全体业主和物业使用人的合法权益，保障本物业区内物业的安全与合理使用，维护公共秩序，促进管理有序、安全舒适、环境宜人、文明和谐的新型社区建设，根据国家法律、法规，结合本物业项目实际，制定本规约。

第二条　开发建设单位与物业服务机构签订的前期物业服务合同中涉及业主共同利益的约定，应与本规约一致。

第三条　本临时管理规约在物业销售前已向买受人公示并说明，买受人表示认可；由建设单位、物业服务公司与物业买受人签订，对建设单位、物业服务公司、业主和使用人均具有约束力。

第四条　物业第一买受人与出卖人签订物业买卖合同时，本规约作为物业买卖合同的附件，由第一买受人予以书面确认，其效力及于此后的物业买受人。

第五条　若本规约的条款与相关法律、法规相抵触，则该条款无效，但不影响本规约其他条款的效力。

第二章　物业的使用、维护和管理

第六条　物业竣工验收交付使用后，业主应当办妥物业入住手续。

第七条　业主和非业主使用人使用房屋及公共物业，应当遵守以下约定。

1. 保持原规划设计的风格，不得损坏、擅自改变房屋建筑主体和承重结构及设施设备、外观（含外墙、外门窗、阳台等部位设施的颜色、形状和规格）、用途功能和布局等。

2. 室内的供水管发生爆裂或排水管发生堵塞，应及时修复，以免影响他人。

3. 不得在房屋门口、阳台、露台、入户花园违章搭建，不得私自开门窗、改变房门的开启方式及更换外窗，不得擅自封闭阳台、露台、入户花园或在窗外加装防护网。

4. 不得在房屋门口、阳台、入户花园、露台、窗户搭建外伸晒衣架、遮阳（雨）篷、花架、鞋架、天线和其他影响建筑物外立面及他人居住和通行的设施；不得擅自占用或损坏楼梯、扶栏、走廊、大堂、地下室、平台、天台、外墙、屋面、道路、绿地、停车场等物业共用部位、公用设施设备及相关场地；不得在公共场所晾晒衣物（预留固定晾晒位置的除外），不得在小区公共区域搭建建筑物、构筑物等。

5. 房屋门口、阳台、入户花园、露台、窗户放置花盆、晒衣竿（架）等物品的，应安全可靠，防止掉落伤害他人。

6. 空调排水、晾晒衣物、浇灌或清洁不得溅落水滴，以免侵扰楼下住户及过路行人。

7. 不得损坏及擅自拆除、改造供电、供水、供气、通信、交通、排水、排污、消防、建筑小品等共用设施。

8. 控制生活噪声，室内不准制造超标准噪声，包括大音量播放电视、音响，举行喧闹的聚会、舞会等，以免影响他人休息。

9. 室内不得制造令人不安的异味，以免对周围环境及其他用户造成滋扰。

10. 不得在本物业区域内存放易燃、易爆、剧毒、放射性物品；不得排放有毒、有害危险物质。

11. 不得利用住宅从事危害公众利益的活动；不得利用房屋窝藏违法犯罪人员和赃物，如发现违法犯罪人员和违法犯罪行为，应及时举报。

12. 严禁在围墙、围栏等设施上通电，以免误伤他人。

13. 不得改变房屋窗户玻璃颜色、粘贴反光膜，不得在玻璃外及外墙粘贴标语广告；严禁在阳台、窗框上安装不锈钢防盗网，在门口平面以外安装防盗门（特别规定除外），不得拆除阳台之间的分隔墙等。物业存在安全隐患，危及公共利益及他人合法权益时，责任人应当及时维修养护，有关业主应当给予积极配合，费用由责任人承担。

14. 私家花园、阳台和屋顶天台务必保持整洁和美观，不得违反规划要求封闭走火通道，不得有违章搭建、改造和占用公用面积等行为。

15. 业主和非业主使用人需执行小区物品搬运管理规程。业主要搬走室内用品时，应提前告知物业服务公司，并填写"物品放行条"，经物业服务公司核对后方可搬运；如遇保安查询，应予以配合。非业主使用人搬走室内物品时，应有业主陪同；若无业主陪同，业主应以书面委托形式列出所搬出物品的名称和数量并签名，交物业服务公司核对后方可搬运。

16. 如有亲友等外来人员长期住宿，应按规定向有关部门申报。

17. 业主出租房屋，应当符合法律、法规和有关规定，并告知物业服务公司。同时，业主应协助物业服务公司通知承租人履行相应义务、遵守临时管理规约。

18. 业主转让房屋时，应及时通知物业服务公司，并协助物业服务公司通知新业主前来办理物业管理有关手续。

19. 法律、法规禁止的其他行为。

第八条 在物业管理区域内，业主和非业主使用人应当遵守以下约定。

1. 加强精神文明建设，弘扬社会主义道德风尚，互助友爱，和睦共处，以"合理使用物业，不影响他人正常生活"为原则，共同创造和谐良好的工作和生活环境。业主饲养动物，应当遵守国家及省市级的相关规定。在本物业管理区域内，为维护小区公共环境卫生，倡导业主不要在公共环境内饲养动物、家禽。

2. 自觉维护物业的整洁、美观，保持共用部位、道路畅通及公共设备设施的完好，不得损害各类公用设施，如道路、花槽（栏）、电梯、水泵、电房、路灯、消防设备、避雷设施等。

3. 不得在公共场所乱写乱画、乱贴广告标语、擅自设置广告招牌等。

4. 遵守各项交通管理制度，机动车辆均应按规定停放，小区内不准鸣按喇叭。车辆进入本物业区域应低速行驶（每小时5公里），并按小区规定的交通指示流向行驶，禁止逆行；车辆出入应按要求出示证件。非机动车应放在物业服务公司指定的公共停车场内，禁止在路边、消防通道、井盖、人行通道和绿地等场所停放。车辆停放期间，防盗报警器应静音，发生噪声应迅速解除。

5. 遵守市容及环境卫生规定，自觉把家居杂物等生活垃圾装袋后投入指定的场地，禁止乱丢乱抛垃圾和杂物，严禁高空抛物。

6. 呵护环境，不得损坏公共绿地、花草树木、建筑小品等园林景观设施。

7. 不得在公共场所种植蔬菜、农作物及其他有碍观感的花木。

8. 不得在公共场所有躺卧等不雅的行为。

9. 禁止在公共场所焚香、烧纸。

10. 禁止在小区内随地吐痰、便溺，乱扔香口胶渣、饮料罐、甘蔗渣、瓜果皮核、纸屑、烟头或者其他废弃物。

11. 使用本物业内有偿服务的设施时，应按规定交纳费用。

第九条 使用楼梯等公用通道，业主和非业主使用人应遵守以下约定。

1. 不得在楼梯等公用通道堆放、悬挂、弃置任何私人物品。

2. 注意保持楼梯等公用通道的环境卫生，不得在楼道等共用通道乱扔垃圾，如有物品撒落在楼梯间内，应自行清除；如造成污染、破坏地面、墙面，需自行恢复原样。

第十条 乘坐电梯应遵守以下约定。

1. 为了保障电梯安全运行，禁止运载超长、超宽、超重、易燃、易爆的物品。在运载各类施工建筑材料时，必须包装完整，不得强行运载和超载。切勿运输散装沙、石、涂料等易抛撒滴漏并对电梯造成损坏的装饰装修材料。物业服务公司有权禁止不符合要求的装修材料进入电梯。

2. 爱护电梯及电梯内有关设备，不得用硬物、尖物按、刮、划、敲打电梯按钮、壁面等；切忌将液体状物品遗留在电梯内，清洁楼梯时，严禁让水流入电梯井道内，以免造成电梯设备损坏。《物业管理条例》规定，因人为原因造成共用部位、共用设施设备损坏的，造成损坏的责任人应负责修复或赔偿所有损失。

3. 为了确保电梯运行安全、有序，请勿擅自触及紧急求助设备；家长对儿童有安全监护和教育的责任，儿童乘坐电梯时需有成年人陪同，不要让儿童乱按电梯按钮。

4. 不得在繁忙的时段携宠物乘坐电梯。

5. 电梯内不准吸烟、随地吐痰、大小便。

6. 不得在轿厢内乱涂乱画乱张贴，不得在电梯内随意放置、丢弃物品。

7. 电梯保修期过后，业主应共同承担电梯运行的中、大维修和更新所产生的费用。

第十一条 在物业管理区域内应遵守以下防火约定。

1. 自觉遵守消防管理规定，加强消防安全意识，积极参加物业服务公司组织的消防安全知识学习和培训，了解防火、自救常识，爱护各种防火设施设备，发现火灾隐患及时通知物业服务公司，使各种隐患尽可能消除在萌芽状态。

2. 楼层防火门应保持关闭状态，不得私自加锁或长期打开。

3. 管理好电炉、电熨斗、燃气用具，出门和无人照看时，应将电炉、电熨斗、燃气用具关闭。

4. 不得将顶层楼梯、天面门、消防逃生通道私自封闭。

5. 遵守政府有关禁燃烟花爆竹的管理规定，严禁在本物业区域内燃放烟花爆竹。

第十二条　安装空调机应遵守以下约定。

1. 安装空调室外机应先向物业服务公司申报，在建筑设计指定位置上安装，并注意安装牢固，防止掉落。发现有不牢固的情况，应及时加固。不得安装超出要求尺寸的空调机。空调机冷凝水应当接入统一管道，不得随处滴漏，侵扰他人生活。

2. 空调机发出超标噪声，影响相邻业主正常休息的，应当暂停使用，排除故障或更换后再使用。

第十三条　业主需要进行室内装饰装修的，应当遵守《住宅室内装饰装修管理办法》和本规约及住户手册等规定，开工前向物业服务公司申报，批准后需同物业服务公司签订房屋装修管理协议。违反装修规定的，物业服务公司有权予以制止；不接受劝阻的，物业服务公司将通知城市执法部门要求其限期整改。

装饰装修人员不得有以下禁止行为。

1. 未经原设计单位或具有相应资质的设计单位提出设计方案，变动建筑主体和承重结构。

2. 将没有防水要求的房间或者阳台改为卫生间和厨房。

3. 扩大承重墙上原有门窗的尺寸，拆除连接阳台的砖、混凝土墙体。

4. 损坏房屋原有节能设施，降低节能效果。

5. 违规搭建建筑物、构筑物。

6. 改变住宅外立面，在非承重墙上开门、窗。

7. 拆改燃气管道和消防等设施。

8. 其他影响建筑结构和安全的行为。

业主因房屋装饰装修或专有部位发生渗水等问题影响其他业主正常使用物业的，应及时予以修复，由此造成的损失，相关责任人应予以赔偿。每栋单元均设有电表、水表、燃气表和相关管网，根据国家相关法律、法规的规定，未经国家有关部门书面同意，业主不得私自对电表、水表、燃气表及管网等公共系统进行改动。

业主应严格遵守本物业区域装修时间要求（周一至周五：08:00～12:00，14:00～18:00；周末、节假日：09:00～12:00，15:00～17:00），18:00

至次日上午 8∶00 以及节假日不得实施敲、凿、锯、钻等产生超标噪声的工程，严禁在小区内制造令人不安的异味。

第三章　业主应当履行的义务

第十四条　业主在物业管理活动中应当履行以下义务。

1. 遵守法律、法规及有关规定，具备良好的社会公德和自律意识，不做违反法律、法规及有关规定，违反社会公德和损害他人利益的事情。

2. 业主应积极参加业主大会的筹备工作，积极参与选举业主委员会，执行业主大会和业主大会授权业主委员会作出的决定，遵守业主大会议事规则。

3. 自觉遵守本临时管理规约，遵守物业管理区域内物业共用部位和共用设施设备的使用以及公共秩序和环境卫生等方面的规章制度，积极配合物业服务公司和相关单位做好物业管理方面的工作。

4. 按照前期物业管理服务协议约定的标准和时间全额交纳物业服务费、专项维修资金、公共水电费等费用。业主应按房屋规划设计用途使用物业，禁止在居住单元内从事各种与房屋用途不相符的活动。

5. 业主转让或出租物业时，应将本临时管理规约作为物业转让合同或者租赁合同的附件一并转让给受让人，并将物业转让或者出租情况书面告知物业服务公司。业主转让物业，应及时与物业服务公司结清产权转让前的物业服务费用；业主出租物业，约定由物业使用人交纳物业服务费用的，从其约定，业主负连带交纳责任。

6. 业主应加强安全防范，提高自我保护意识，自觉遵守有关安全防范的规章制度，做好防火、防盗、防突发事件的应变工作，落实各项安全防范措施。

7. 业主和非业主使用人建立合法使用、维护、改造所拥有物业的法律关系时，应告知对方遵守本物业管理项目的有关规定和临时管理规约。委托物业服务公司对自用部位的有关设施设备进行维修养护的，应由委托人另行支付相关费用。根据国家及地区性政府法律、法规和条例的规定，业主应及时对屋内影响相邻业主权益的损坏部位和设施进行维修；业主发现房屋内属公共维修责任的共用部位和设施损坏时，应及时通知物业服务公司，并采取合理措施防止损失扩大。

8. 按规定交纳、使用、续交物业专项维修资金；业主在出售、转让、抵押或者转赠其物业时，所交纳的专项维修资金将继续用作物业共用设施设备的维修、更新，不予退让。

9. 各业主或承租人应对其代理人、雇员、访客等的疏忽和错误向管理员及其他业主或使用人负责。因这些人的疏忽或错误而造成损害或损失时，该业主或承租人应承担全部相关责任（包括支付还原费用及赔偿金）。

10. 各业主或非业主使用人无论何种原因损害了物业或其他业主及使用人的人身或财产权益，均应对此承担全部责任。

11. 对物业服务公司提供的服务有意见和建议，应当以真诚的态度向物业服务公司反映或通过其他正常渠道向主管单位提出，在物业服务合同终止之前，不得拒绝交纳物业管理服务费，无正当理由长期拒交物业管理服务费的，物业服务公司有权通过各种方式追回欠款。

12. 业主和使用人不得从事法律、法规、规章禁止的其他行为。

13. 法律、法规规定的其他义务。

第四章 违约责任

第十五条 业主或非业主使用人违反本临时管理规约，物业服务公司可采取劝阻或要求其限期改正等措施；造成他人经济损失的，该业主或使用人应当负责赔偿。

1. 对于擅自装修物业的，应要求其补签协议；拒不补签协议的，可以要求装修人员撤离。

2. 对于在楼梯通道和公用通道摆放私人物品的，可以强制将物品搬走；对于擅自锁闭走火通道、天台门，影响他人逃生的，要上报政府有关部门追究其法律责任。

3. 对于在公共场所乱写乱画、张贴广告标语的，可以依法采取措施予以清除，所需费用由相关责任人承担。

4. 违章搭建的，应报有关主管部门进行处理，所需费用由违章业主承担。

5. 损害公用设施设备、照明设施、消防设施，损坏共用绿地、花草树木、建筑小品的，可以要求其修复。拒不修复的，物业服务公司可自行修复，所需费用由违约业主或非业主使用人承担。

6. 对于业主或非业主使用人违反本临时管理规约，未按前期物业服务协议约定按时交纳物业管理服务费用的处理：

（1）××××物业管理服务费采取包干制，对于首期物业管理费，各产权人应于办理入住手续时向物业服务公司交纳12个月的物业管理费，首期物业管理费起计日期，以开发商登报发入伙程序书或以其他方式告知业主的约定时间起算。首期之后的物业管理费，每6个月或全年收取一次。业主应按规定或约定向物业服务公司交纳物业管理服务费用，因故不能按期交纳物业服务费用的，应委托他人按期代交或及时补交。根据《物业管理条例》的有关规定，业主应承担单元使用人所拖欠的本规约项下应交的费用。未按时交纳物业管理服务费用的，欠费业主或使用人应向物业服务公司交纳应交物业管理服务费用数额日3‰的违约金。

（2）未按时交纳物业管理服务费用的，物业服务公司可以采取电话或其他有效的催款措施；逾期仍未交纳的，物业服务公司可以在本物业管理区域内公布物业管理服务费收取情况，列明欠费业主房号并要求其限期补交；仍不补交的，物业服务公司可依法向人民法院提出诉讼。

第十六条　业主或非业主使用人不按指定停车位（停车区域）停放车辆的，物业服务公司有权按本物业管理区域车辆管理规定处理或强行移走，强行移走所产生的费用由相关业主和车主承担。

第十七条　业主和非业主使用人违反本临时管理规约有关约定的，相关业主、物业服务公司可采取批评、规劝等方式制止。若业主和非业主使用人拒不改正的，物业服务公司有权对有关业主和非业主使用人的行为予以公示。业主违规装饰装修的，物业服务公司可以采取禁止施工人员进入物业区域的措施予以制止。

第十八条　业主或非业主使用人未能履行本临时管理规约的约定，其他业主和物业服务公司可申请仲裁或向人民法院提起诉讼；属于共同诉讼的，相关业主可推荐诉讼代表或授权物业服务公司具体实施，诉讼费用由相关业主共同承担。

第十九条　物业使用人违反本临时管理规约的约定，由相关业主承担相应责任。

第五章　附则

第二十条　本临时管理规约所称物业的专有部分，指在构造及使用上具有独立性、由单个业主独立使用、处分的物业部位。本临时管理规约所称物业的共用部位、公用设施设备，是指物业区域内单个业主专有部分以外的，属于多个或全体业主共同所有或使用的房屋、空间、场地及相关配套设施设备。管理者被视为全部业主的代理人，而非个别代理。每一个业主全权及不可撤销地任命管理者为执行本规约的代理人。

第二十一条　本临时管理规约自首位业主签署之日起生效，至首次业主大会制定的管理规约生效之日终止。

建设单位（签章）：××市××置业有限公司

委托代理人（签署）：

联系电话：＿＿＿＿＿＿＿＿＿＿

签署日期：＿＿＿年＿＿月＿＿日

物业服务单位（签章）：××市××物业服务公司
委托代理人（签署）：
联系电话：_____
签署日期：____年__月__日

业主代表（签章）：
联系电话：_____
签署日期：____年__月__日

四、临时管理规约确认书

> **法条链接**
>
> 《物业管理条例》第二十三条　建设单位应当在物业销售前将临时管理规约向物业买受人明示，并予以说明。
> 物业买受人在与建设单位签订物业买卖合同时，应当对遵守临时管理规约予以书面承诺。

【实战范本12】▶▶

临时管理规约确认书

_____（业主名称）作为_____（物业项目名称）下列单元的业主，已经对前期物业服务合同和临时管理规约的条款内容，予以确认。

所拥有房屋位置：____区（县）_____（物业项目名称）____号楼____门____单元。

购房人（业主）签字：_____
____年__月__日（此联由开发建设单位存档）

确 认 书

_____（业主名称）作为_____（物业项目名称）下列单元的业主，已经全文阅读前期物业服务合同和临时管理规约的条款，并理解、认同条款内容，同意严格遵守。

所拥有房屋位置：_____区（县）_____（物业项目名称）____号楼____门____单元。

其他：_____

身份证号码：_____ 联系电话：_____

通信地址：_____ 邮政编码：_____

购房人（业主）签字：_____

____年__月__日（此联由××物业服务有限公司 存档）

五、装饰装修管理告知书

法条链接

《物业管理条例》第五十二条　业主需要装饰装修房屋的，应当事先告知物业服务企业。

物业服务企业应当将房屋装饰装修中的禁止行为和注意事项告知业主。

【实战范本13】▶▶▶

业主装饰装修管理告知书（1）

××××小区____栋____室业主：

您好！为了大家的安宁、小区的和谐及邻里之间的关系，请您在装修期间注意以下事项。

1. 遵守小区装饰装修管理规定，按照装修流程办理装修手续。

2. 遵守小区装修施工时间规定，住宅区域：每日8:00～12:00，14:00～

18:00可以施工,注意12:00~14:00必须静音作业,禁止使用电动工具。节假日不得实施敲、凿、锯、钻等产生严重噪声的施工,以免影响他人的休息。

3. 不能拆除承重墙,不能在承重墙、梁及柱子上挖槽、切割及开孔等,以免损坏房屋结构。

4. 装修时,不得改动室内消防设施,出现问题业主负主要责任。

5. 不得使用有毒、有污染的装修材料,装修垃圾不得抛撒乱放,应及时清运出场,运送过程中不能影响小区的整洁,散落的垃圾要及时清理干净。装修期间,应督促装修施工单位:下水管道内严禁倒入垃圾、油漆、涂料、石灰、泥浆等,以防堵塞管道,否则应承担相应的责任。

6. 在施工中造成管道堵塞、漏水、停电和火灾等而导致公共设施设备和他人利益损失的,要及时给予修复和赔偿。

7. 建筑垃圾、材料不与生活垃圾混装,不随意将垃圾堆放在公共部位,以免影响他人和消防安全。建筑垃圾清运袋装化,及时清运至管理处指定的堆放地点。

8. 在装修前对房屋做一次养水实验,避免装修后发生渗漏而带来麻烦。

9. 在装修前对房屋进行仔细检查,装修原因导致的房屋渗漏,由业主自行负责。

10. 遵守临时管理规约、装修管理规定、装饰装修管理协议中有关装修的规定。

如发现业主或装修人员不配合物业人员工作,无视其他业主的感受,出现第二次有意违规施工,物业服务公司将按照双方签订的装修管理规定的相关内容,禁止施工人员进场,没收装修工具,或者给予100~500元处罚,在装修押金中扣除。

××物业服务有限公司

【实战范本14】▶▶

业主装饰装修管理告知书(2)

为维护本物业区域优美、整洁、有序的环境,本人承诺在____栋____室装修施工期间遵守以下事项。

一、总则

1. 在房屋装修前,仔细阅读本小区临时管理规约、装修管理规定、装饰装修管理协议中有关装修的规定,并按照规定进行施工。

2. 装饰装修前到物业管理处办理装修申请手续。

3. 在房屋装修前，详细了解房屋水电等施工图。

4. 有义务督促装修施工单位文明施工，对装修施工单位违反小区管理规定而造成的损失负有连带责任。

5. 积极配合管理处的装修巡查。

6. 如果存在违规情况，应停止施工，并在 24 小时内恢复正常。

7. 装修之前做避水试验，并联系楼下业主查验。

二、空调安装

1. 安装空调时通知管理处（联系电话：_____），在管理处工程部人员的指导下规范安装空调。

2. 购买空调时参考管理处提供的空调室外机尺寸。

3. 空调外机必须安装在预留的位置上，严禁外挂；外露空调冷凝管需安装套管固定。

三、消防管理

1. 负责装修施工期间的消防安全，保证不发生火灾、火警事故。

2. 在施工区域配备消防器材，手提灭火器数量至少配备两个。

3. 杜绝在施工区域吸烟的行为（特别在木工和油漆阶段）。

4. 施工中如需使用易燃物品，应提前做好易燃品的存放，物品存放量不能过多，以当日使用量为限，施工完毕后，将剩余物品带离现场。

5. 施工区域装修废料当日清理完毕，特别是刨花锯末，每天清除，保证施工现场清洁。

6. 施工废料或垃圾及时清理至管理处指定区域，不阻塞消防通道。

7. 爱护小区公共设施，不遮挡、损坏、挪用消防设施。

8. 熟悉小区的消防设施设备。

四、封闭阳台、安装防盗网

1. 封闭阳台、安装防盗网时提前通知管理处（联系电话：_____）。

2. 所有窗户防盗网全部安装在室内，不安装"老虎笼"式防盗网。

3. 按消防要求，拆卸防盗网横管，并预留符合规范要求的逃生口；如未留逃生口而造成事故，自行负责。

4. 拆除室内外护栏，需书面承诺。

5. 铝合金材料颜色与小区原有窗户颜色保持一致，玻璃与小区窗户玻璃一致。

五、室内外开孔相关事宜

1. 保证不更改空调外孔的位置。

2. 房屋外立面开孔，经物业管理处审核，并做好防水及外立面恢复工作，保持外立面整洁，无污染。

3. 保证不将燃气管道通入走廊，以免遇到火源，造成安全事故。

4. 地暖排气孔开孔，提前到物业管理处咨询。

六、其他事项

1. 遵守小区装饰装修管理规定，按照装修流程办理装修手续。

2. 遵守小区装修施工时间规定，施工时间为每日8：00～12：00，14：00～18：00，注意12：00～14：00保持静音作业，不使用电动工具。节假日不开展敲、凿、锯、钻等产生严重噪声的施工，以免影响他人的休息。

3. 不拆除承重墙，不在承重墙、梁及柱子上挖槽、切割及开孔等，以免损坏房屋结构。

4. 装修时，不改动室内消防设施，出现问题自行承担责任。

5. 不改变玻璃窗的原来颜色和结构，商铺不安装卷帘门。

6. 不自行拆卸及移位户内楼宇对讲机、家庭安防控制箱和户内智能化设备箱，否则后果自负。

7. 厨房、卫生间吊顶时，吊顶上应留有操作孔，以便今后检修。

8. 不安装卫星天线。

9. 不在阳台上安装超出外墙面的任何物品，如晾衣架、花架、遮阳篷等。

10. 装修期间，督促装修施工单位严禁将垃圾、油漆、涂料、石灰、泥浆等倒入下水管道，以防管道阻塞，否则自行承担相应责任。

11. 建筑垃圾、材料不与生活垃圾混装，不随意堆放在公共部位，以免影响他人和消防安全。建筑垃圾清运袋装化，及时清运至管理处指定的堆放地点。

12. 进户箱50厘米以内不穿墙打孔，以免打穿原有管线。

13. 有义务阻止装修施工单位张贴广告，以免影响小区景观。

14. 装修时做好防水工作（管理处建议做二次防水）。

15. 在装修前对房屋做一次养水实验，避免装修后发生渗漏给自己带来麻烦。

16. 在装修前对房屋进行仔细检查，由于装修原因导致的房屋渗漏，由自己负责。

业主／物业使用人（签字）：＿＿＿＿＿＿

＿＿＿年＿＿月＿＿日

附件：装修单位与物业服务有限公司签订的承诺（如业主自己装修，以下附件由业主签字）

_____管理处：

根据装饰装修管理协议、《××市室内装饰装修管理细则》的相关规定，为保证本区域物业的完好和安全，维护物业使用人的合法利益和公共场所设施的整洁美观，××装修公司在装修施工期间承诺如下。

一、不擅自改变房屋建筑结构、原来的设计用途和布局，如确实需要改变水管、电线走向，提前向物业管理处申请，获批后方可按要求施工。不对房屋建筑的内外承重墙、梁、柱、楼板、露台等进行违章凿拆、搭建。

二、不占用和损坏楼梯、通道、屋面、平台、道路、机动车位、非机动车位等公共部位、场所和设施。不擅自损坏、拆除、改造供电、给排水、供气、通信、消防等公共设施。

三、装修设计尽量避免改动室内消防设施，严禁拆改消防管道、弱电线路及室内消防设施；如擅自改动而影响系统正常运行，将自行承担相应的法律责任。

四、不乱搭建、乱张贴，不进行有损公共设施的工程，保证物业外观和公共装饰美观和统一。

五、不使用有毒、有污染的装修材料。装修垃圾不抛撒乱放，并及时清运出场，运送过程中不影响物业管理区内的整洁，散落的垃圾及时清理干净。施工材料、设备和施工人员按规定的出入口入场。施工人员每天做好入场登记，不在施工现场留宿。

六、商业区域内施工不影响其他企业的正常办公，噪声较大的施工一律安排在双休日、上班（9∶00）前和下班（17∶30）后。住宅区域内噪声较大的施工一律安排在周一上午（7∶00～12∶00）和下午（14∶00～18∶30），双休日不允许有噪声较大的施工。安装空调、防盗窗、风机等装置时，要先向物业管理处提出申请，经批准后方可施工。

七、建筑垃圾、黄沙、水泥等散装材料要袋装搬运，不使用客运电梯运送装修材料。损坏公共设施要照价赔偿。

八、在施工中造成管道堵塞、漏水、停电、坠落和火灾等导致公共设施设备和他人利益损失的，要及时给予修复和赔偿。

九、装修现场合理封闭，减少粉尘和噪声。施工现场严禁用火和吸烟，施工中使用电焊时要向物业管理处提出申请。

上述条款我公司已确认并保证遵守。若有违反，物业管理处有权处理，包括限期改正、强制整改、停止供水供电甚至禁止入场，待我公司整改完毕方可施工。

装修单位公司、装修申请人（盖章）：_____

承诺起始时间：____年__月__日

六、物业费催收通知

《民法典》第九百四十四条【业主支付物业费义务】业主应当按照约定向物业服务人支付物业费。物业服务人已经按照约定和有关规定提供服务的，业主不得以未接受或者无须接受相关物业服务为由拒绝支付物业费。

业主违反约定逾期不支付物业费的，物业服务人可以催告其在合理期限内支付；合理期限届满仍不支付的，物业服务人可以提起诉讼或者申请仲裁。

物业服务人不得采取停止供电、供水、供热、供燃气等方式催交物业费。

【实战范本15】▶▶▶

关于收取物业管理费的通知

××物业〔××〕物字第××号

尊敬的业主（住户）：

根据××文件，××高层住宅已符合相应收费标准。管理处将于××年×月×日起按双方约定恢复每月××元/平方米的物业管理费标准。

管理处收费时间为每月×日~×日，逾期将按合同约定收取滞纳金，请各位业主（住户）按时到管理处交纳物业管理费。

若有任何疑问，请致电××××××，与管理处客户服务中心联络。

多谢您支持我们的工作！

特此通知，敬请相互转告！

××物业服务有限公司

××管理处

××年×月×日

【实战范本16】▶▶▶

关于明确物业管理费收取标准的通知

××物业〔××〕物字第××号

××小区广大业主（住户）：

根据新修改的小区前期物业服务协议，××小区物业管理费收取标准为每月××元／平方米，同时预收能耗费，并按实际所用分摊。

管理处衷心感谢广大业主(住户)积极主动交纳物业管理费，共创和谐××小区。

××物业服务有限公司
××管理处
××年×月×日

【实战范本17】▶▶▶

催收物业管理费的通知〔针对多数业主（住户）〕

××物业〔××〕物字第××号

尊敬的业主（住户）：

以下业主（住户）（见附表）的银行存款不足以支付物业管理费，请于×月×日之前到管理处客户服务中心（地址，×××××××）交费，或者于×月×日之前将款项存入银行，以便管理处于本月×日进行第二次扣款！

多谢合作！

××物业服务有限公司
××管理处
××年×月×日

附表：

欠费名单及明细

房号	管理费	房屋本体维修基金	水费	排水费	垃圾处理费	合计

【实战范本18】▶▶

催收物业管理费的通知［针对个别业主（住户）］

××物业〔××〕物字第××号

××楼业主（住户）：

您好！您家的物业管理费于××年×月×日到期，请您到××（地点）交纳××～××年度的物业管理费。

管理处将对××年度按时交纳物业管理费的业主（住户）给予优惠，在××年×月×日前交纳本年度物业管理费（每月每平方米××元）的，优惠××%；在××年×月×日以前交费的，优惠××%；在××年×月×日以前交费的，优惠××%；在××年×月×日以后交费的，不再优惠。

办公时间，上午××：××～××：××

下午××：××～××：××

周六及周日照常办公

××物业服务有限公司

××管理处

××年×月×日

【实战范本19】▶▶

车位使用费催收通知单

××物业〔××〕物字第××号

尊敬的××业主（住户）：

您户（单位）牌号为××的车辆的车位使用费已于××年×月×日到期，请您于××年×月×日至物业管理处客户服务中心交纳相关费用，谢谢合作！

特此通知！

查询电话：××××××

××物业服务有限公司

××管理处

××年×月×日

七、物业服务承诺公示

> **法条链接**
>
> 《民法典》第九百三十八条 【物业服务合同内容和形式】物业服务合同的内容一般包括服务事项、服务质量、服务费用的标准和收取办法、维修资金的使用、服务用房的管理和使用、服务期限、服务交接等条款。
>
> 物业服务人公开作出的有利于业主的服务承诺，为物业服务合同的组成部分。
>
> 物业服务合同应当采用书面形式。

【实战范本20】▶▶

小区物业服务承诺书

尊敬的××广场广大业主：

您好！

我公司本着对本区业主高度负责的精神，按照相关政策的要求，注重提升小区的整体居住环境，通过加强物业管理，保护住宅小区整体环境和使用功能，促进小区的生态环境、人文环境和小区智能化建设，倡导人与自然和谐的家居理念，并通过有效的管理模式，持续改进服务过程，遵照法律、法规的要求，最终达到业主的满意。具体开展如下几方面工作。

1. 我公司设有专业管理人员，负责小区一切日常管理事务及投诉处理，客服中心实行24小时公开电话服务（安装座机），投诉处理率达到100%。

2. 卫生清洁：我公司接管本区后，首先对小区的综合环境进行整治，对小区西墙外垃圾场进行清理。同时负责小区公共区域、楼道及公共设施的卫生清洁，保持无污渍、垃圾、杂物。对生活垃圾桶定期清洗、消杀，生活垃圾及时清运，保证小区环境清洁卫生。

3. 公共秩序：为维护好小区的公共秩序，秩序维护员实行24小时值班。公司将投入资金为小区安装电子巡更系统，以确保夜间巡逻及时到位。并为巡逻人员配备对讲机，使其随时与其他队员保持联系，同时协助公安部门做好安全防范。

4. 公共设施日常维护：对公共设施进行日常养护，为业主户内设施进行免费的日常维修（业主自备材料），以解决小问题给业主生活带来的烦恼（具体按公司工程维修服务承诺制度执行）。

5. 绿化管理：绿化是小区的重要组成部分，我公司将根据季节，维护好小区树木、花草，包括修剪花木，及时喷洒药物，防治病虫害，以及对部分草坪和枯死树木进行换补植。

6. 电梯运行维护：电梯是高层的重要部位，我公司将选聘三级资质以上的专业电梯公司为本区电梯进行维护，并提供24小时服务，以确保电梯运行正常、安全，使用功能良好。

7. 协助工作：我公司会全力协助业委会及相关单位共同解决本区急需解决的系列问题，同时提供相应的车辆及场所。

8. 按物业条例的要求，结合本区实际情况，同业委会共同制定成熟、完善、可行的物业管理方案。签订合同后，我公司会投入（或垫付）一定数额的资金，恢复智能设施，尽快完善小区的公共秩序管理或实现本区的封闭式管理，让本区业主生活得舒心、放心、安心。

9. 本区收费标准按建筑面积报价（暂定）

①住宅物业服务费：每月（　　　）元/平方米。

②电梯费：每月（　　　）元/平方米。

③二次供水费：每月（　　　）元/平方米。

④商业用户：每月（　　　）元/平方米。

接管后，我公司将根据物价局审批后的收费文件收取物业服务费。先服务后收费，业主可自愿预交费。

我们真诚地恳请全体业主对我们的服务工作进行监督、帮助、指导，让我们携起手来，共同创建美好的家园。

××物业服务有限公司
××年××月××日

【实战范本21】▶▶▶

××别墅物业服务承诺书

一、综述

××别墅，是×××品牌的经典展示，物业服务企业为了配合×××整体发展，将为业主提供温馨、贴心的服务，创造一个"高尚尊贵、文明安全、环保舒适"

的人文环境，并由××别墅带动整个物业管理服务质量的提升。

二、"温馨贴心服务"承诺

1. 尊贵贴心服务——将注入全新的服务理念，变目前的被动式服务为主动式服务，即主动走访住户，季度走访率达到100%，建立业主个人服务档案，了解业主所需，满足业主所求；在业主生日、婚庆、乔迁之际，送上物业服务企业的衷心祝福，还免费提供留言服务、天气预报服务、温馨提示服务。

2. 环保社区、健康生活服务——垃圾分流，营造无噪声、空气清新的环境。牵头成立×××业主体育精英俱乐部，包括足球、篮球、网球、羽毛球等项目，举办业主联谊会，定期开展社区文化活动，展示业主才华，增强文化氛围。

3. 全天候智能化安全保障服务——包括闭路监控、红外线监控、智能门禁系统、24小时保安巡逻等。

4. 零距离信息共享服务——利用宽带网和社区局域网，及时向业主发布社区服务等信息，让业主足不出户便可以面对面交流，感知外面的世界。

5. 24小时酒店式前台接待服务——8小时礼宾服务，16小时随叫随到酒店式家居生活便民服务，包括投诉处理、餐饮服务、礼仪服务、订票服务等。

6. 高尚立体型家政服务——包括24小时清洁、24小时家居维修、24小时购物服务。

7. 24小时急救服务——进一步发挥医务室的功能，引进资深中医、理疗等服务项目（业主有此需求）。

三、专业的物业服务队伍——形象健康，提供文明、高质、高效服务

我们将通过以上管理服务承诺，使××别墅物业管理有一个质的提高和升华，让业主能真正享受到×××的居住环境，感受到尊贵和酒店式服务带给他们的方便实惠。同时，我们将充分利用社会商业资源进驻社区的成功模式，为业主提供更多更广泛的优质服务。

承诺人：×××

时间：××××年××月××日

八、物业服务信息公示

 **法条链接**

《民法典》第九百四十三条 【物业服务人信息公开义务】物业服务人应当定期将服务的事项、负责人员、质量要求、收费项目、收费标准、履行情况,以及维修资金使用情况、业主共有部分的经营与收益情况等以合理方式向业主公开并向业主大会、业主委员会报告。

【实战范本22】▶▶▶

物业管理服务收费公示

收费单位:××物业服务有限公司
价格投诉电话:××××× 物业服务中心:×××

服务内容		实际收费标准、计费方式		收费依据	价格管理形式
根据物业管理协议对房屋建筑及设备、公用设施、绿化、卫生、道路、治安和环境容貌等项目开展日常维护、修缮、整治服务	住宅	步梯楼及电梯楼首层	每月( )元/平方米	合同约定	政府指导价
		二层以上	每月( )元/平方米		
	商铺	每月( )元/平方米			
房屋建筑的共同部位及共用设施设备的维修、养护与更新改造	住宅	100平方米以下	( )元/户	建住房〔××××〕×号文件	合同约定
		100~150平方米	( )元/户		
		150~200平方米	( )元/户		
		200平方米以上	( )元/户		
	商铺	一层	( )元/户		
		二层	( )元/户		

续表

服务内容	实际收费标准、计费方式			收费依据	价格管理形式
保障供水正常	住宅	20吨以内	（　　）元/立方米	×价〔×××〕×号文件	政府定价
		21吨至25吨	（　　）元/立方米		
		26吨以上	（　　）元/立方米		
	商铺	（　　）元/立方米			
保障电力正常	住宅	（　　）元/度		×价〔××××〕×号文件	政府定价
	商铺	（　　）元/度			
区内装修工作监控	住宅	（　　）元/户		建设部〔××××〕×号文件	合同约定
	商铺	一层	（　　）元/户		
		二层	（　　）元/户		
及时清理业主堆放在指定地点的装修垃圾，保障小区良好的卫生环境	住宅	100平方米以下	（　　）元/户	建设部〔××××〕×号文件	市场调节价
		100～150平方米	（　　）元/户		
		150～200平方米	（　　）元/户		
		200平方米以上	（　　）元/户		
	商铺	一层	（　　）元/户		
		二层	（　　）元/户		
方便装修人员进出小区，降低安全隐患	押金	（　　）元/个		合同约定	政府指导价
	工本费	（　　）元/个			
场地设施维护	××设施每月（　　）元			合同约定	市场调节价
	××设施每月（　　）元				
	××设施每月（　　）元				
为小区车辆进出提供便捷服务，防止被盗	工本费	（　　）元/个			

说明：1.服务标准见物业管理服务承诺。
2.收费对象是服务项目相对应的业主（租用户）。

××物业服务有限公司

【实战范本23】

关于调整物业服务费的公告

尊敬的业主（用户）：

  为了共建和谐小区，保障_____小区的物业服务品质，同时考虑到物业服务企业的成本预期和业主的承受能力，经过征集广大业主的意见，现将每月住宅物业费价格由原_____元/平方米调整为_____元/平方米，其他费用据实分摊。调整后的费用标准自____年__月____日起执行，在此感谢广大业主的支持与配合！

  特此公告！

____业委会

20____年__月

【实战范本24】

物业有偿服务信息公示

尊敬的业主：

  您好！

  为了进一步提升物业服务公司形象，及时解决业主家庭生活中的实际困难，在做好物业常规服务、确保服务质量的同时，公司现开展便民有偿服务工作。为确保有偿服务工作正常有序地实施，加强业主对物业服务的监督，使业主对物业服务的意见及建议得到及时、有效的落实，从而提高物业服务质量，赢得广大业主的认同与支持，现将物业有偿服务流程公示如下。

一、家政绿化服务

1. 业主致电物业中心，将服务需求告知前台工作人员。

2. 如业主需开荒清洁或者修剪绿化树木等，前台工作人员需致电部门经理或领班，待其前往现场勘察情况后再与业主确认收费标准。

3. 如业主需正常保洁或正常绿化养护，前台工作人员应在电话中将物业服务收费标准向业主进行说明。

4. 确定价格后，物业服务中心下单至环境管理服务部文员（或经理），其通过物业管理系统打印环境管理服务单，同时由环境管理服务部经理派出人员为业主提供保洁服务。

5.工作完毕后，环境管理员检查服务质量并请业主验收。验收完毕后，环境管理员在服务单上注明服务价格，并请业主在服务单上签名确认。

6.环境管理员将业主签名的服务单交给环境管理服务部经理（或领班），部门经理（或领班）确认现场完成情况并签名，然后交到物业服务中心前台。

7.业主到物业服务中心前台为本次有偿服务交费。

二、工程维修服务

1.业主致电物业中心，将服务需求告知前台工作人员。

2.如业主需要家居用电安全检查、安装灯具、疏通管道等，前台工作人员需致电部门经理或领班，待其前往现场勘察情况后再与业主确认收费标准。

3.如业主需空调加氟、拆装坐厕等，前台人员可在电话中将物业服务收费标准向业主进行说明。

4.确定价格后，物业服务中心下单至工程维修服务部文员（或经理），其通过物业管理系统打印工程维修服务单，同时由工程维修服务部经理派出人员为业主提供维修服务。

5.工作完毕后，工程维修技工检查服务质量并请业主进行验收。验收完毕后，工程维修技工在服务单上注明服务价格，并请业主在服务单上签名确认。

6.工程维修技工将业主签名的服务单交给工程维修服务部经理（或领班），部门经理（或领班）确认现场完成情况并签名，然后交到物业服务中心前台。

7.业主到物业服务中心前台为本次有偿服务交费。

服务物业有偿服务信息指引

供电设备维修		
服务项目	收费标准	备注
线路检查	现场报价	材料费另计
铺设明线	××元/米	材料费另计
铺设暗线	××元/米	材料费另计
更换射灯	××元/个	材料费另计
更换灯泡	××元/个	材料费另计
更换灯管	××元/个	材料费另计
更换镇流器	××元/个	材料费另计

续表

服务项目	收费标准	备注
更换灯罩	××元/个	材料费另计
更换电脑插座	××元/个	材料费另计
更换电话插座	××元/个	材料费另计
更换电视插座	××元/个	材料费另计
更换照明开关	××元/个	材料费另计
更换漏电、空气开关	××元/个	材料费另计
安装吊灯（客厅）	××元/盏	1.材料费另计 2.提供×××元以上（包含×××元）的服务，现场报价
安装吸顶灯	××元/盏	
安装床头灯	××元/盏	
安装壁灯	××元/盏	
安装射灯（有轨）	××元/盏	
安装射灯（无轨）	××元/盏	
安装镜前灯	××元/盏	

供水设备		
服务项目	收费标准	备注
疏通洗手盆	××元/个	动用疏通机，起步价×××元，按照现场维修的难易程度，现场报价
疏通洗菜盆	××元/个	
疏通马桶	××元/个	
疏通浴室地漏	××元/个	动用疏通机，起步价×××元，按照现场维修的难易程度，现场报价
疏通商铺管道	现场定价	
疏通阳台地漏	××元/个	
马桶、洗手盆、洗菜盆漏水维修	××元/次	1.材料费另计 2.需要更换的，现场报价
更换普通水龙头	××元/个	材料费另计
更换混合水龙头	××元/个	材料费另计
更换阀门	××元/个	材料费另计
更换直引水龙头	××元/次	材料费另计
更换直引水管	××元/米	1.材料费另计 2.提供×××元以上的服务，现场报价
更换软管	××元/米	

户内物品维修		
服务项目	收费标准	备注
新风系统清洗	××元/台	天花吊顶拆装费另计
检修新风系统	××元/次	天花吊顶拆装费、材料费另计
安装排气扇	××元/台	1.材料费另计 2.复杂安装，××元起步
检修抽油烟机	××元/台	配件费另计
安装抽油烟机	××元/台	
拆卸抽油烟机	××元/台	
安装吊扇（带照明）	××元/台	
安装燃气热水器	××元/台	
安装电热水器	××元/台	
检修燃气热水器	××元/台	配件费另计
检修电热水器	××元/台	配件费另计
拆卸热水器	××元/台	
清洗抽油烟机	××元/台	
安装洗衣机	××元/台	
冰箱清洗	××元/台	
清洗挂式空调	××元/台	室内机
清洗柜式空调	××元/台	室内机
清洗吸顶式空调	××元/台	室内机
空调加雪种	按照年市场价	高空作业费另计
检修空调	按照年市场价	高空作业费另计、配件费另计
清洗空调外机	按照年市场价	高空作业费另计
家电维修	按照年市场价	配件费另计
安装镜画框	××元/幅	提供×××元以上的服务，现场报价
更换信箱锁	××元/个	
安装可视对讲	××元/台	
安装窗帘	××元/平方米	
安装毛巾架	××元/个	

续表

服务项目	收费标准	备注
安装晾衣架	××元/套	电动晾衣架，现场定价
更换入户门锁	××元/把	
更换房间门锁	××元/把	
更换门窗把手	××元/把	
检修阳台推拉门	××元/扇	配件另算
更换净水器滤芯	××元/个	
更换柜子合页	××元/副	
清洗洗衣机	××元/台	

家居清洁类		
服务项目	收费标准	备注
家政清洁	每平方米××元/次（开荒），可现场议价 每平方米××元/次（每月四次） 每平方米××元/次（每月两次）	用清水进行基本清洁，擦拭家具、地面等
聚餐后现场清洁	视现场情况报价	
花园日常护理	视现场情况报价	每天一次浇水、除杂草、裁剪树形（含绿化清运费）施肥等，加工费用另计
修枝、剪草		
清运绿化垃圾		

温馨提示：本公示中的各项服务内容、收费标准、服务标准，有可能根据实际情况作出调整，所有工序不包括材料费，具体以现场定价为准。

【实战范本25】▶▶▶

××物业服务项目收支情况公示

尊敬的业主：

　　为维护全体业主的合法权益，规范物业服务行为，根据国家《物业管理条例》《××市物业服务收费管理实施办法》等相关规定，现将本项目20××和20××年度会计期间的物业服务费用收支情况公示如下。

一、项目基本情况

1. 物业服务费总收费面积（住宅及商业）为×××平方米。

2. 现行收费标准

建筑类型	总数量		收费标准（元/平方米·月）
	户数	面积（平方米）	
多层住宅	×××	×××	×××
商业物业	×××	×××	×××
总 数	×××	×××	×××
露天停车位	×××	×××	×××

二、物业服务项目收支情况表

年度	经营收入	成本支出	盈亏	备注
20××年	物业费：×××元 停车费：×××元	×××元	×××元	
20××年	物业费：×××元 停车费：×××元	×××元	×××元	
累 计	物业费：×××元 停车费：×××元	×××元	×××元	预测

说明：20××年度经营收入按实公示；20××年度经营收入按收费项目的100%预测，成本支出按月度平均值预测。

1. 物业服务收支情况明细表（附表1）
2. 物业共用部分经营收支情况表（附表2）

本公告由××物业服务有限公司负责解释。

项目负责人（签字）：_____

项目负责人联系电话：_____

公司负责人（签字）：_____

公司负责人联系电话：_____

公司（盖章）

20××年×月×日

附表1：物业服务收支情况明细表（包干制）　　　　20××年×月×日

项目	序列	本年发生额（元）	说明
一、物业服务费收支情况	①		
（一）物业服务费收费情况	②		②=③+④
1.本年物业服务费收入	③		
2.以前年度欠物业服务费收入	④		
（二）物业服务费支出情况	⑤		⑤=⑥+⑦+⑧+⑨+⑩+⑪+⑫+⑬+⑭
1.管理人员工资、社会保险和福利费等	⑥		
2.物业共用部分日常运行、维护费用	⑦		
3.物业管理区域清洁卫生费用	⑧		
4.物业管理区域绿化养护费用	⑨		
5.物业管理区域秩序维护费用	⑩		4人
6.管理、办公及其他费用	⑪		
7.物业服务企业固定资产折旧	⑫		
8.物业共用部分及公众责任保险费用	⑬		
9.税金	⑭		
物业服务费收支余额	⑮		⑮=②-⑤
二、物业经营收支情况	⑯		
（一）物业经营收入情况	⑰		
其中：物业共用部分经营收入（共用部分车位收入、外墙及电梯广告收入、共用场地费收入等）	⑱		
（二）物业经营支出情况	⑲		
其中：物业共用部分经营支出	⑳		⑳=㉑+㉒+㉓
1.共用部分经营服务成本（人工费、保洁费、维护费、能源费及物料支出等）	㉑		
2.管理费支出或约定分成	㉒		
3.税金	㉓		
物业经营收支余额	㉔		㉔=⑰-⑲
三、本年末累计收支余额	㉕		25=15+24

附表2：物业共用部分经营收支情况表　　　　20××年×月×日

项　目	序列	本年发生额（元）	填表说明
一、物业共用部分经营收入	①		
1.共用部分车位收入	②		
2.共用部分其他经营收入	③	—	
其中：外墙及电梯广告收入	④	—	
共用场地租赁收入	⑤	—	
其他经营收入	⑥	—	
二、物业共用部分经营支出	⑦	—	含经营成本及税金
1.共用部分经营服务成本（人工费、保洁费、维护费、能源费及物料支出等）	⑧	—	
2.管理费支出或约定分成	⑨		
3.税金	⑩		
三、物业共用部分经营结余额	⑪	—	按法规补充住宅专项维修资金或按约定使用
四、业主委员会费用支出	⑫	—	按合同或约定
五、上年度累计结余	⑬	0	
六、本期累计结余	⑭	0	

九、维修资金筹集和使用合规文书

 法条链接

《民法典》第二百八十一条【建筑物及其附属设施维修资金的归属和处分】建筑物及其附属设施的维修资金，属于业主共有。经业主共同决定，可以用于电梯、屋顶、外墙、无障碍设施等共有部分的维修、更新和改造。建筑物及其附属设施的维修资金的筹集、使用情况应当定期公布。

紧急情况下需要维修建筑物及其附属设施的，业主大会或者业主委员会可以依法申请使用建筑物及其附属设施的维修资金。

【实战范本26】▶▶▶

使用维修基金征求意见函

尊敬的各位业主：

依据《物业管理条例》第十二条规定，专项维修基金的使用必须经物业管理区域内全体业主所持投票权2/3以上的业主通过。_____小区_____等共用设备、公共设施进行维修、更新、改造，需要使用维修基金，共计_____元，现提请本小区业主签字表决，详见维修更新项目预算书。

本小区共有业主____户（计____票），已签____户（计____票），缺签____户（计____票），缺签原因：_____
_____
_____
_____

其中，同意____户（计____票），不同意____户（计____票）。

注：业主是指房屋的产权人，请房屋产权人签署意见，无关人员不得签署（本表共计____页）。

序号	楼号	同意（签字）	不同意（签字）	投票权数	电话

【实战范本27】▶▶▶

住宅专项维修资金使用申请表

项目名称及位置			
开发建设单位			
物业服务企业名称		（加盖公章）	
物业服务企业联系人		联系电话	
业主委员会联系人		联系电话	

续表

申请事项及额度	所属街道		所属社区	
	1. 本次资金使用所涉及的楼栋号			
	2. 资金用途（请选择） □电梯维修、更新　　□屋顶补漏、楼顶更新 □墙面修补　　　　　□监控设施改造维修 □大门、大堂改造　　□管道改造 □其他项目			
	3. 物业结构类型_____；物业竣工后至今已使用____年；上述项目保修期限为____年，现已过保修期 本次申请使用数额（大写）_____元（¥_____）			
业主委员会 （街道社区） 申请意见	业主委员会（街道社区）：（签章）_____年__月__日			
物业行业管理科、财务初审意见： 签字：_____　　____年__月__日				
县城管局分管负责人意见： 签字：_____　　____年__月__日				
县城管局负责人意见： 签字：_____　　____年__月__日				

注：必须附讨论通过后的维修方案、维修项目预算书、使用联系单等相关材料。

【实战范本28】▶▶▶

××小区使用维修资金公示

_____小区现有维修项目_____。由于小区目前已过保修期，需申请使用维修资金_____元（大写_____）对以上项目进行维修。

根据《住宅专项维修资金管理办法》规定，本次使用维修资金经住宅专项维修资金列支范围内专用部分占建筑面积2/3以上的业主且占总人数2/3以上的业主签字同意，维修费用由相关业主按照各自拥有物业建筑面积的比例分摊，在维修资金账户中列支。维修资金未分账到户的，在小区维修资金总账中列支。

小区建筑面积____平方米，目前小区共有住户____户，共交存维修资金_____元（大写_____），现结余_____元（大写_____）。

投诉电话：

小区物管处：_____ 业主委员会：_____

社区居委会：_____ 城管局物管科：_____

注：本文件自____年__月__日至____年__月__日公示7天。

附件一：维修和更新、改造方案

附件二：____户同意签名业主联系单

附件三：维修项目预算

公示单位（盖章）：_____ 见证单位（盖章）：_____

____年__月__日

【实战范本29】▶▶

维修和更新、改造方案

一、项目概况

_____项目由_____开发建设，坐落于_____，结构为_____，共有____栋____户，____平方米，____年__月竣工，已超过房屋保修期。

二、申请使用专项维修资金的原因

据业主反映和现场勘查，项目_____（楼栋号）存在_____的情况，严重影响业主正常生活，需要申请使用专项维修资金进行修缮。

三、维修和更新、改造内容及施工工艺

_____
_____
_____

四、维修和更新、改造费用

经查询，本次申请使用专项维修资金的_____（楼栋号）共有专项维修资金余额_____元。

工程预算费用为____元，涉及____户____平方米，每平方米分摊费用为____元，按照受益业主所拥有的商品住宅建筑面积的比例分摊到户。该方案经专有部分占相关建筑物面积2/3以上且占相关人数2/3以上的业主书面同意后，维修和更新、改造工程费用从相关业主个人账户中核减。

五、维修和更新、改造组织方式

本次维修和更新、改造工程以_____招标方式确定施工企业。拟聘请有工程监理企业资质证书的_____为监理单位，对工程进行全程监理。经业主大会决定_____（委托、不委托）专业中介机构对工程造价进行审核。

工程竣工后，由物业服务企业组织业主、业主委员会或者居民委员会、施工企业、监理单位对工程进行验收，并共同签署维修和更新、改造工程验收报告。

拟于____年__月__日起，以_____方式对维修和更新、改造方案进行业主书面确认。

六、决算费用约定

决算费用未超过工程预算金额的__%时，视为业主同意，最终按照决算费用进行分摊，并从相关业主个人账户中核减。

物业服务企业	业委会
负责人（签章）：_____	负责人（签章）：_____
____年__月__日	____年__月__日

【实战范本30】▶▶▶

××住宅专项维修资金使用联系单

报修单位：_____

联系人：_____，联系电话：_____，小区业主总人数：_____

维修预算费用：_____元（大写），该项目已过保修期，需要动用住宅专项维修资金。

同意动用住宅专项维修资金进行维修的业主签字：

楼号、房号	业主签字	联系电话

经办单位（盖章）：_____ ____年__月__日

说明：

1. 使用住宅专项维修资金必须由相关部门或相关人员提交使用申请和预算报告。

2. 使用住宅专项维修资金必须经住宅专项维修资金列支范围内专有部分占建筑物面积 2/3 以上的业主且占总人数 2/3 以上的业主签字同意。

3. 该维修项目的业主意见、所需费用等情况经属地社区居委会见证盖章，在小区主要出入口公示 7 天。

4. 经办单位承诺所提供的签字信息真实有效，如有虚假，由经办单位承担法律责任。

【实战范本 31】▶▶▶

维修资金使用征求意见证明

为了保障住宅的正常使用和共用设施设备的安全运转，根据实际情况，_____ ____拟于____年__月对已超过保修期的_____（共用部位、共用设施设备）进行维修和更新、改造，涉及____户业主，建筑面积____平方米，工程预算_____元。

维修和更新、改造方案已于____年__月__日，经业主书面确认，____户业主同意使用专项维修资金，占应确认业主户数的____%；同意的业主拥有房屋建筑面积____平方米，占应确认建筑面积的____%。根据《物业管理条例》规定，已有超过专有部分占相关建筑物面积 2/3 且占相关人数 2/3 以上的业主书面同意使用专项维修资金。

维修和更新、改造方案书面确认明细表等申请资料真实，如有虚假，愿承担相应责任。

特此证明

附：维修和更新、改造方案书面确认明细表原件

物业服务企业　　　　　　　　　业委会
负责人（签章）：_____　　负责人（签章）：_____
____年__月__日　　　　　　　　____年__月__日

【实战范本32】▶▶▶

维修和更新、改造方案公示证明

坐落于_____的_____项目已超过保修期,现对_____(共用部位、共用设施设备)实施维修和更新、改造,其维修和更新、改造方案、业主大会或者相关业主书面确认证明已于___年__月__日起,采取_____方式进行公示,公示期___天。

以上情况真实,如有虚假,愿承担相应责任。

特此证明

物业服务企业 　　　　　　　　　　业委会
负责人(签章):_____　　　　　负责人(签章):_____
___年__月__日　　　　　　　　 ___年__月__日

【实战范本33】▶▶▶

工程招投标证明

为了保障住宅的正常使用和共用设施设备的安全运转,根据《××市贯彻〈住宅专项维修资金管理办法〉的意见》的有关规定,_____于___年__月以___招标方式对已超过保修期的_____(维修和更新、改造工程)进行招标,确定施工企业。

该项目投标单位有_____、_____、_____,投标的标价分别为_____、_____、_____、_____。对投标单位的企业资信、工程质量、投标标价、施工工期等情况进行评议,最终确定中标单位为_____,其中标的标价为_____。

以上情况真实,如有虚假,愿承担相应责任。

特此证明

物业服务企业 　　　　　　　　　　业委会
负责人(签章):_____　　　　　负责人(签章):_____
___年__月__日　　　　　　　　 ___年__月__日

【实战范本34】

住宅专项维修资金使用审批表

申请单位		联系人及电话	
开发建设单位		本次使用维修资金合计金额	
维修资金使用计划内容	1._____,_____元 2._____,_____元 3._____,_____元 4._____,_____元 5._____,_____元 （不够请另附页） 以上使用金额为决算数，计：____万____千____佰____拾____元____角____分（_____元），另外，审计费：_____元 负责人：_____联系电话：_____单位（章）：____年__月__日		
审计部门意见	该物业维修项目审计决算数为： ____万____千____佰____拾____元____角____分（_____元） 经办人：_____负责人：_____单位（章）：____年__月__日		
业主委员会审批意见	本次维修资金使用计划为业主大会作出的决定，已经列支范围内专有部分占建筑物总面积2/3以上的业主且占总人数2/3以上的业主同意，材料见附件 本业主委员会已对项目预算、决算数额进行审核，同意在_____专项维修资金中支付_____元（含审计费），具体列支分摊明细见附件 经办人：_____主任：_____单位（章）：____年__月__日		
街道社区居委会意见	建议：同意□ 不同意□ 相关业主、业主委员会意见，使用专项维修资金，且费用请在_____中支出 经办人：_____负责人：_____单位（章）：____年__月__日		
物业行业管理科意见	该物业项目住宅专项维修资金首期交存金额_____元，现余额为_____元，余额占首期交存额____%，可以□ 不可以□继续使用 本次共使用维修资金_____元（含审计费_____元） 经办人：_____负责人：_____年__月__日		
市管理局分管负责人意见	签字：_____ ____年__月__日		
市管理局负责人意见	签字：_____（章） ____年__月__日		
备注	维修项目施工完成后，根据业主委员会审核（审计报告）的决算金额拨付		

本表格一式五份：××市城管局、××市物业行业管理科、小区业主委员会、申请使用单位、街道社区各一份。

【实战范本35】▶▶▶

物业区域维修和更新、改造工程竣工验收报告

组织单位（章）：　　　　　　　　　　　　　日　期：

工程名称		工程地点		
开工日期		竣工日期		
工程造价		验收日期		
参加验收单位及意见			验收组成员名单	
			姓名	职务
施工单位竣工报告： 公章： ____年__月__日				
监理单位评估报告： 公章： ____年__月__日				
社区居委会意见： 公章： ____年__月__日				
物业服务企业意见： 公章： ____年__月__日				
业主委员会意见： 公章： ____年__月__日				
主要施工项目：				
综合验收结论：（是否符合房屋修缮的质量标准和技术要求，能否同意使用）				
备注：1.本次按90%付款，余款作为质量保证金，一年后经业委会、物业服务企业、居委会以及业主代表验收无质量问题后结清。 　　　2.按照有关规定，未通过竣工验收的，不得违法签字确认。				

【实战范本36】

<h3 style="text-align:center">维修和更新、改造工程保修期满验收报告</h3>

组织单位（盖章）： 　　　　　　　　日期：

工程名称			
工程地点		工程造价	
竣工日期		验收日期	
主要施工项目			
保修期满工程验收时间			

参加验收单位及意见	验收组成员	
	姓名	职务
物业服务企业意见： 公章： ____年__月__日		
社区居委会意见： 公章： ____年__月__日		
业主委员会意见： 公章： ____年__月__日		
业主代表意见： ____年__月__日		
综合验收结论（是否符合房屋修缮的质量标准和技术要求，能否同意使用）：		

备注：按照有关规定，未通过竣工验收的，不得违法签字确认。

【实战范本37】▶▶

动用住宅专项维修资金承诺书

××局：

　　此次申请使用住宅专项维修资金对_____小区_____进行维修，由我单位牵头组织实施。为确保此次维修工程能够按维修资金使用相关规定和要求顺利完成，特向贵局作出如下承诺。

　　1.此次维修工程工期为____个月，于____年__月__日前结束，工程结束后一个月内组织验收并进行审计。

　　2.使用范围和流程符合国家的法律规定，对提供的业主签名等与申请使用维修资金相关的材料的真实性负责，如有虚假和不实，愿承担法律责任。

　　3.按照维修资金使用规定，工程验收结束后，按审计价的90%拨付工程款，10%余款作为质保金暂存城管局，一年后无质量问题全额无息付清。

　　4.做好居民群众的工作，妥善处理和协调与此次申请使用维修资金有关的各种矛盾。

　　5.把好维修工程质量关，督促施工单位规范施工，用好业主的每一分钱，绝不以任何理由套取维修资金。

　　6.严格按照公示的工程建设项目施工，中途不随意变更和调整，不擅自增加工程量。

（盖章）

____年__月__日

十、不同意续聘通知书

　　《民法典》第九百四十七条　【物业服务合同的续订】物业服务期限届满前，业主依法共同决定续聘的，应当与原物业服务人在合同期限届满前续订物业服务合同。

　　物业服务期限届满前，物业服务人不同意续聘的，应当在合同期限届满前九十日书面通知业主或者业主委员会，但是合同对通知期限另有约定的除外。

【实战范本38】

关于物业服务合同到期后不再续聘的函

____物业服务有限公司：

　　贵公司与我业主委员会签订的物业服务合同将于____年__月__日到期，根据小区业主对物业服务的满意度调查结果，经业主委员会表决通过，决定在物业服务合同到期后，不再续聘贵公司为本小区的物业服务企业。

　　现业主委员会根据《中华人民共和国民法典》《物业管理条例》的有关规定，正式提前三个月通知贵公司，请提前做好物业办公用房、公共设施、物业账目、物业资料等的交接准备工作，在小区业主大会选聘新的物业服务企业后进行移交。

　　在新的物业服务企业入驻前，请贵公司在合同期内履行合同约定，对管理工作中的严重违约和不足之处能有所改进；同时请贵公司遵照合同约定、法律条款，交出属于全体业主的停车位、充电桩、广告屏、快递柜等的分成收入。

　　特此函告！

____业主委员会
____年__月__日

【实战范本39】

关于通知物业服务合同到期不再续聘的函

____物业服务有限公司：

　　贵司与我委签订的物业服务合同将于20××年12月31日到期。

　　为了提升小区服务品质，确保小区物业的保值增值，根据贵司在合同期内的物业服务现状和严重违约行为，以及相关物业管理规定，我委现正式提前三个月通知贵司，在本次物业服务合同到期后，将不再续聘贵司为本小区的物业服务企业。

　　请贵司在合同期内履行合同约定，改善管理工作中的不足之处，同时请贵司遵照合同约定，交出属于全体业主的20××年度小区停车费分成。

　　特此函告！

××市××花园业主委员会
20××年××月××日

送达回执：

本公司已经收到业主委员会上述函件。

××市××物业服务有限公司

收件人签名：

【实战范本40】➤➤➤

终止前期物业服务合同的函

××市××物业管理有限责任公司：

××市××区××花园小区业主委员会已于20××年11月正式成立，根据××花园业主意见、贵公司与××的前期物业合同约定及业主委员会____年__月__日全体会议决议，××花园业主大会于20××年××月××日开始，结束与贵公司的前期物业服务关系，自动终止原××与贵公司签订的前期物业服务合同。20××年××月××日至20××年××月××日，贵公司应按××市物业管理相关规定，继续保障小区正常秩序，妥善维护小区物业设施；期间的物业服务费用将根据有关法律、法规及业主大会决议进行支付；如贵公司因管理失职使业主生活受到影响、物业设施损坏或物业服务中断，应按规定进行赔偿。

××花园业主委员会诚恳要求贵公司在20××年××月××日前派负责人与本业主委员会协商有关事宜，以期顺利交接。

××市××花园小区业主委员会感谢贵公司在××花园小区提供的前期物业服务！

顺祝商祺！

本函将在××花园内公示3日，同时抄送××市××街道办事处、居民委员会。

××市××花园小区业主委员会

20××年××月××日

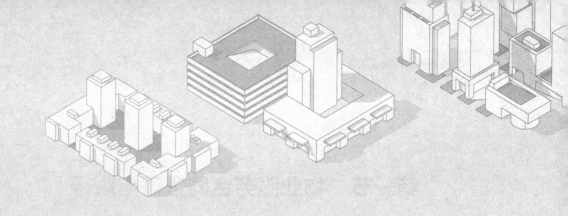

第五章 常见物业服务法律问题答疑

Chapter five

第一节　物业服务合同签订与履行

一、小区必须委托物业服务企业进行管理吗

很多业主在与物业服务企业产生纠纷后而又没有权利解除物业服务合同，经常愤懑地感慨"花钱给自己请了个大爷""请神容易送神难"。城镇住宅小区一定要委托物业服务企业进行管理吗？《民法典》第二百八十四条规定："业主可以自行管理建筑物及其附属设施，也可以委托物业服务企业或者其他管理人管理。对建设单位聘请的物业服务企业或者其他管理人，业主有权依法更换。"也就是说，业主有权选聘或者解聘物业服务企业；也可以不聘请物业服务企业，而是由其他管理人或者业主自己进行管理。

实践中，国家机关、国有企事业单位、大型企业的居民小区，一般由单位后勤部门或者物业办负责管理。当下很多地方的商品房小区也出现了业主自管物业的现象，而且管理效果还非常好，业主自管模式以后很可能会成为主流。

二、前期物业服务合同对业主有效吗

《民法典》第九百三十九条规定，建设单位依法与物业服务人订立的前期物业服务合同，以及业主委员会与业主大会依法选聘的物业服务人订立的物业服务合同，对业主具有法律约束力。

物业服务合同可分为前期物业服务合同与正式物业服务合同，两者的区别在于，前者系建设单位在业主大会、业主委员会设立前为维护物业的管理而与物业服务人签订的合同，后者则是业主大会、业主委员会设立后，与自行选聘的物业服务人签订的合同。

一般情况下，绝大多数业主对正式物业服务合同的签署与履行不会存在太多的争议和抵抗。但是，有不少业主认为，前期物业合同的订立主体为建设单位（即开发商）与物业服务人（即物业服务企业），业主并不是订立主体，因此前期物业服务合同对其并没有约束力。

事实并非如此，在《民法典》颁布实施前，《最高人民法院关于审理物业服务纠纷案件具体应用法律若干问题的解释》第一条就明确了："建设单位依法与物业服务企业签订的前期物业服务合同，以及业主委员会与业主大会依法选聘的物业服务企业签订的物业服务合同，对业主具有约束力。业主以其并非合同当事人为由提出抗辩的，人民法院不予支持。"

虽然业主并非前期物业服务合同的主体，但是前期物业服务企业在房屋或者小区

交付后提供了相应的物业服务，业主是最直接的受益主体。《民法典》吸纳了最高院司法解释的规定，明确了前期物业服务合同对于非合同主体的业主的效力问题。

三、开发商前期选定的物业服务企业，个人业主能够拒绝吗

实践中，业主收房时一般都要与开发商选定的物业服务企业签订管理规约，物业服务企业是开发商自己选定的，甚至就是开发商自己设立的物业服务企业，而业主必须接受，这种做法合法吗？

《物业管理条例》规定："在业主、业主大会选聘物业服务企业之前，建设单位选聘物业服务企业的，应当签订书面的前期物业服务合同。建设单位与物业买受人签订的买卖合同应当包含前期物业服务合同约定的内容。"同时，《最高人民法院关于审理物业服务纠纷案件具体应用法律若干问题的解释》第一条规定："建设单位依法与物业服务企业签订的前期物业服务合同，以及业主委员会与业主大会依法选聘的物业服务企业签订的物业服务合同，对业主具有约束力。业主以其并非合同当事人为由提出抗辩的，人民法院不予支持。"

由此可知，在业主、业主大会选聘物业服务企业之前，建设单位有权选定前期物业服务企业。业主入住后，该前期物业服务合同对业主有法律约束力。建设单位一般会在商品房买卖合同中对前期物业服务企业、收费标准等进行明示，业主在买房时要进行书面确认，由此也解决了业主不知情的问题。

四、单个业主可以解聘物业服务企业吗

根据《民法典》规定，业主有权选聘或解聘物业服务企业，但这不是业主的个人行为，需要满足一定的条件，并按照法定程序实施，单个的业主没有权利随意解聘物业服务企业。根据《民法典》和《物业管理条例》的相关规定，选聘和解聘物业服务企业，应当由专有部分面积占比三分之二以上的业主且人数占比三分之二以上的业主参与表决。应当经参与表决专有部分面积过半数的业主且参与表决人数过半数的业主同意。

从法理上讲，与物业服务企业建立合同关系是业主的集体行为，解聘合同同样需要业主集体按照法定的条件和程序执行。如果业主个人能够解聘物业服务企业，则物业服务企业可能无法正常开展物业管理工作。

五、小区分期开发，人数未达到成立业主委员会的情况，能否解除前期物业服务合同

《最高人民法院关于审理物业服务合同纠纷案件具体应用法律问题的解释》第一

条规定:"建设单位依法与物业服务企业签订的前期物业服务合同,以及业主委员会与业主大会依法选聘的物业服务企业签订的物业服务合同,对业主具有约束力。业主以其并非合同当事人为由提出抗辩的,人民法院不予支持。"

所以,小区分期开发,在人数未达到成立业主委员会的情况下,不能解除前期物业服务合同。

六、前期物业服务合同作为附条件的合同,条件未成就时,能否解除

在合同没有约定或者约定条件成就时,若发生法定解除事由,可以依法解除合同。

根据《民法典》第九百四十条规定,建设单位依法与物业服务人订立的前期物业服务合同约定的服务期限届满前,业主委员会或者业主与新物业服务人订立的物业服务合同生效的,前期物业服务合同终止。

七、小区业主如何选聘和解聘物业服务企业

根据《民法典》第二百七十八条的规定,下列事项由业主共同决定。
(1)制定和修改业主大会议事规则。
(2)制定和修改管理规约。
(3)选举业主委员会或者更换业主委员会成员。
(4)选聘和解聘物业服务企业或者其他管理人。
(5)使用建筑物及其附属设施的维修资金。
(6)筹集建筑物及其附属设施的维修资金。
(7)改建、重建建筑物及其附属设施。
(8)改变共有部分的用途或者利用共有部分从事经营活动。
(9)有关共有和共同管理权利的其他重大事项。

业主共同决定事项,应当由专有部分面积占比三分之二以上的业主且人数占比三分之二以上的业主参与表决。

决定前款第六项至第八项规定的事项,应当经参与表决专有部分面积四分之三以上的业主且参与表决人数四分之三以上的业主同意。

决定前款其他事项,应当经参与表决专有部分面积过半数的业主且参与表决人数过半数的业主同意。

所以在成立业主委员会后,经专有部分占建筑物总面积过半数且占总人数过半数的业主同意,可以与新的物业服务企业签订物业服务合同。

八、没有业主委员会的情况下如何解除物业服务合同

（一）二分之一以上的业主同意更换物业服务企业

首先，更换物业服务企业必须是大部分业主的意愿。可以做一个统计表格，让每家每户的业主签字，同意的业主户数和面积都超过二分之一才能更换。

（二）与原物业服务企业协商解除合同

二分之一以上的业主同意更换物业服务企业后，可派代表与物业服务企业的负责人协商解决。如果物业服务企业不愿意退出管理，业主就需要执行以下程序：拿着业主签字的"同意书"和物业服务企业违约的证据到街道办去申请更换物业服务企业，并配合街道办办理相关的手续。街道办的工作人员会先和物业服务企业协商，让其主动退出。如果物业服务企业不同意，就需要走法律程序。如果证据充足，法院会支持业主的诉求，解除其与物业服务企业的物业服务合同，并让物业服务企业做好交接工作，限时离场。

（三）招标聘请新物业服务企业

没有业主委员会的小区，可以委托街道办或者其他机构组织招标，聘请新的物业服务企业；也可以直接邀约其他物业服务企业进行管理。

九、业主可以找理由拒绝履行物业服务合同的义务吗

《民法典》第九百四十四条规定："业主应当按照约定向物业服务人支付物业费。物业服务人已经按照约定和有关规定提供服务的，业主不得以未接受或者无须接受相关物业服务为由拒绝支付物业费。"

根据以上规定，业主不得以未参与物业服务合同的签订、不知晓其内容、非物业服务合同当事人为由，拒绝履行物业服务合同的义务。

前期物业服务合同是为维护业主利益和物业区域的正常秩序，由建设单位与依法选聘的物业服务企业或者其他管理人签订的合同。普通物业服务合同是业主委员会按照授权与业主大会选聘的物业服务企业或者其他管理人订立的合同，是业主行使自治权的结果。物业服务合同不同于一般的服务合同，业主虽然不是合同的签订者，但也是物业服务合同项下权利与义务的实际享有者和承担者。建设单位依法与物业服务企业签订的前期物业服务合同，以及业主委员会与业主大会依法选聘的物业服务企业签订的物业服务合同，对业主具有约束力。业主以其并非合同当事人为由提出抗辩的，人民法院不予支持。无论是前期物业服务合同还是普通物业服务合同，除了对合同缔约主体有约束力外，对全体业主也同样具有约束力，全体业主应当按照物业服务合同的约定享受权利、履行义务，不得以非合同当事人为由拒绝履行合同义务。

十、业主对开发商委托的前期物业服务企业不满意，是否有权更换

《民法典》第九百四十六条规定："业主依照法定程序共同决定解聘物业服务人的，可以解除物业服务合同。约定解聘的，应当提前六十日书面通知物业服务人，但是合同对通知期限另有约定的除外。解除合同造成物业服务人损失的，除不可归责于业主的事由外，业主应当赔偿损失。"

本条规定实际上赋予了业主单方解除权。业主能够根据自己的意愿，选择自己需要的物业服务人。但新法也同时规定，业主应当依照法定程序共同决定，即由专有部分面积占比三分之二以上的业主且人数占比三分之二以上的业主参与表决，并经参与表决的专有部分面积过半数的业主且参与表决人数过半数的业主同意。另外，对解除合同的通知期限也作出了规定，应当提前六十日书面通知物业服务企业，但物业服务合同对此期限有约定的按照约定履行。

面对业主对物业服务合同的任意解除权，物业服务企业将面临更大的服务压力。虽然《民法典》规定，业主行使任意解除权的，如对物业服务人造成损失，应当赔偿，但是对物业服务企业的声誉却有很大的影响。对此，物业服务企业必须提高自己的服务质量，全面考虑广大业主的切身利益，为业主提供高性价比的物业服务。同时，为了维护自身利益，在订立物业服务合同时，对解除合同的提前通知期限作出合理约定，使物业服务企业能够尽可能减少损失。

业主任意解除权的规定，使物业服务企业面临着随时"离场"的风险，但从另一个角度考虑，优质的物业服务企业也会迎来随时可以"进场"的机会。因此，物业服务企业应当切实提高自身服务质量，制定科学的服务方案，获得业主的认可和信赖，以增强市场竞争力，获得更好的发展空间和机会。

十一、物业服务可以整体"转包"或分解后"分包"吗

《民法典》第九百四十一条规定，物业服务人将物业服务区域内的部分专项服务事项委托给专业性服务组织或者其他第三人的，应当就该部分专项服务事项向业主负责。物业服务人不得将其应当提供的全部物业服务转委托给第三人，或者将全部物业服务分解后分别转委托给第三人。

《民法典》的实施，再次重申了物业服务人在分包、转包方面的"纪律"：

（1）可以将部分专业化服务（如安保、电梯、绿化）进行分包。

（2）不得将物业服务整体转包给第三方。

（3）不得将物业服务全部分解后分包给第三方。

需要注意的是，上述第（1）点中的"分包"可以由物业服务人自行决定，且无须再经过业主的同意。但若"专业分包商"出问题，物业服务人则需承担作为"总包"的责任，即应就"专业分包商"造成的损失对业主负责。

实务中，存在诸多物业服务人承接物业服务项目后转手将全部项目整体转包给单个第三方机构，或者分解成多个分项分包给多个第三方机构以从中谋取管理费的情形。《民法典》实施后，明令禁止了该等行为。如业主发现该情形，可以起诉该等分包/转包行为无效。若该等行为较严重，业主还能以此要求解聘物业服务人。

十二、物业服务企业将专项服务委托出去是否就不用负责了

物业服务企业将专项服务委托出去仍然需要负责。

《民法典》第九百四十一条规定："物业服务人将物业服务区域内的部分专项服务事项委托给专业性服务组织或者其他第三人的，应当就该部分专项服务事项向业主负责。"

该条款意在规避物业服务人推脱责任，将本应由自己负责的服务事项委托给相关方后，对相关方服务引起的不利后果推脱给相关方，指使业主向相关方主张权利致使业主维权困难。根据本条规定，即使物业服务人将专项服务委托给第三方，第三方的服务质量达不到物业服务合同约定的要求，甚至给业主造成损害的，相应的违约责任或者损害赔偿责任，仍由物业服务人承担，这就要求物业服务人将专项服务委外后，仍应当监督第三方的服务，使第三方的服务质量达到业主要求。

十三、物业服务企业的责任边界在哪里

《民法典》第九百四十二条规定："物业服务人应当按照约定和物业的使用性质，妥善维修、养护、清洁、绿化和经营管理物业服务区域内的业主共有部分，维护物业服务区域内的基本秩序，采取合理措施保护业主的人身、财产安全。

对物业服务区域内违反有关治安、环保、消防等法律、法规的行为，物业服务人应当及时采取合理措施制止、向有关行政主管部门报告并协助处理。"

物业服务人的义务分为三个部分：

（1）维护、修缮及管理业主共有部分的区域，例如绿化、楼道、停车位等。

（2）维护物业服务区域内的基本秩序，例如维护小区外来人员、车辆的进出，配合政府对小区进行封闭化管理等。

（3）保护业主的人身与财产安全。需说明的是，物业服务人作为物业服务机构，仅可在自己能力范围内对业主的人身及财产进行保护。而保护的范围，往往由物业服务人与相对方在物业服务合同中约定。

对此，建议物业服务人根据《民法典》及物业服务合同的约定，对安保人员进行培训，厘清可自行处理与需转交政府部门处理的边界，并制定相关的处理机制，在处理实际问题时做到有据可循。

十四、业主与物业服务企业需要互通小区基本信息吗

《民法典》第九百四十三条规定，物业服务人应当定期将服务的事项、负责人员、质量要求、收费项目、收费标准、履行情况，以及维修资金使用情况、业主共有部分的经营与收益情况等以合理方式向业主公开并向业主大会、业主委员会报告。

第九百四十五条规定，业主装饰装修房屋的，应当事先告知物业服务人，遵守物业服务人提示的合理注意事项，并配合其进行必要的现场检查。业主转让、出租物业专有部分、设立居住权或者依法改变共有部分用途的，应当及时将相关情况告知物业服务人。

根据以上法律条文的规定，业主与物业服务企业需要互通小区基本信息。

十五、业主需提前告知物业服务企业哪些事项

根据《民法典》第九百四十五条的规定，以下事项应当及时告知物业服务人。

（1）业主装饰装修房屋的，应事先告知物业服务人，遵守物业服务人提示的合理注意事项，并配合其进行必要的现场检查。

（2）业主转让、出租物业专有部分、设立居住权或者依法改变共有部分用途的，应当及时将相关情况告知物业服务人。

也就是说，业主卖房、租房都要事先告知物业服务企业，这其实方便了物业服务企业掌控社区、楼宇的详细情况，有利于其更好地开展日常的服务工作。

物业服务企业应全面掌控物业服务区域的情况，并及时作出调整与反应，时刻保持高效、舒适、安全以及人性化的服务，以获得业主的信赖。除业主需告知的部分外，物业服务企业还应考虑采取更科学的手段，主动掌握更多情况，如区域内人员分布、人流变动、员工工作轨迹、设施设备运行情况等信息，以便及时对服务方案作出调整，不断优化服务品质。

十六、物业服务企业的单方服务承诺是否有效

《民法典》第九百三十八条第二款规定，物业服务人公开作出的有利于业主的服务承诺，为物业服务合同的组成部分。物业服务合同应当采用书面形式。

需要注意的是，服务承诺作为合同的组成部分，需满足以下几点：

（1）以公开方式作出。物业服务人对业主的服务承诺应当公开作出，例如在小区的公告栏、各楼道中张贴服务承诺。

（2）需对业主有利。物业服务人作出的服务承诺应当有利于业主，即仅可根据承诺增加物业服务人自身的服务内容，不得单方面增加业主的义务。

（3）不得违反法律、行政法规的规定。物业服务人作出的承诺应当符合法律及行政法规的规定。比如，有的物业服务人发起公告，称对业主的高空抛物、违章搭建、乱停车等行为进行罚款，罚款所得计入业主公共收益。这一行为看似规范了物业管理行为，维护了全体业主的共同利益。但是，物业服务企业不具备行政处罚的执法权，不得私自设立罚款科目，因此该处罚规定无效。

由于《民法典》未对"公开"的定义和"承诺"的形式作出详细解释，谨慎起见，建议物业服务人在与业主进行沟通时，对于力所不能及或者超出权限范围内的事项不要轻易许诺，否则可能会承担违约后果。同时，建议物业服务人对需要约束业主的内容在物业服务合同中进行明确，若需要补充，应采取补充协议的形式，不可简单套用原物业服务解释条文，单方面在细则中进行约定。

十七、原物业服务企业是否有交接的义务

《物业管理条例》第三十九条规定："物业服务合同终止时，物业服务企业应当将物业管理用房和本条例第二十九条第一款规定的资料交还给业主委员会。物业服务合同终止时，业主大会选聘了新的物业服务企业的，物业服务企业之间应当做好交接工作。"

《民法典》第九百三十八条规定："物业服务合同的内容一般包括服务事项、服务质量、服务费用的标准和收取办法、维修资金的使用、服务用房的管理和使用、服务期限、服务交接等条款。物业服务人公开作出的有利于业主的服务承诺，为物业服务合同的组成部分。物业服务合同应当采用书面形式。"本条吸纳了《物业管理条例》中关于物业服务合同内容的条款，并且新增了"服务交接"的内容。

现实中，存在大量新旧物业服务企业交接的纠纷。前一家物业服务公司因为服务质量问题被业主更换后，不愿与新上任的物业服务企业进行交接。而《民法典》则直接将交接义务定为物业服务合同的组成部分，为解决实务中的"交接难"问题提供了法律保障。

因此，新旧物业服务企业正确的交接流程如图5-1所示。

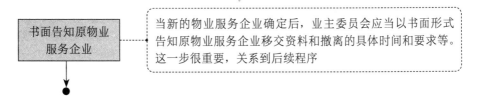

图 5-1

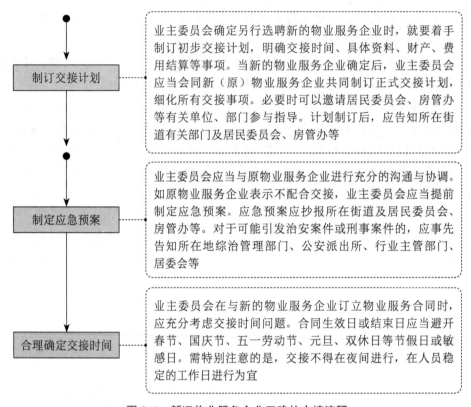

图 5-1 新旧物业服务企业正确的交接流程

十八、原物业服务企业拒不撤离、移交怎么办

原物业服务企业拒不撤离、移交的处理方式如表 5-1 所示。

表 5-1 原物业服务企业拒不撤离、移交的处理方式

序号	处理方式	说明
1	双方协商	由物业服务企业、业主委员会等相关方，通过互谅互让、友好协商的方式加以解决
2	第三方调解	由居民委员会调解组织、街镇设立的人民调解组织、专业调解组织进行调解，或者由房管办或区县房管部门进行协调。应形成调解协议或协调会议纪要，交接双方应订立移交协议
3	约谈	由社区管理、治安管理、公安、行业主管、行业协会等部门联合约谈拒不撤离的物业服务企业，重点告知原物业服务企业所面临的法律责任风险。需要特别注意的是，交接的最大阻力可能是新旧物业服务企业聘请的保安公司。保安公司的主管部门如果事先约谈双方保安公司负责人，一般情况下，双方配合交接的可能性就会大大增加

续表

序号	处理方式	说明
4	行政处罚	《物业管理条例》第五十九条规定，违反本条例的规定，不移交有关资料的，由县级以上地方人民政府房地产行政主管部门责令限期改正；逾期仍不移交有关资料的，对建设单位、物业服务企业予以通报，处一万元以上十万元以下的罚款。当被处罚的物业服务企业不履行处罚决定时，可以申请人民法院强制执行。物业服务企业一旦被处罚，将对其承接物业项目造成非常不利的后果
5	民事诉讼	《最高人民法院关于审理物业服务纠纷案件具体应用法律若干问题的解释》规定，物业服务合同的权利、义务终止后，业主委员会请求物业服务企业退出物业服务区域、移交物业服务用房和相关设施，以及物业服务所必需的相关资料和由其代管的专项维修资金的，人民法院应予支持。物业服务企业拒绝退出、移交，并以存在事实上的物业服务关系为由，请求业主支付物业服务合同权利、义务终止后的物业费的，人民法院不予支持

十九、物业服务企业应保证业主的人身、财产安全吗

《民法典》第九百四十二条规定，物业服务人应当按照约定和物业的使用性质，妥善维修、养护、清洁、绿化和经营管理物业服务区域内的业主共有部分，维护物业服务区域内的基本秩序，采取合理措施保护业主的人身、财产安全。

该条款是对此前物业服务人一般安全保障义务的重申和突破，这无疑加重了物业服务人的安全保障义务。物业服务企业在日常服务中应当采取合理且有效的措施保护业主的人身、财产安全，看到业主遭受攻击时应主动上前制止，并视情况选择是否报警，尽最大努力保护业主的人身、财产安全。

二十、物业服务企业有信息公开和报告的义务吗

《民法典》第九百四十三条规定："物业服务人应当定期将服务的事项、负责人员、质量要求、收费项目、收费标准、履行情况，以及维修资金使用情况、业主共有部分的经营与收益情况等以合理方式向业主公开并向业主大会、业主委员会报告。

建筑物及其附属设施的维修资金，属于业主共有。经业主共同决定，可以用于电梯、水箱等共有部分的维修。维修资金的筹集、使用情况应当公布。"

一些地方性的物业管理规定中，对物业服务人的公示义务作出了补充，明确了物业服务收费项目和标准应当公示，细化了经营所得与各项资金收支情况的公示要求。

所以，物业服务企业应制定对外公示的规章制度，督促物业服务人员按照规章制

度要求履行公示义务，并向业主大会和业主委员会报告。在履行公示及报告义务的过程中，应注意留痕，妥善保存相应凭证。

二十一、如何应对业主的解聘、续聘、合同终止后的权利与义务

《民法典》第九百四十六条至第九百五十条对物业服务企业的解聘、续聘流程，合同终止后的权利、义务作出了规定。

第九百四十六条规定，业主依照法定程序共同决定解聘物业服务人的，可以解除物业服务合同。决定解聘的，应当提前六十日书面通知物业服务人，但是合同对通知期限另有约定的除外。

依据本条规定解除合同造成物业服务人损失的，除不可归责于业主的事由外，业主应当赔偿损失。

第九百四十七条规定，物业服务期限届满前，业主依法共同决定续聘的，应当与原物业服务人在合同期限届满前续订物业服务合同。

物业服务期限届满前，物业服务人不同意续聘的，应当在合同期限届满前九十日书面通知业主或者业主委员会，但是合同对通知期限另有约定的除外。

第九百四十八条规定，物业服务期限届满后，业主没有依法作出续聘或者另聘物业服务人的决定，物业服务人继续提供物业服务的，原物业服务合同继续有效，但是服务期限为不定期。

当事人可以随时解除不定期物业服务合同，但是应当提前六十日书面通知对方。

第九百四十九条规定，物业服务合同终止的，原物业服务人应当在约定期限或者合理期限内退出物业服务区域，将物业服务用房、相关设施、物业服务所必需的相关资料等交还给业主委员会、决定自行管理的业主或者其指定的人，配合新物业服务人做好交接工作，并如实告知物业的使用和管理状况。

原物业服务人违反前款规定的，不得请求业主支付物业服务合同终止后的物业费；造成业主损失的，应当赔偿损失。

第九百五十条规定，物业服务合同终止后，在业主或者业主大会选聘的新物业服务人或者决定自行管理的业主接管之前，原物业服务人应当继续处理物业服务事项，并可以请求业主支付该期间的物业费。

以上条款更侧重对业主权益的保护，明确了业主对物业服务合同的解除权利，以及在新旧物业服务企业过渡阶段的物业费结算方式。

对物业服务企业而言，应如此应对：

（1）物业服务企业应当全面完善物业服务合同条款，以保障自身利益，如延长业主解聘或不同意续聘的通知提前日期、清晰界定业主单方面解除合同应当向物业服务企业承担的损失赔偿范围等。

（2）在物业服务合同到期后，及时与业主续签或重新签订物业服务合同，以免物业服务合同转换为不定期合同，从而赋予业主任意解除权。

（3）在新旧物业服务企业过渡阶段，由于缺少合同的保护，物业服务企业应当妥善留存各项证据，以便后续与业主结算物业费。

二十二、物业服务企业对高空抛物行为负有安全保障责任吗

《民法典》侵权责任编中关于高空抛物的条款是物业服务企业需要重点关注的部分。

《民法典》的第一千二百五十四条规定："禁止从建筑物中抛掷物品。从建筑物中抛掷物品或从建筑物上坠落物品造成他人损害的，由侵权人依法承担侵权责任；经调查难以确定具体侵权人的，除能够证明自己不是侵权人的外，由可能加害的建筑物使用人给予补偿。可能加害的建筑物使用人补偿后，有权向侵权人追偿。

物业服务企业等建筑物管理人应当采取必要的安全保障措施防止前款规定情形的发生；未采取必要的安全保障措施的，应当依法承担未履行安全保障义务的侵权责任。

发生本条第一款规定的情形的，有关机关应当依法及时调查，查清责任人。"

该条明确了物业服务企业的安保义务，物业服务企业对高空抛物行为负有安全保障责任。物业服务企业可通过购买公共责任险等商业保险，来规避"高空抛物"带来的运营风险。

《民法典》对采取必要的"安全保障措施"并没有作出相关规定，这是物业服务企业应考虑的地方。一线员工的管理历来是物业服务企业头疼的问题，物业服务企业可以此为契机，革新传统管理方式，加强对一线员工的监管，提升员工工作效率，为企业可持续发展带来转机。

二十三、绿地被侵占，物业服务企业该不该管

有的小区交房没几年，就已出现个别业主毁坏公共绿地的现象，那么，物业服务企业到底有没有管理义务呢？

《民法典》第二百七十四条规定："建筑区划内的绿地，属于业主共有"；同时，《民法典》第九百四十二条规定："物业服务人应当按照约定和物业的使用性质，妥善维修、养护、清洁、绿化和经营管理物业服务区域内的业主共有部分，维护物业服务区域内的基本秩序，采取合理措施保护业主的人身、财产安全"。

因此，物业服务企业负有对小区公共绿地的管理义务。如果小区的绿地被侵占，物业服务企业应该要求破坏者整改并恢复原样。对于不予恢复的，物业服务企业可以报请有关执法部门介入解决。

二十四、私搭乱建该由谁管

除了毁坏绿地，部分业主还存在私搭乱建的现象，那这又该归谁管？

《民法典》第九百四十二条明确了物业服务企业有维护业主共有部分秩序的义务。因此，小区内如果出现了私搭乱建，首先可以通过业主大会、业主委员会进行维权；如果在业主共有部分进行私搭乱建，同样可以请求物业服务企业进行处理；如果私搭乱建者拒不履行相关义务，物业服务企业还可以向有关行政部门投诉或报告，请求有关部门介入处理。

此外，《物业管理条例》中明确，城市管理执法部门负责查处违法建筑、毁坏绿地等行为。侵占、损坏共用部位、共用设施设备的，由县级以上人民政府物业管理行政主管部门或者其他依法行使监督管理权的部门，责令限期改正，恢复原状，并对个人处一千元以上一万元以下罚款，对单位处五万元以上二十万元以下罚款。

二十五、出现消防问题该由谁管

有的小区地下车库消防通道被人侵占或改装成储藏间，极大增加了安全隐患，这种情况，到底该归谁管？

《民法典》第九百四十二条规定：" 对物业服务区域内违反有关治安、环保、消防等法律法规的行为，物业服务人应当及时采取合理措施制止、向有关行政主管部门报告并协助处理。"

因此，物业服务企业有义务防止服务区域内出现违反消防法律、法规的行为。一方面物业服务企业应及时采取合理措施制止违反消防法规的行为，另一方面物业服务企业有向消防救援机构报告并协助其处理违法行为的义务。

如果小区内出现消防隐患，例如某业主将其电动车停放在楼道充电，物业服务企业有权进行管理。

二十六、噪声污染归谁管

邻居装修、跳广场舞、在家里K歌……这些噪声经常影响业主的生活，物业该不该管？

《民法典》第二百八十六条规定："业主应当遵守法律、法规以及管理规约，相关行为应当符合节约资源、保护生态环境的要求。对于物业服务企业或者其他管理人执行政府依法实施的应急处置措施和其他管理措施，业主应当依法予以配合。

业主大会或业主委员会，对任意弃置垃圾、排放污染物或噪声等损害他人合法权益的行为，有权依照法律、法规以及管理规约，请求行为人停止侵害、排除妨碍、消除危险、恢复原状、赔偿损失。

业主或其他行为人拒不履行相关义务的，有关当事人可向有关行政主管部门报告或者投诉，有关行政主管部门应当依法处理。"

因此，物业服务企业同样具有维护小区秩序的义务。小区中出现声、光污染时，权益被损害者可以请求业主大会、业主委员会进行管制，也可以请求小区物业服务企业进行管理，如果侵害者拒不停止侵害，权益被损害者同样可以向有关行政主管部门报告或者投诉，由有关行政主管部门介入处理。

第二节 业主大会和业主委员会

一、业主委员会如何产生

一般情况下，业主委员会有两种产生方式：

（1）由业主或业主大会会议选举产生，依照《民法典》《物业管理条例》以及各地的相关办法执行。

（2）对于较大小区，业主先按照楼栋选举各自楼委会，然后由每个楼委会推选代表，集中形成业委会；这种方式形成的业委会，主要负责楼间共有部分的管理；而楼委会，负责楼内共有部分的管理。

二、业主大会和业主委员会设立的程序是什么

成立业主大会和业主委员会，实现业主自治，需要依照法定程序进行，包括审查、申请、筹备、召开首次业主大会、备案等步骤。

（一）审查

在审查阶段，主要关注是否需要成立业主大会、是否达到业主大会成立的条件。

1.是否需要成立业主大会

首先看物业管理区域的划分。一个物业管理区域只能成立一个业主大会。物业管理区域的划分，应当以建设用地规划许可证确定的红线范围为基础，并考虑建筑物规模、共用设施设备、社区建设等因素。分期开发建设，或者两个以上建设单位开发建设的，配套设施设备是共用的，应当划定为一个物业管理区域；能够分割并独立使用的，可划定为不同的物业管理区域。

一般来说，建设单位办理商品房预售许可证或现售备案前，应向物业主管部门申请划分物业管理区域。总体来说，物业管理区域的划分，属于行政管理的范畴，以行政主管部门的划分为准。

其次，对于业主较少的区域，经全体业主同意，可决定不成立业主大会，由业主共同履行业主大会和业主委员会职责。

2.是否达到业主大会成立的条件

符合下列条件之一的，应当召开首次业主大会会议。

（1）业主已入住面积的比例达到50%以上。

（2）业主已入住户数的比例达到50%以上。

（3）自首位业主入住之日起满两年且已入住户数的比例达到25%以上。

（二）申请

申请阶段，主要分为两种情况，即建设单位或前期物业管理单位申请和业主申请。

1.建设单位或前期物业管理单位申请

物业管理区域内，已交付的专有部分面积超过建筑总面积的50%时，建设单位应按照要求，及时报送下列筹备首次业主大会会议所需的文件资料。

（1）物业管理区域证明。

（2）房屋及建筑物面积清册。

（3）业主名册。

（4）建筑规划总平面图。

（5）交付使用共用设施设备的证明。

（6）物业服务用房配置证明。

（7）其他有关的文件资料。

物业管理区域达到业主大会成立条件90日内，建设单位或前期物业管理单位应当向区县房管部门提交成立业主大会的书面申请。

2.业主申请

建设单位或前期物业管理单位逾期未申请的，经物业区域内20%以上业主提议，可向区县房管部门提交成立业主大会的书面要求。

（三）筹备

筹备阶段，主要包括成立筹备组和完成筹备工作。

1.成立筹备组

区县房管部门应当在收到建设单位、前期物业管理单位的书面申请，或业主的书面请求后，30日内，与街道办事处（乡镇政府）共同组织、指导成立首次业主大会筹备组。

筹备组一般由5～15名成员组成，其中，居委会委员1名，并担任筹备组组长；其余成员为物业管理区域的业主代表，由街道办事处、居委会推荐产生。

筹备组产生后，应当以书面形式将成员名单在物业管理区域公示。

2.完成筹备工作

区县房管部门、街道办事处应当指导筹备组开展业主大会的筹备工作，全体业主、建设单位、物业服务企业应当积极配合。

筹备组应当在30日内（特殊情况可延长30日）完成以下工作。

（1）确定首次业主大会会议的召开形式；业主代表参加业主大会的，确定业主代表产生的方式、人数。

（2）确定首次业主大会会议的召开时间、地点和内容。

（3）参照示范文本，拟制业主大会议事规则（草案）和管理规约（草案）。

（4）确认业主身份及业主在首次业主大会会议上的投票权数，并列表逐一登记业主姓名、性别、住址、通信方式及拥有的投票权数等基本内容。

（5）确定业主委员会委员候选人人数和产生办法，组织业主推荐产生业主委员会委员候选人；推选首届业主委员会委员候选人，由筹备组向业主发放推荐表，根据得票多少，并结合物业管理区域规模及委员的代表性、广泛性等因素，确定候选人名单。

筹备组应当审查候选人的资格，候选人名单产生后，筹备组予以公告。

候选人应当符合以下条件：居住在本物业管理区域内；具有完全民事行为能力；遵守国家有关法律、法规；遵守业主大会议事规则、业主公约，规范履行业主义务；热心公益事业、责任心强、公正廉洁、具有社会公信力；具有一定的组织能力；具备必要的工作时间；未在本物业管理区域的物业服务企业及其下属企业内任职。

上述五项工作，应在业主大会会议召开15日前完成，并书面公告。

（6）采取书面征求意见召开首次业主大会会议的，筹备组要在业主中推选表决票、选票的发放人、计票人和监票人等，计票人和监票人应由非业主委员会委员候选人担任。筹备组应在投票日期的7日前，采取直接送达或邮寄送达的方式将表决票、业主委员会选票送达业主，并保存送达凭证。表决票和选票需要注明投票时间、地点等内容。

采取集体讨论形式的，筹备组要向业主发放参加首次业主大会的证件。

（四）召开首次业主大会

首次业主大会会议的内容为：表决通过业主公约、业主大会议事规则；选举产生业主委员会委员；表决其他需要首次业主大会会议表决的事项。

投票结束后，采取公开验票方式，由筹备组负责开箱验票；由唱票、计票人员在监票人监督下，核对、计算票数，当场公布结果；由筹备组、唱票人、计票人和监票人进行记录。

同意业主公约、业主大会议事规则的业主投票权数未达到总票数的2/3的，筹备组应当在征求业主意见并修改后，重新组织业主表决投票。

业主委员会由5～13人组成，且为单数，具体人数由筹备组根据实际情况决定。业主委员会的选举应当有物业区域内持有1/2以上投票权的业主参加；业主委员会的当选，应当经与会业主所持投票权1/2以上通过。

（五）备案

业主委员会应当自选举产生之日起30日内将成立情况向区县房管部门备案，具体提交以下材料。

（1）业主大会会议记录和会议决定。

（2）业主委员会成立备案申请表。

（3）业主公约。

（4）业主大会议事规则。

（5）选举和表决结果统计表。

（6）业主委员会委员名单及基本情况、委员分工等。

区县房管部门应当在收到上述材料后10日内，为业主委员会发放备案证明，出具刻制印章证明，并将有关情况通报街道办事处、公安派出所、建设单位、物业服务企业。

（六）召开首次业主委员会会议

筹备组在业主委员会选举产生后组织召开首次业主委员会会议，由业主委员会推选产生业主委员会主任1人、副主任1～2人。会议结束后筹备组自行解散。

三、业主委员会是如何成立的

《民法典》第二百七十七条规定："业主可以设立业主大会，选举业主委员会。业主大会、业主委员会成立的具体条件和程序，依照法律、法规的规定。

地方人民政府有关部门、居民委员会应当对设立业主大会和选举业主委员会给予指导和协助。"

（1）需要与小区物业服务企业进行协商，先成立一个业主委员会筹备小组。

（2）向当地的街道办事处提出书面申请，街道办事处收到后会作出批复意见，筹备小组成立后要将全体业主的信息上报街道办事处。

（3）筹备小组开始拟制管理规约，并选举出业主委员会委员，然后向房地产行政主管部门办理登记手续，经过批复，业主委员会成立。

（4）召开业主大会会议，并于会议召开15日以前通知全体业主。业主大会会议可以采用集体讨论的形式,也可以采用书面征求意见的形式,但应当有物业管理区域内持有 1/2 以上投票权的业主参加。

四、谁有权解散业主委员会

业主大会或业主才有权解散小区业主委员会,除此之外,其他人无权解散。就算是物业所在的街道办事处,对此也只有撤销决定的权利,而无解散的权利。因为业委会是由小区的业主选出来的。

五、业主委员会应当向业主公布哪些情况和资料

《业主大会和业主委员会指导规则》(以下简称《指导规则》)(建房〔2009〕274号)第三十六条规定,业主委员会应当向业主公布下列情况和资料。
(1) 管理规约、业主大会议事规则。
(2) 业主大会和业主委员会的决定。
(3) 物业服务合同。
(4) 专项维修资金的筹集、使用情况。
(5) 物业共有部分的使用和收益情况。
(6) 占用业主共有的道路或者其他场地用于停放汽车车位的处分情况。
(7) 业主大会和业主委员会工作经费的收支情况。
(8) 其他应当向业主公开的情况和资料。

《指导规则》第三十七条:业主委员会应当按照业主大会议事规则的规定及业主大会的决定召开会议。经三分之一以上业主委员会委员的提议,应当在七日内召开业主委员会会议。

《指导规则》第三十九条:业主委员会应当于会议召开七日前,在物业管理区域内公告业主委员会会议的内容和议程,听取业主的意见和建议。

业主委员会会议应当制作书面记录并存档,业主委员会会议作出的决定,应当有参会委员的签字确认,并自作出决定之日起三日内在物业管理区域内公告。

六、业主大会、业主委员会决定的效力有哪些

《民法典》第二百八十条规定,业主大会或者业主委员会的决定,对业主具有法律约束力。业主大会或者业主委员会作出的决定侵害业主合法权益的,受侵害的业主可以请求人民法院予以撤销。

某小区召开业主大会会议,表决通过了"小区紧急自行管理方案",自 2016 年

11月起,由业主委员会接管小区的物业,实施自治管理,并聘请B物业服务企业协助业主委员会管理小区。期间,A(房地产开发公司)为该小区某商铺的所有权人,自2016年11月1日至2019年6月30日欠交物业服务费7370元。小区业主委员会与之协商无果,起诉至一审法院。一审法院判决A败诉。A上诉至二审法院,辩称业主委员会无权为小区提供物业管理服务并收取费用,请求撤销原判并改判或发回重审。

关于该小区业主委员会是否实际为A提供了物业管理服务、是否有权主张物业费等问题,《民法典》第二百八十条作出了规定:"业主大会或者业主委员会的决定,对业主具有法律约束力。业主大会或者业主委员会作出的决定侵害业主合法权益的,受侵害的业主可以请求人民法院予以撤销。"

该小区业主委员会是依法成立的,"小区紧急自行管理方案"已经由该小区业主大会会议表决通过,该方案的法律效力已被确认。A作为小区业主,理应接受"小区紧急自行管理方案"的约束。小区业主委员会自2016年11月已接管该小区的物业。从"小区紧急自行管理方案"的内容来看,业主委员会聘请B物业服务企业只是协助管理,而非委托其为小区的物业管理服务公司。故A认为该小区业主委员会没有实际提供物业服务,无权收取物业费的上诉主张理由不充分,法院不予采纳。

按照《民法典》的相关规定,业主可以自行管理建筑物及其附属设施,也可以委托物业服务企业或其他管理人管理。本案中,小区已成立业主大会,并选举产生业主委员会。业主委员会根据业主大会的决定对小区实施物业管理服务的做法并无不妥,业主大会或者业主委员会的决定,对全体业主具有约束力,因此作为小区业主,应当自觉遵守业主大会会议表决通过的"小区紧急自行管理方案",定期交纳物业费。若业主认为业主大会或者业主委员会作出的决定侵害了其合法权益,可以请求人民法院予以撤销。

七、业主委员会具备诉讼主体的条件吗

可以提起诉讼的主体有公民、法人和其他组织。根据《中华人民共和国民事诉讼法》第四十九条、最高人民法院《关于适用〈中华人民共和国民事诉讼法〉若干问题的意见》第四十条的规定,业主委员会符合"其他组织"条件,对房地产开发单位未向业主委员会移交住宅区规划图等资料,未提供配套公用设施、公用设施专项费、公共部位维护费及物业管理用房、商业用房的,可以自己的名义提起诉讼。这就承认了业主委员会在一定条件下具有民事诉讼主体资格。业主私占公共场区、搭建建筑物等侵害其他业主利益的行为,业主委员会可以作为原告起诉。

八、业主委员会有工资吗

根据《中华人民共和国城市居民委员会组织法》的规定，业主委员会享有生活补助费，但没有固定的工资，也没有薪资报酬。业主委员会如果产生了交通费或者通信费，是可以报销的。

业主委员会代表全体业主办理小区的日常事务，必然涉及费用的支出和办公场地的使用问题。根据《业主大会规程》，业主大会和业主委员会开展工作的经费由全体业主承担；经费的筹集、管理、使用具体由业主大会议事规则规定。业主大会和业主委员会工作经费的使用情况应当定期以书面形式在物业管理区域内公告，接受业主的质询。对于办公场地，既可以由开发商无偿提供，也可以计入房价，由业主共同承担。

九、业主委员会提起诉讼是否需要业主大会决议

《民法典》第二百八十六条规定，业主大会或者业主委员会，对任意弃置垃圾、排放污染物或者噪声、违反规定饲养动物、违章搭建、侵占通道、拒付物业费等损害他人合法权益的行为，有权依照法律、法规以及管理规约，请求行为人停止侵害、排除妨碍、消除危险、恢复原状、赔偿损失。因此，对于上述事由的诉讼，业委会无须另行获得业主大会的授权。

对于业主委员会提起诉讼是否需要业主大会决议通过，我们认为：

（1）对于议事规则、管理规约等文件中预先或概括性授权的，业主委员会提起诉讼，无须业主大会另行授权。需要说明的是，该预先或概括性授权中应存在"提起诉讼解决争议"的表述，而不是仅对处理某项事务的授权。

（2）未经预先或概括性授权，有关共有和共同管理权利的重大事项的诉讼，必须经过业主大会决议。

十、业主、业主大会、业主委员会、开发商以及物业服务企业有什么样的关系

根据《物业管理条例》第六条的规定，房屋所有权人为业主。业主大会由物业管理区域内的全体业主组成，是代表和维护物业管理区域内全体业主在物业管理活动中的合法权利、履行相应义务的自治组织。业主委员会是业主大会的常设执行机构，是经业主大会选举产生的履行业主大会职责、执行业主大会决定、接受业主监督的组织。业主、业主大会、业主委员会、开发商以及物业服务企业各方关系具体如图5-2所示。

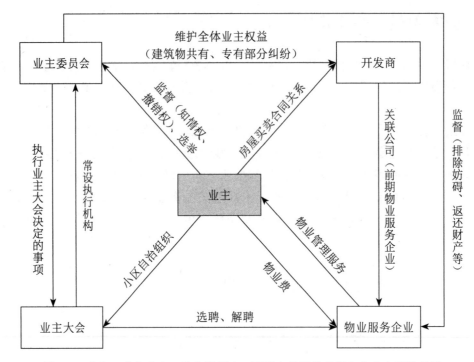

图5-2 业主、业主大会、业主委员会、开发商以及物业服务企业之间的关系

第三节 专项维修资金

一、专项维修资金何时交

专项维修资金，也称专项维修基金，是业主在购房时按照国家规定交纳的一笔资金。《物业管理条例》中有明文规定：住宅物业、住宅小区内的非住宅物业或者与单栋住宅楼结构相连的非住宅物业的业主，应当按照国家的规定交纳专项维修资金。

房屋维修资金的交纳有如下规定。

（1）业主应当在开发商交房前，交纳房屋维修资金。

（2）首期房屋专项维修资金，业主可以直接存入房屋专项维修资金专户，也可以委托房地产开发企业代交。

（3）委托房地产开发企业代交的，房地产开发企业应当自收到房屋维修资金之日起30日内，将代交的房屋专项维修资金存入房屋专项维修资金专户。

（4）专项维修资金的数额，《住宅专项维修资金管理办法》第七条规定，商品住宅的业主、非住宅的业主按照所拥有物业的建筑面积交存住宅专项维修资金，每平方米建筑面积交存首期住宅专项维修资金的数额为当地住宅建筑安装工程每平方米造价的5%至8%。

市、县人民政府建设（房地产）主管部门应当根据本地区情况，合理确定、公布每平方米建筑面积交存首期住宅专项维修资金的数额，并适时调整。

二、专项维修资金有何特点

一般来说，专项维修资金是指财政部门或上级单位拨给某单位用于完成专项维修，并需要单独报账结算的资金。

专项资金有三个特点：

（1）来源于财政或上级单位。

（2）用于特定事项。

（3）需要单独核算。

应建立专项维修资金使用管理责任制，努力提高专项维修资金的使用效率；在资金的使用上，要坚持"专款专用、量入为出"的原则，使专项资金按规定的用途使用并达到预期目的。

三、物业管理费与专项维修资金有何不同

物业管理费是在物业服务企业依据物业服务合同为物业使用人或所有人提供物业管理服务后，物业使用人或所有人所支付的费用，主要包括物业服务人员的薪金，物业共用部位、共用设施设备的日常运行、维护费用，以及物业管理区域清洁卫生、绿化养护、秩序维护费用等，但不包括物业共用部位、共用设施设备的大修、中修及更新、改造费用。

（一）钱财归属不同

在办理房产证之前，购房者就需要一次性交纳专项维修资金。维修资金暂时存放于业主委员会，如果没有业主委员会，则由房管局代为保管。无论放在哪，这笔钱都是属于业主的，业主有权使用。而房屋的物业费是物业服务企业按月收取的，钱属于物业服务企业，业主在享受物业服务的同时，有义务按时交纳物业费。

（二）使用流程不同

业主在使用专项维修资金的时候，需要向业主委员会申请，还需要征求2/3业主的同意，并且审批手续相当复杂。说具体一点，某栋楼的本体维修资金只能用于某栋楼，使用时必须征得业主委员会或者是本栋楼2/3业主的同意。而物业费的使用由物

业服务企业决定，小区公共区域需要修补的，需要在物业管理登记处登记，由物业服务企业人员在规定时间内补修。

（三）使用范围不同

专项维修资金的使用范围一般是屋面防水、电梯大修、外墙大规模维修等。而物业费一般用于清洁卫生、绿化养护、秩序维护、物业共用设施设备的日常运行及维护等，属于日常维修费用。

四、专项维修资金怎么管理

在业主大会成立前与后，法律规定了两种不同的专项维修资金管理主体和模式。在业主大会成立前，维修资金由物业所在地市、县政府建设主管部门代管，主管部门应当委托所在地的某家银行作为本区域内住宅专项维修资金的专户管理银行，并在专户管理银行开立住宅专项维修资金专户。

业主大会成立后，建设主管部门应当在收到业主委员会通知之日起30日内，通知专户管理银行将该物业管理区域内业主交存的住宅专项维修资金账面余额划转至业主大会开立的住宅专项维修资金账户，并将有关账目等移交业主委员会。维修资金划转后的账目管理单位，由业主大会决定。

五、专项维修资金的催收能否适用诉讼时效

交纳物业专项维修资金是为确保建筑物的长期安全使用，业主应承担的一项法定义务，不适用诉讼时效的规定。业主拒不交纳物业专项维修资金，并以诉讼时效提出抗辩的，人民法院不予支持。

《民法典》第二百八十一条规定："建筑物及其附属设施的维修资金，属于业主共有。经业主共同决定，可以用于电梯、屋顶、外墙、无障碍设施等共有部分的维修、更新和改造。建筑物及其附属设施的维修资金的筹集、使用情况应当定期公布。

紧急情况下需要维修建筑物及其附属设施的，业主大会或者业主委员会可以依法申请使用建筑物及其附属设施的维修资金。"

《物业管理条例》第七条规定，业主在物业管理活动中，履行下列义务。

（1）遵守管理规约、业主大会议事规则。

（2）遵守物业管理区域内物业共用部位和共用设施设备的使用、公共秩序和环境卫生的维护等方面的规章制度。

（3）执行业主大会的决定和业主大会授权业主委员会作出的决定。

（4）按照国家有关规定交纳专项维修资金。

（5）按时交纳物业服务费用。

（6）法律、法规规定的其他义务。

《物业管理条例》第五十三条规定："住宅物业、住宅小区内的非住宅物业或者与单栋住宅楼结构相连的非住宅物业的业主，应当按照国家有关规定交纳专项维修资金。

专项维修资金属于业主所有，专项用于物业保修期满后物业共用部位、共用设施设备的维修和更新、改造，不得挪作他用。

专项维修资金收取、使用、管理的办法由国务院建设行政主管部门会同国务院财政部门制定。"

根据以上规定，物业维修资金在性质上属于专项基金，是专门用于物业共用部位、共用设施设备保修期满后维修和更新、改造的资金，属于全体业主共有。由于共有部分的维护关乎全体业主的共同利益，所以维修资金具有公共性、公益性。交纳物业专项维修资金是业主的一项法定义务，其产生与存在仅取决于义务人是否属于区分所有建筑物范围内的物业所有权人，只存在补交问题，不存在因时间经过而可以不交的情况。

六、房屋专项维修资金纠纷适用诉讼时效吗

因房屋专项维修资金产生的纠纷，适用诉讼时效限制，诉讼时效是三年。

《民法典》第一百八十八条规定："向人民法院请求保护民事权利的诉讼时效期间为三年。法律另有规定的，依照其规定。

诉讼时效期间自权利人知道或者应当知道权利受到损害以及义务人之日起计算。法律另有规定的，依照其规定。但是，自权利受到损害之日起超过二十年的，人民法院不予保护，有特殊情况的，人民法院可以根据权利人的申请决定延长。"

《民法典》第二百八十一条规定："建筑物及其附属设施的维修资金，属于业主共有。经业主共同决定，可以用于电梯、屋顶、外墙、无障碍设施等共有部分的维修、更新和改造。建筑物及其附属设施的维修资金的筹集、使用情况应当定期公布。紧急情况下需要维修建筑物及其附属设施的，业主大会或者业主委员会可以依法申请使用建筑物及其附属设施的维修资金。"

因此，向人民法院请求保护民事权利的诉讼时效期间为三年，因专项维修资金问题产生纠纷的，向法院主张权利时，适用诉讼时效限制，当事人要注意时效期限。

七、哪些设施可以使用专项维修资金

住宅专项维修资金是指专项用于住宅共用部位、共用设施设备保修期满后的维修和更新、改造的资金，不得挪作他用。《民法典》第二百八十一条第一款规定，建筑

物及其附属设施的维修资金，属于业主共有。经业主共同决定，可以用于电梯、屋顶、外墙、无障碍设施等共有部分的维修、更新和改造。

（一）物业共用部位

物业共用部位是指根据法律、法规和房屋买卖合同规定，业主共有的部位，一般包括基础、承重墙体、柱、梁、楼板、屋顶以及户外的墙面、门厅、楼梯间、水泵间、电表间、管道井、电梯前庭、锅炉房、发电间、配电间、线路分线间、电梯机房、走廊通道、传达室、内天井、公用阳台、公用露台和公共厕所等。

（二）共用设施设备

共用设施设备是指根据法律、法规和房屋买卖合同规定，业主共有的附属设施设备，一般包括电梯、天线、照明、消防设施、中央空调、防盗门、楼宇对讲系统、避雷装置、水箱、水泵、锅炉、绿地、道路、路灯、沟渠、池、井、小区围栏、监控报警系统、车辆进出管理系统、非经营性车场车库和公益性文体设施等。

八、如何提取和使用专项维修资金

根据《物业管理条例》和《住宅专项维修资金管理办法》的规定，维修资金的使用，按照以下程序办理。

（一）申请核实

当房屋共用部位、公用设施设备保修期满后需要更新改造时，业主委员会、物业服务企业、没有业主委员会和物业服务企业的业主，应当现场勘查，确定施工方案，向物业行政主管部门申请核实。

（二）提交使用申请

物业服务企业、没有业主委员会和物业服务企业的业主提交专项维修资金使用申请后，物业行政主管部门工作人员要到现场进行勘查，并对维修项目是否属共用部位、公用设施设备进行确认。

（三）向业主委员会或相关业主公示

（1）专项维修资金列支范围得到物业行政主管部门批准以后，由项目的组织者编制工程预算，按建筑面积分摊到各户维修费用，并向业主委员会或相关业主报告。

（2）项目的组织者在规定的时间内将专项维修资金列支范围交专用部分占建筑总面积2/3以上且占总人数2/3以上的业主讨论，通过后在小区内进行公示。

（四）申请列支的审批

物业服务企业、业主委员会或相关业主需持有关材料，向物业行政主管部门办理申请列支的手续，其中，动用公有住房住宅专项维修资金，需向负责管理公有住房住宅专项维修资金的部门申请列支。

申请使用物业专项维修资金时需要提供以下材料。

（1）物业专项维修资金使用申请表。
（2）物业服务企业向业主委员会提交的物业维修申请报告。
（3）建设单位住宅质量保证书。
（4）工程预算书。
（5）物业专项维修资金拟分摊明细表。
（6）业主大会审议通过的书面决议或业主意见调查汇总表。

（五）拨付工程款并监督

物业行政主管部门或指定的专业银行首次按工程预算总价的60%拨付工程款，余下的40%待工程竣工决算后拨付。物业行政主管部门对资金使用、工程进展情况进行监督管理。

（六）审计工程竣工验收报告

工程竣工后，由业主委员会或其他相关业主出具验收报告，并由有资质的审计部门对工程验收报告进行审计。建设行政主管部门也可以对审计部的审计报告进行审核，如有异议，可另找有资质的审计部门重新进行审计。

（七）工程竣工结算

办理工程竣工结算时需要提供以下材料。

（1）业主委员会与物业服务企业（或其他施工单位）签订的工程项目更新、改造、维修授权委托书。
（2）施工单位资质等级证书复印件。
（3）施工合同。
（4）业主委员会委托的质量监督或工程监理部门出具的工程质量验收报告。
（5）审计部门出具的工程决算审计报告。
（6）物业专项维修资金分摊明细表。
（7）业主委员会出具的工程竣工验收证明。
（8）物业专项维修资金使用工程结算审批表。
（9）工程结算发票。

第四节 物业管理费

一、物业管理费标准由谁确定

《物业管理条例》第四十条规定:"物业服务收费应当遵循合理、公开以及费用与服务水平相适应的原则,区别不同物业的性质和特点,由业主和物业服务企业按照国务院价格主管部门会同国务院建设行政主管部门制定的物业服务收费办法,在物业服务合同中约定。"

根据该条规定,物业服务费标准根据合同约定与政府指导价双重原则确定,由业主与物业服务企业根据政府指导价确定标准,用合同方式明确约定。既然是合同约定,在合同期限内单方无权擅自变更收费标准。合同期内,若政府指导价发生变更,双方可以按照合同约定或者重新协商调整收费标准。

二、物业管理费由哪些项目构成

物业管理费一般由以下项目构成。

(1) 公共物业及配套设施的维护保养费用,包括外墙、楼梯、步行廊、升降梯(扶梯)、中央空调系统、消防系统、保安系统、电视音响系统、电话系统、配电器系统、给排水系统及其他机械、设备、机器装置及设施等。

(2) 聘用管理人员的薪金,包括工资、津贴、福利、保险、服装费用等。

(3) 公用水电的支出,如公共照明、喷泉、草地淋水等。

(4) 购买或租赁必需的机械及器材的支出。

(5) 物业财产保险(火险、灾害险等)及各种责任保险的支出。

(6) 垃圾清理、水池清洗及消毒灭虫的费用。

(7) 清洁公共地方及幕墙、墙面的费用。

(8) 公共区域植花、种草及其养护费用。

(9) 更新储备金,即物业配套设施的更新费用。

(10) 聘请律师、会计师等专业人士的费用。

(11) 节日装饰的费用。

(12) 管理者酬金。

(13) 行政办公支出,包括文具、办公用品等杂项以及公共关系费用。

(14) 公共电视接收系统及维护费用。

（15）其他为管理而发生的合理支出。

三、物业管理费应该从什么时候开始交纳

物业管理费的交纳大都从购房之日起的次月一日开始，未入住或长期未住的业主应交纳除生活垃圾清运费以外的其他物业费，不同的小区规定可能不同，具体可以参照物业服务合同。

四、房屋未入住能不交物业费吗

小区的物业服务费主要是公共性服务收费，包括公共设备设施的日常运行、维修和保养，绿化管理、保安、保洁等，无论业主是否实际入住，即使房屋空置也应交纳相应费用。共有部分与专有部分具有紧密联系，每一个业主都从物业服务企业对于共有部分的管理与保养中受益，物业费的交纳义务对全体业主而言是均等的，否则，物业服务关系的稳定性和确定性将会被打破。

《物业管理条例》规定："业主应当根据物业服务合同的约定交纳物业服务费用。业主与物业使用人约定由物业使用人交纳物业服务费用的，从其约定，业主负连带交纳责任。"在物业未实际交付给买受人占有之前，物业服务费应由房产开发商交纳，实际交付后应由买受人交纳。一般情况下，物业服务费是以月为单位交纳的，购房者在实际收房的次月开始交纳物业管理费。另外，业主从开发商处接收房屋时，业主就对房屋有实际占有、使用的权利，并享受物业服务企业的物业服务，至于业主由于一些原因未实际居住，则不影响物业服务企业收取物业服务费。

《最高人民法院关于审理物业服务纠纷案件具体应用法律若干问题的解释》第六条规定，物业服务企业已经按照合同约定以及相关规定提供服务，业主仅以未享受或者无须接受相关物业服务为抗辩理由的，人民法院不予支持。

如果当地政府对空置房屋的物业管理费收费标准没有特别规定，物业服务合同又没有特别的约定，业主一般应全额交纳物业服务费。

五、物业管理费与违约金究竟能否相抵

开发商延期交房而应付违约金时，有时会提出免收业主一定时期的物业管理费。物业管理是指一切有关房地产开发、租赁、销售及售后的服务，包括房屋的保养、维修，住宅小区的清洁绿化、小区内的商业服务、治安等一切社会活动。物业综合经营服务是指与房屋楼宇及住宅小区住（用）户生活、工作、生产相配套的，为方便住（用）户生活而开展的多种特约便民和经营服务。

《民法典》第五百六十八条规定:"当事人互负债务,该债务的标的物种类、品质相同的,任何一方可以将自己的债务与对方的到期债务抵销;但是,根据债务性质、按照当事人约定或者依照法律规定不得抵销的除外。

当事人主张抵销的,应当通知对方。通知自到达对方时生效。抵销不得附条件或者附期限。"

《民法典》第五百六十九条规定:"当事人互负债务,标的物种类、品质不相同的,经协商一致,也可以抵销。"

虽然物业费和违约金标的物种类、品质相同,但由于开发商支付延期交房的违约金,与业主向物业服务企业交纳物业费是两个不同的法律关系,存在不同的法律关系主体,因此两者不能相抵。

这种情况可通过债务转移的方式处理。《民法典》第五百五十一条规定:"债务人将债务的全部或者部分转移给第三人的,应当经债权人同意。债务人或者第三人可以催告债权人在合理期限内予以同意,债权人未作表示的,视为不同意。"

开发商将向买受人支付延期交房违约金的债务,转移给物业服务企业(即折抵一定时期的物业管理费),应经债权人(即买受人)同意。且司法实践中,一般也要经债务受让人——第三人(即物业服务企业)同意。因此,三方最好签订债务转移协议,以防后患。

但是折抵一年以上物业费的行为是违法的。相关规定禁止物业服务企业一次性收取一年以上的物业费。而开发商以延期交房的违约金抵销一年以上的物业费,实际上等于物业服务企业变相收取一年以上的物业费。

物业费折抵违约金应注意三点:第一,物业管理与开发商卖房是两个法律关系,买受人有权拒绝抵销;第二,买受人与开发商、物业服务企业达成的债务转移协议,最多只能折抵一年的物业费,其余部分仍可要求开发商支付违约金;第三,买受人办理入住手续时,应留存相关的逾期交房的书面违约证据,以防开发商否认违约事实。

六、小区业主有权审查物业服务费用支出吗

这要看小区物业管理费的形式。国家发改委、建设部下发的《物业服务收费管理办法》第九条规定:"业主与物业服务企业可以采取包干制或者酬金制的形式约定物业管理费用。"也就是说,物业管理费有两种存在形式。

包干制是指由业主向物业服务企业支付固定的物业服务费用,盈余或者亏损均由物业服务企业享有或者承担的物业服务计费方式。酬金制是指在预收的物业服务资金中按约定比例或者约定数额提取酬金支付给物业服务企业,其余部分全部用于物业服务合同约定的支出,节余或者不足均由业主享有或者承担的物业服务计费方式。实行包干制的,物业服务企业每年公布一次收支情况,业主大会主要考核物业服务企业的

服务质量,没有审计权利。但是实行酬金制的,物业服务企业应当向业主大会或者全体业主公布物业服务资金年度预决算,并每年不少于一次公布物业服务资金的收支情况。业主大会或者业主对公布的物业服务资金年度预决算和物业服务资金的收支情况提出质询时,物业服务企业应当及时答复。

《物业服务收费管理办法》第十三条规定:"物业服务收费采取酬金制方式,物业服务企业或者业主大会可以按照物业服务合同约定聘请专业机构对物业服务资金年度预决算和物业服务资金的收支情况进行审计。"

七、租赁合同没有约定,物业费应由谁来交

业主将小区的房子租给租户,签合同的时候,没在合同里面约定物业费的交付,那么,物业费应由谁来交?

业主是房屋的所有权人,是物业的所有权人。因此,与物业服务企业签订的合同中,业主才是合同的一方而非租户。租户和开发商、物业服务企业并没有直接关系。

《物业服务收费管理办法》第十五条规定:"业主应当按照物业服务合同的约定按时足额交纳物业服务费用或者物业服务资金。业主与物业使用人约定由物业使用人交纳物业服务费用或者物业服务资金的,从其约定,业主负连带交纳责任。物业发生产权转移时,业主或者物业使用人应当结清物业服务费用或者物业服务资金。"

也就是说,承租人的义务仅限于房屋租赁合同的约定,因而只具有向出租人支付租金的义务,没有交纳物业管理费的义务。支付物业管理费的义务来自物业服务合同的约定。如果在房屋租赁合同中承租方与出租方约定由承租人支付物业管理费,并且物业服务企业也同意向承租人收取物业管理费,那么应由承租人支付物业管理费;如果承租人到期没有支付物业管理费,业主要承担连带交纳责任。

《物业管理条例》第四十二条明确规定,业主应当根据物业服务合同的约定交纳物业服务费用。业主与物业使用人约定由物业使用人交纳物业服务费的,从其约定,业主负连带交纳责任。因此,既然业主和租户没有约定,那么业主就有交纳物业费的义务。

八、业主有权要求物业服务企业提供小区公共收益明细及使用情况吗

甲小区是北京市东城区商住两用的小区,乙物业服务公司是该小区的物业服务者,小张于2021年6月购买了该小区A栋8单元401房间并入住至今。在入住期间,小张总在小区看到各种商业广告,但对于这些收益的明细,小张却一无所知。小张

认为自己作为业主,有权知道小区公共收益的使用情况,那么小张是否有权要求物业服务公司提供小区公共收益明细及使用情况?

《民法典》第九百四十三条规定:"物业服务人应当定期将服务的事项、负责人员、质量要求、收费项目、收费标准、履行情况,以及维修资金使用情况、业主共有部分的经营与收益情况等以合理方式向业主公开并向业主大会、业主委员会报告。"

因此,小张有权要求物业服务企业提供小区的公共收益明细及使用情况。

九、业主不交物业费怎么办

王女士购买了一处商品房,并与物业服务企业签订了前期物业管理服务协议。协议签订后,物业服务企业依约提供了前期物业管理服务,但王女士觉得物业服务企业的服务质量达不到自己的预期,好多小问题都让自己不满意,就以拒交物业费来表达自己的不满,经多次催收未果,物业服务企业遂诉至法院。经审理,王女士是该小区的业主,其与物业服务企业签订的前期物业服务协议是双方的真实意思表示,协议合法有效,受法律保护,双方应按协议约定履行各自的义务。物业服务企业依约为王女士提供了物业管理服务,王女士也应依约履行交纳物业管理费、公摊水电费的义务。王女士所提举的证据,未能充分有效证明物业服务企业存在重大违约行为,故物业服务企业诉请王女士支付拖欠的物业管理费及公摊水电费的行为合法合理,应予支持。

《民法典》第九百四十四条规定,业主应当按照约定向物业服务人支付物业费。物业服务人已经按照约定和有关规定提供服务的,业主不得以未接受或者无须接受相关物业服务为由拒绝支付物业费。

业主违反约定逾期不支付物业费的,物业服务人可以催告其在合理期限内支付;合理期限届满仍不支付的,物业服务人可以提起诉讼或者申请仲裁。

物业服务人不得采取停止供电、供水、供热、供燃气等方式催交物业费。

十、未直接与物业服务企业签合同需要交物业费吗

《民法典》第九百三十九条规定,建设单位依法与物业服务人订立的前期物业服务合同,对业主具有法律约束力。小区建成与业主收房签订正式物业合同往往存在一定的时间差,在此期间也需要对小区内的建筑物及其附属设施进行维修养护,对小区

环境卫生和相关秩序进行管理维护。因此，虽然业主未签订正式的物业服务合同，但开发商委托的前期物业服务企业提供了物业服务，小区业主应当交纳物业费。

十一、哪些情形下业主可以不交物业费

以下情况，业主可以不交物业费。

（一）物业服务企业停水停电

用水、用电是公民便利生活的基本权利，物业服务企业不得以停水、停电、停气等方式达到促使一方当事人履行合同约定义务的目的。根据《民法典》第九百四十四条第三款的规定，物业服务人不得采取停止供电、供水、供热、供燃气等方式催交物业费。

（二）物业服务合同到期后未续约

如果物业服务合同到期后，物业服务企业拒绝移交物业管理权，并要求业主支付自物业服务到期日至人民法院判决其移交物业管理权期间物业服务费的，人民法院不予支持。物业服务合同的权利、义务终止后，虽然物业服务企业拒绝退出、移交，但双方之间的物业服务法律关系已经终止。物业服务企业再以存在事实上的物业服务关系为由，请求业主支付物业服务合同权利、义务终止后的物业费的，没有法律依据。

（三）物业服务企业对安全隐患采取放任态度

对物业管理区域内存在的违反治安、环保、装饰装修规范的行为，物业服务企业应当制止，并及时向有关行政管理部门报告。否则，业主可行使瑕疵履行抗辩权，减少交纳物业费。

（四）物业服务企业收取装修配合费

物业服务企业无论以何种理由向业主收取装修配合费，均没有法律依据。即使业主交纳了装修配合费，也不应视为业主自愿交纳，物业服务企业应无条件退回该款项。虽然有些装修配合费是根据管理规约中施工管理规定收取的，收费对象大多是装修施工单位，但大多要业主预付或承担。在法律上，物业服务企业收取装修配合费没有依据，业主可以拒绝。已经收取的，应当退还。

十二、小区停车要交费吗

《民法典》对于车位、车库的归属及首要用途作出了明确规定。《民法典》第二百七十五条规定："建筑区划内，规划用于停放汽车的车位、车库的归属，由当事人通过出售、附赠或者出租等方式约定。

占用业主共有的道路或者其他场地用于停放汽车的车位,属于业主共有。"

第二百七十六条规定:"建筑区划内,规划用于停放汽车的车位、车库应当首先满足业主的需要。"

因此,物业服务企业是否有权向业主收取停车费(车位费、占道费)的问题,应视不同情况而有所区别。属于业主共有的地方,只要不影响小区交通,物业服务企业无权向业主收取停车费(车位费、占道费),物价部门也不会对物业服务企业在小区道路收费有任何批文。

十三、物业服务企业可以用停水停电来催收物业费吗

《民法典》第九百四十四条第三款规定:"物业服务人不得采取停止供电、供水、供热、供燃气等方式催交物业费。"

目前,一些物业服务企业会在合同中明确约定,如果业主不按期交纳物业费,物业服务企业有权采取停水、电、气的方式来催收物业费。但在司法实践中,供水、供电、供气等为业主与水、电、气等第三方公司之间发生的法律关系,物业服务企业无权阻止,因此,物业合同的此类条款损害了公民的基本生活条件,违反了公序良俗,是无效条款。如物业服务企业仍采取这一方式来催收物业费,则会被认定为合同履行瑕疵,业主举证因此受到损失的,法院会判决适当减少业主应当交纳的物业费或物业服务企业向业主支付赔偿金。

所以,物业服务企业应避免在合同中设置此类条款,但可以设置其他违约责任以促使业主及时交纳物业款项,如适当提高合同违约金金额等。在款项催收过程中,物业服务企业应尽量采取通知、公告等手段,如无效,则依合同约定及法律规定采取诉讼等法律手段,以避免催收过程中的履行瑕疵带来损失。

十四、小区发生了偷盗事件,业主是否可以不交纳物业费

《民法典》第九百四十二条规定:"物业服务人应当维护物业服务区域内的基本秩序,采取合理措施保护业主的人身、财产安全。对物业服务区域内违反有关治安、环保、消防等法律、法规的行为,物业服务人应当及时采取合理措施制止、向有关行政主管部门报告并协助处理。"

物业服务企业可采取保安定时巡检、在公共区域安装监控设施等方式维护小区的治安。小区发生偷盗事件后,物业服务企业应向有关行政部门报告,并提供小区监控录像、保安巡检记录等,协助有关行政部门处理偷盗事件。如果物业服务企业能提供证据证明其已经尽到上述义务,业主则不能以小区发生偷盗事件为由拒付物业服务费。

十五、未享受服务是否可以不交物业费

> 刘阿姨家在一层,从来没有使用过电梯。对于物业保洁服务,刘阿姨也认为自己不需要。所以刘阿姨觉得电梯养护费用、部分保洁费用自己都不应当支付。刘阿姨应该交这些电梯养护费和保洁费吗?

《民法典》第九百四十四条规定,业主应当按照约定向物业服务人支付物业费。物业服务人已经按照约定和有关规定提供服务的,业主不得以未接受或者无须接受相关物业服务为由拒绝支付物业费。

物业服务企业的服务内容包括对小区建筑物及其附属设施的维修养护、对小区环境卫生和相关秩序的管理维护。除小区日常保洁、保安、绿化、垃圾清运外,还有很多不被业主直接所见的隐蔽工程,例如供暖设备、隐蔽管道的清理养护,电梯的定时定检等。物业服务费标准是业主和物业服务企业协商后综合核定的,物业管理行业也会定期发布物业服务项目成本信息和计价规则供双方参考。业主在小区内居住生活,事实上已经享受了物业服务企业提供的各项服务,与物业服务企业形成了物业服务法律关系,因此不得以未接受或者无须接受相关物业服务为由,拒绝支付物业费。

十六、物业服务企业下发物业费催收通知单合法吗

业主违反约定逾期不支付物业费的,物业服务人可以催告其在合理期限内支付;合理期限届满仍不支付的,物业服务人可以提起诉讼或者申请仲裁。

业主无正当理由拒绝交纳或者在催告期限内未交纳物业费,物业服务企业请求业主支付物业费的,人民法院应予支持。

物业服务企业可以采取上门催收、电话催收、短信催收相结合的方式催收物业费,每次催收都要做好记录。物业费收取之前,物业服务企业应在小区醒目处粘贴物业费收取温馨提示,告知小区各位业主、租户物业费的收取时间和收费标准等内容。

第五节 业主的建筑物区分所有权

一、业主如何行使建筑物区分所有权

业主对共用部位与公共设备设施的使用、收益、维护等事项通过参加和组织业主

大会进行管理。

《民法典》第二百七十八条的规定：下列事项由业主共同决定……（八）改变共有部分的用途或者利用共有部分从事经营活动。（九）有关共有和共同管理权利的其他重大事项。

二、哪些建筑是配套公建

配套公建亦可表述为公建配套设施或配套公共服务设施，目前我国法律体系中并未对此有统一的定义，而是在规范性文件层面，从建筑用途的角度考虑，以目的法和列举法的方式，对其进行归纳。

《城市居住区规划设计规范》第2.0.9条规定："配套设施是指对应居住区分级配套规划建设，并与居住人口规模或住宅建筑面积规模相匹配的生活服务设施，主要包括基层公共管理与公共服务设施、商业服务设施、市政公用设施、交通场站及社区服务设施、便民服务设施。"

《住宅建筑规范》4.2.1条规定："配套公共服务设施（配套公建）应包括教育、医疗卫生、文化、体育、商业服务、金融邮电、社区服务、市政公用和行政管理等9类设施。"

上述规范涉及的配套公建涵盖了市政、教育、卫生、商业、社区服务等多个领域，最常见的有幼儿园、医院、物业用房、公厕、邮局、便利店等，不同类别中所含的项目名称可以参考《城市居住区规划设计规范》的附录B。

三、小区配套设施包括哪些

配套设施是指与小区住宅规模或者人口规模相对应的配套建设的公共服务设施、道路和公共绿地的总称。

道路主要是指小区内的道路、小区与城市公共交通路线相连接的道路以及相关设施。

公共绿地是指小区内的绿地建设。

公共服务设施设备一般指住宅区建设费用已分摊到房屋销售价格的共用上下水管道、落水管、水箱加压水泵、电梯、天线、供电线路、照明用具、锅炉、暖气线路、煤气线路、消防设施、绿地、道路、路灯、沟渠、池、井、非经营性车场车库、公益性文体设施和共用设施设备使用的房屋等。

公共服务设施可以分成两类：

第一类是与基本居住有关的各种公用管线以及设施，包括水、电、天然气、有线电视、电话、宽带网络、供暖、雨水处理、污水处理等设施。

第二类是与家庭生活需求有关的各种公共设施，包括教育、医疗卫生、文化体育、商业服务、金融邮电、社区服务，行政管理等设施。

四、小区配套公建是否属于业主共有

小区配套公建的权属问题是一个普遍困扰小区业主、开发商的问题。根据相关法律、法规以及小区本身品质的需求，开发商需要规划并建设配套公建，但配套公建的产权及用途在实践中存在极大的争议，尤其是在配套公建没有相应产权登记等情况下，其权属问题成了业主与开发商争论的焦点，不但影响了配套公建的有效使用，甚至引起一些群体性事件。

在我国现行法律框架内，对配套公建的产权并非都有明确规定，《民法典》的物权编及《最高人民法院关于审理建筑物区分所有权纠纷案件具体应用法律若干问题的解释》包括以下内容。

（1）建筑区划内的道路、绿地、其他公共场所、公用设施、物业服务用房

《民法典》第二百七十四条规定"建筑区划内的道路，属于业主共有，但是属于城镇公共道路的除外。建筑区划内的绿地，属于业主共有，但是属于城镇公共绿地或者明示属于个人的除外。建筑区划内的其他公共场所、公用设施和物业服务用房，属于业主共有。"

从上述条文可知，配套公建中的物业服务用房属于业主共有，对照《城市居住区规划设计规范》的附录B，物业服务用房属于"便民服务设施"中的"物业管理与服务项目"。

（2）规划用于停放汽车的车位、车库

《民法典》第二百七十五条规定："建筑区划内，规划用于停放汽车的车位、车库的归属，由当事人通过出售、附赠或者出租等方式约定。占用业主共有的道路或者其他场地用于停放汽车的车位，属于业主共有。"

"规划用于停放汽车的车位、车库"对应了附录B中"社区服务设施"的"非机动车停车场（库）"与"机动车停车场（库）"，这两项需要区分是否占用了业主共有的道路或者其他场地，如占用，则属于业主共有；如未占用，则需要由当事人通过出售、附赠或者出租等方式约定。

（3）公共管理与公共服务设施、市政公用设施

市政公用部分不属于业主共有，不能纳入《民法典》中的公共场所和公用设施。

对照《城市居住区规划设计规范》的附录B，其中的"公共管理与公共服务设施"及"市政公用设施"不属于业主共有。

（4）附录 B 中的其他项目

除此之外，附录 B 中的其他项目权属缺乏相应的法律规定，因而业主共有的公共场所、公用设施具体范围尚不清晰，需要根据具体情况进一步研究讨论；甚至可能引发法律争议，需司法裁决。

五、小区哪些部分是业主共有部分

近年来，对小区共有部分的争议成为业主与开发商、物业服务企业之间的高发点。业主对小区的共有部分享有共有权，通常认为，共有权是指建筑物区分所有权人依照法律或管理规约的规定或业主大会的决定，对区分所有建筑物内的住房或经营性用房的专有部分以外的共有部分所享有的占有、使用或收益权利。那么在一个小区内，到底哪些部分是业主共有部分呢？

关于共有部分的范围，《民法典》以及与建筑物区分所有权相关的司法解释、规章作了相关规定。例如，《民法典》第二百七十一条规定："业主对建筑物内的住宅、经营性用房等专有部分享有所有权，对专有部分以外的共有部分享有共有和共同管理的权利。"第二百七十四条规定："建筑区划内的道路，属于业主共有，但是属于城镇公共道路的除外。建筑区划内的绿地，属于业主共有，但是属于城镇公共绿地或者明示属于个人的除外。建筑区划内的其他公共场所、公用设施和物业服务用房，属于业主共有。"第二百七十五条第三款规定："占用业主共有的道路或者其他场地用于停放汽车的车位，属于业主共有。"第二百八十一条规定："建筑物及其附属设施的维修资金，属于业主共有。"此外，2007年建设部和财政部颁布的《住宅专项维修资金管理办法》第三条对共有部分也进行了界定。

因此，根据上述法律、法规的规定，我们认为，共有部分主要包括以下几个部分。

（1）建筑物的基本结构部分，主要包括建筑物基础、承重结构、外墙、屋顶等。一般认为，建筑物基础包括地基部分，但并不包括地下室。

（2）建筑物的公共场所，主要包括门厅、楼梯间、走廊、通道、大堂、院落、平台等。

（3）建筑物的附属物及附属设施设备，主要包括电梯、天线、照明、消防设施、绿地、道路、路灯、沟渠、池、井、非经营性车场车库、公益性文体设施、公共设施设备使用的房屋、物业服务用房等。

（4）建筑物及其附属设施的维修资金。

（5）建筑物共用部位、公用设施设备的经营收入和车位场地使用费等收益。

（6）除属于业主专有的整栋建筑物的规划占地或者城镇公共道路、绿地占地之外的建设用地使用权。

六、小区的地面停车费、广告费、场地使用费等收益归谁所有

很多小区都会产生经营收益，比如地面临停车辆的停车费、楼宇外立面或电梯间的广告费、商户进小区推介的活动费等。小区内地面临停车位、楼宇外立面、电梯间等归业主共有，基于业主共有财产产生的经营收益，自然应该归业主所有。

《民法典》第二百八十二条规定："建设单位、物业服务企业或者其他管理人等利用业主的共有部分产生的收入，在扣除合理成本之后，属于业主共有。"该部分收益首先要扣除合理成本，比如开发商建设临停车位的费用、物业服务企业增加的服务成本等，剩余部分归业主共有，用于冲抵建筑物共有部分的维修资金，或者由业主委员会决定具体用途。

七、业主的共同部分经营收入归属谁

《民法典》第二百八十二条规定："建设单位、物业服务企业或者其他管理人等利用业主的共有部分产生的收入，在扣除合理成本之后，属于业主共有。"

《民法典》吸纳了《建筑物区分所有权解释》第十四条第二款的规定，首次以法律的形式对业主共有部分产生收入的归属进行了明确。实践中，开发商或物业服务企业利用小区的电梯、通道、外墙面等业主共有部分从事经营性活动的现象较为普遍，然而部分开发商或物业服务企业，未将该等经营收益扣除合理成本后用于补充专项维修资金或由业主共同决定其用途，导致业主的利益受损，因此常引发业主和开发商或物业服务企业的纠纷。《民法典》将业主共有部分产生的收入纳入物权保护的范畴，若开发商或物业服务企业等主体未经业主同意擅自利用业主共有部分从事经营性活动，业主可基于物权请求权要求行为人排除妨害、恢复原状，并且可以确认此等行为无效，并由行为人对业主造成的损失承担赔偿责任等。

物业服务企业准备利用电梯、通道、外墙面等业主共有部分开展诸如投放广告、租赁给第三方使用（如设置快递柜）等经营性活动时，需要先经过业主大会表决同意，不得擅自开展。此外，物业服务企业对于己方的合理成本支出需要妥善留存凭证，以便于日后举证需要。

八、可否擅自利用业主共有部分开展经营活动

建设单位或者其他行为人擅自占用、处分业主共有部分，改变其使用功能或者进

行经营性活动，权利人请求排除妨害、恢复原状、确认处分行为无效或者赔偿损失的，人民法院应予支持。

（1）《民法典》将原《物权法》第七十六条第一款第五项中的"筹集"和"使用"进行了拆分，"使用建筑物及其附属设施的维修资金"不再是重大事项，而是非重大事项，这样就降低了使用建筑物及其附属设施维修资金的表决难度，目的是解决实践中维修资金使用难的问题。

（2）《民法典》将《建筑物区分所有权解释》第十四条第一款的内容以法律形式发布，将"改变共有部分的用途或者利用共有部分从事经营活动"纳入了需要业主共同决定的重大事项的范畴。此后，未经业主表决通过，行为人擅自实施上述行为，业主可基于物权请求权要求行为人排除妨碍、恢复原状，以及确认处分行为无效和赔偿损失等。

（3）《民法典》对业主共同决定事项的表决规则进行了重大调整。首先增加了"表决参与度"这一新要求，表决事项时，均需专有部分面积和人数"双过三分之二"的业主参与表决。其次，在总体上降低了事项表决通过的标准，其中，筹集建筑物及其附属设施的维修资金；改建、重建建筑物及其附属设施；改变共有部分的用途或者利用共有部分从事经营活动三项重大事项的表决，应当经参与表决专有部分面积四分之三以上的业主且参与表决人数四分之三以上的业主同意，相当于是整体专有部分面积占二分之一以上业主且占总人数二分之一以上业主同意，不再是原来的"双过三分之二"的表决标准；对于通过其他非重大的事项的表决，应当经参与表决专有部分面积过半数的业主且参与表决人数过半数的业主同意，实际上相当于整体专有部分面积占三分之一以上业主且占总人数三分之一以上业主同意，不再是原来的"双过半"表决标准。《民法典》此举大幅降低了业主就共同决定事项作出表决的难度。

因此，物业服务企业需注意业主共同决定事项时表决规则的变化，并且规范自身的物业服务行为。尤其是物业服务企业拟改变业主共有部分的用途或者利用业主共有部分从事经营性活动，需要经专有部分面积占比三分之二以上的业主且人数占比三分之二以上的业主参与表决，参与表决专有部分面积四分之三以上的业主且参与表决人数四分之三以上的业主同意，未经业主表决通过，物业服务企业不可擅自利用业主共有部分开展经营活动。

九、业主可否将楼顶据为己有

在楼顶养花种草、晒被子等行为很常见，楼顶是全体用户都可以进入的公共区域，但有人在楼顶违法建设，将楼顶据为己用，这当然是不合理的。

《民法典》第二百七十四条规定："建筑区划内的道路，属于业主共有，但是属于城镇公共道路的除外。建筑区划内的绿地，属于业主共有，但是属于城镇公共绿地或者明示属于个人的除外。建筑区划内的其他公共场所、公用设施和物业服务用房，属于业主共有。"楼顶空间属于建筑区划内的其他公共场所，所以属于业主共有。